JN067979

教養としての政治経済学

政治と経済の関係が3時間でわかる

東京大学名誉教授
井堀利宏

SOGO HOREI PUBLISHING CO., LTD

はじめに

本書は、経済学で政治的な問題を分析する政治経済学の理論をもとに、政治と経済の関係を議論します。日本が現状で直面している重要な課題を政治経済学の枠組みで説明するとともに、それに対する理解と処方箋をわかりやすく提供することを目的としています。

政治と経済が不可分であることは、新型コロナウイルス対策の事例でも明らかでしょう。医療を重視するのがコロナ対策の基本ですが、感染を抑えるために経済を止めると、経済的なコストも無視できません。政治は医療と経済の両立をどう図るかという難しい問題（片方の目標を実現しようとすれば、もう片方の目標を犠牲にするしかない関係＝トレードオフ）に直面しています。

こうした問題を解く際に重要な点は、政府や政治家への信頼感です。信頼感が一定であれば、医療を充実させるには、経済を犠牲にするしかありません。しかし、信頼感が増せば、医療も経済も良くすることが可能になります。良い政策が実施できると、医療も経済もプラスになり、逆に、悪い政策だと医療も経済もだめになってしまいます。政府や政治家は国民から高い信頼感を得られるように、自らの行動を律し、中長期的視点で政策を決めるべきなのです。また、国民も社会全体の公正や公平に目配りして、政治を監視すべきでしょう。

我が国では最近、公文書の改ざん事件に象徴されるように、政府の発信する情報に対する不信感や不透明性が政治問題化しました。また、フェイクニュースの氾濫《はんらん》や既存大手メディアにおけるやらせ問題などの堕落、利害関係者との接待など官僚やマスコミ大手と時の政権とのなれ合いと忖度、さらには、コロナ対策と逆行するＧｏ Ｔｏ事業など、新型コロナ問題で迷走する様々な出来事を目にして、政治不信に陥ったり、またこれらを契機に、政治に関心を強めたりする人が増えています。

そうした現実の動きに合わせるかのように、学術的にも政治学と経済学の領域で政治経済学という新しいジャンルでの研究が盛んになっています。本書は、それを日本や世界の現状に応用して、平易な表現で一般のビジネスパーソンにも理解しやすいように解説しました。そうすることで、本書は政治と経済に関心を持つ読者を対象に、経済の視点から政治を理解することを意図しています。

政治問題の多くは経済的な背景を無視できません。与党の政治家は世論調査の内閣支持率の動向を気にします。選挙で有権者の支持がどうなりそうかは、政治家の最大の関心事です。そして、選挙自体が経済状況に大きく左右されるのです。

本書の構成は以下の通りです。第1章では、密接でなお不透明な政治と経済の相互依存関係を説明します。第2章では、選挙のあり方を経済学で考えます。第3章では再分配政策の政治経済学を、第4章では財政政策、第5章では金融政策という、それぞれ政府が手にしている代表的な経済政策の道具を解説します。そして、第6章では、2021年現在の我が国が直面する最大の難題であるコロナ危機を取り上げます。

ところで、SNSの普及に伴い、我々一般の国民、有権者も多様なメディアの情報を簡単に入手できますし、また発信できます。こうしたありとあらゆる情報が混在する現在、フェイクニュースを識別し、偏向報道にも騙されない情報リテラシーが重要になってきます。この点に留意することは、政治や経済のニュースを解読する上でも重要ですし、また、有権者として望ましい政治家を選択する際にも有益です。それが結果として、日本の政治を良くし、我々の経済環境の改善や社会保障制度の改革にもつながってきます。こうしたデジタル技術と政治経済との関係についても取り上げます。

本書は、民主主義と市場経済のメリットを最大限追求すべきとの理念を重視しています。コロナ危機のような非常時には、中国に代表される政治独裁の制度の方がより有効に対処できるという議論もあります。しかし、政治独裁では基本的人権の尊重という民主主義の根本原則がないがしろにされます。多様な好みや所得格差のある社会で、民主主義の合意形成が難しいのはたしかです。それでも、中長期的に持続可能な社会で政治と経済が良い関係で両立するには、民主主義と市場経済が不可欠です。各章では、この点についても説明していきます。

2021年9月　井堀利宏

目次

第2章

選挙を経済学で読む!

第3章 再分配を経済学で読む！

第4章

財政政策を経済学で読む！

目次

第5章 金融政策を経済学で読む！

第6章 コロナ危機の政治経済学

1

第1章

政治は経済で動く！

「1」

政治の大きな争点は経済

政治家と政治の大枠について押さえる

政治について、その小難しさから取っ付きにくいと思っている人は多いのではないでしょうか。ここでは政治と政治家について基本となる知識をまずは押さえていきましょう。

政治とは、権力、支配、統治などの言葉に象徴されるように、政治家が法的な手段で国民全体に関係する様々な規則や仕組みなどの事柄を決めることです。それに関わる人たちをまとめて政治家と呼んでいます。政治家は国民を代表して社会全体の意思を統合し、国が行うべきとされる仕事（たとえば、司法、行政、法秩序、外交、社会保障、インフラ整備、税金の徴収など）のあらゆること（=政治）を決めます。政治家の行いを政治とみなしても良いでしょう。もちろん、地方自治体での政治も重要であり、知事、市長などトップや地方議会の議員も政治家の仲間です。本書では、主に国の政治とそれに関わる政治家を想定して、話を進めていきます。

政治家は、私たち国民、なかでも有権者（=18歳以上の国民）が選挙で選ぶ代理人たちであり、与党と野党の2つのタイプの政党に属しています。国会で過半数の議席を持つ政党が与党になり、少数しか議席を持たない政党は野党になります。与党の政治家は実際に政府の中に入って内閣を組織して、政治を決めます。そのトップは総理大臣であり、周りには内閣府、財務省、外務省、防衛省、総務省、厚労省など多くの役所で指導的地位を占める大臣、副大臣、政務官がいます。こうした政治家は内閣のリーダーの地位にあり、各省庁の官僚、役人を指揮・監督して、国家の基本的な方針を決めたり、日々の行政業務に当たっていたりします。

その中で日本の行政府である内閣は、政策を遂行するために予算や関連法案を作成して国会に提案。国会でそれを審議し、賛成が過半数になれば、可決されます。国会で過半数の議席を与党が占めているから、よほどの事態でない限り、内閣の作成・提出した法案はそのまま国会で可決され、実際に効力を持つことになります。可決された法案にしたがって、日々の行政業務を行うのが内閣（あるいは各省庁）の仕事なのです。

その内閣を構成するのは、国会で多数を占める与党の政治家です。総理は与党政治家の中から国会議員の投票で選出されます。総理は日本国として最も重要な政治家ですが、総理にならなくても、与党の政党に所属し、自分が国会議員に当選することで、政治家は国会や内閣で政策に影響力を持つことができ、実際の政治を担当できます。

一方、国会議員でも与党に属さない政治家は、野党の政治家です。与党と野党は、目指す政治理念が異なるため、別の政党になります。野党は直接、実際の政治に影響力を持てませんが、与党・政府の政策を批判し、チェックすることで、国民・有権者の支持を増やして、次の選挙で勝利して、政権を獲得することを目指しています。

政治家は選挙で当選して政権を担当することを第1に考える

そもそも政治家とは何を目指しているのでしょうか。政治家は、自分あるいは支持してくれる利益団体（各種の産業界の利益団体や労働組合、農協や医師会など）や多くの有権者の望む政策を実際に政治の場で実現したいと考えて、同じ考えを共有する政治家の政党に所属します。しかし、実際の政策は与党でないと実行できません。したがって、政治家の最大の関心事は、選挙で当選して、かつ自分の所属政党が与党となり、政権を担当することです。与党に属していても、落選すれば「ただの人」になって、政治の世界では相手にされなくなり、自分の理想とする政策を実現することはできません。

これに対して、所属する政党が与党となる中で、自らも当選を重ねてくると、政治の現場で様々な経験を積み、官僚や支持者とのネットワークが強固になって、有力政治家とみなされるようになります。そして、やがては、能力のある有力な政治家として内閣官房長官や各省庁の大臣などの重要役職に就いたり、与党で幹事長や政調会長、総務会長などの重要役職、また、様々な政策部会の政策責任者になったりして、実際の政策立案に大きな影響力を発揮したりします。

自分の理想とする政策を実現するのが政治家の仕事ですから、こうした重要な役職に就いて、理想とする政策を実現していくことが政治家の最大の目標になります。有力な政治家になると、官僚の持っている豊富な情報に容易にアクセスできます。たとえば、ある政策を立案する場合、諸外国や各地域での先進事例が参考になりますが、そうした情報を素早く的確に検索し、政策立案のヒントを提供するのは、官僚の得意技です。また、官僚は法律知識に精通しているので、政策アイデアを現実の政策に落とし込む立案の際にも、その立案のノウハウが不可欠です。こうした官僚とうまくつきあい、彼らの能力を十分に引き出せる政治家は、新規事業を立ち上げたり、これまでの行政や制度の仕組みを改革したり、大規模な予算につながる大きな仕事ができます。また、政治的便宜を求めて陳情する利益団体に配慮する見返りに、政治献金や支持母体の有権者からの選挙支援が期待できるなど、自らの選挙対策や金銭面でもメリットは大きいものがあります。その結果、選挙でも当選しやすくなるし、地元の有権者もそうした政治家を応援したくなります。

有権者は経済環境の改善・雇用対策を望む傾向にある

政治家は選挙で勝つことを目指すと述べました。その選挙で勝つには、選挙区の多くの有権者から支持される必要があります。また、所属する政党が与党になるには、自分だけでなく同じ政党に所属する仲間の政治家の多くが当選する必要もあります。では、有権者はどういう基準で候補者や政党を選択するのでしょうか。

有権者はその候補者と出身学校が同窓だったり、同じ地域の出身だったり、日頃から世話になったり、コネや人情などの理由で、特定の政治家を応援することもあります。しかし、有権者の究極の関心は自分や家族の生活が良くなることですから、自分の経済環境を良くしてくれそうな政治家を選びます。

有権者の稼ぎ（所得）や購入する財・サービスの値段などは、個人的な経済事情によるところが大きいですが、景気や雇用などのマクロ経済環境にも依存します。また、政府に支払う税金・保険料や政府からもらう補助金・保険給付なども有権者の懐具合に直結します。こうした負担や給付を決めるのは税金や社会保障の制度ですが、これらは政府の経済政策や予算編成、税制改革、年金や医療制度の改革に左右されます。したがって、有権者は、政府の政策で自分や家族の生活や経済状態が改善されるのかどうかを勘案し、政治家や与党の政治的パフォーマンスを評価します。

実際に、世論調査で国民が政府あるいは与党の政治家に望むことを聞いてみると、最も多いのは景気対策や経済環境の改善・雇用対策です。次が教育・子育て支援、減税や補助金、年金、医療サービスなどの税制改革や社会保障の充実です。そして、環境・治安問題など社会全体への地道な対策にも関心があります。が、より抽象的で成果が実感しにくい憲法改正、安全保障、性差別・ジェンダーなど非経済的な政策・争点の順位は低いです。なお、２０２０年以降は、コロナ対策が最も関心の高い政策となっています。

ただし、経済問題の関心は国や時期によっても様々です。たとえば、経済問題でも移民の受け入れは欧米では重要な争点となっています。日本でも、外国人労働者の受け入れは次第に重要な政策課題になってきていますが、国民の関心事としてはまだ低い状況です。また、移民国家で様々な国のルーツを持つアメリカでは、人種問題、宗教、中絶、ジェンダーなど、非経済的な争点も多くあります。この点は、国民の間での異質性がそれほど顕著でない日本との大きな相違です。

政治と経済は、興味深い複雑な関係にある

政治と経済はどのような関係にあるのでしょうか。たとえば、不況で困っているときに、多くの有権者は減税や給付金などでの経済的な支援を政治に期待しています。減税や補助金の拡充には、それに必要な法律を作って国会で成立させる必要があるため、政治が動かないと実現しません。また、公的年金給付の増額や医療サービスの充実も予算措置が必要になりますから、政治が決めることになります。政治家は法律で税金の仕組みを決めることができますから、消費税の税率も政治の大きな争点になります。政治家も選挙で当選するために、多くの有権者の期待に応えるべく、経済情勢を良くしようと様々な政策を立てて実行します。つまり、政治と経済は密接に結びついています。ただし、こうした大盤振る舞いには財源が必要になりますから、無制限にできるわけでもありません。

ところで、選挙の時期と政策とは無関係ではありません。すなわち、経済状況が良いときには与党政治家への支持も高いので、そうした時期に選挙を実施しようとします。たとえば、我が国の衆議院選挙のように解散時期を4年間の任期の中で総理や与党が自由に選択できる場合、選挙は好況期に実施されやすくなります。実際のデータで見ても、景気が良いときに選挙が行われやすいですし、また、そうした時期の選挙では与党の政治家が多く当選して、与党が信任されやすいです。他方で、選挙の時期を政治家が動かせない場合は、選挙の時期に合わせて景気を良くしようと経済政策を打つでしょう。

以上のように、政治と経済の関係は複雑です。政治家は政治で様々な政策を使って経済に働きかけま

す。ただし、実際に、そうした政策で経済が影響されるかどうかは、経済学の大きな研究課題です。また、有権者、国民は経済状況を見て、選挙で政治家を選別します。多くの国民が望ましいと考える政治家が選挙で本当に選出されるかどうかも、選挙制度の大きな関心事です。以下、本章ではこうした視点で政治と経済の関わりについて考えていきます。

2 政治で経済を動かせるのか

マクロの景気対策や税制改正などで経済を操作する

与党の政治家は有権者や支持者の期待に応えるべく、彼らの経済環境を良くしようと政治をします。では、そのための手段は何でしょうか。個別の案件で特定の支持者（業界や労働組合など）に便宜を図ることもあるでしょう。ただし、幅広い有権者として国民一般を念頭に置けば、マクロの景気対策や税制改正、社会保障の制度改正など、広く国民の多くに関わる経済政策が重要となります。

景気対策として政府が採用する代表的な経済政策は、財政政策と金融政策です。どちらも政治と経済の関係を理解する上で重要なので、本書では第4章と第5章でそれぞれ財政政策、金融政策と政治との関わりについて説明していきます。

予算編成は政治家にとって最大の政治的イベント

以下では、簡単にそれぞれの政策手段とその経済への関わりについて紹介しておきましょう。まず、財政政策を取り上げます。これは与党と内閣が編成する毎年の国の予算に反映されます。予算編成は与党政治家や内閣の総理、各大臣にとって最大の仕事であり、また、最大の政治的イベントです。

図１－１は２０２１年度の一般会計当初予算を示しています。最近では1年間に１００兆円規模の金が社会保障、公共事業、地方への交付金、防衛費、教育費などに配分されています。それを賄う財源は、所得税、法人税、消費税などの税金と借金＝国債の追加発行です。

毎年、秋から年末にかけて地方自治体の首長や議員、あるいは地域や産業別の業界団体、労働組合、経営者団体などの利益団体から、各省庁に多くの陳情団が訪れます。景気対策という名目で、彼らは自分たちの利益になる歳出が実際に予算に計上されるべく陳情します。また、予算編成と平行して行われる税制改正の議論でも、関係する業界団体などから減税や優遇措置の陳情は多くあります。こうした陳情に目配りすることで、与党や政府の政治家は関係する利益団体やそれに関わる有権者の支持をつなぎ止めることができるのです。まさに、与党政治家が活躍できる予算編成は、政治の一大イベントというわけです。

もちろん、歳出や税制の多くは広く国民全体から見てメリットがあるように、各省庁で精査していきます。それでも目玉となる政策では、政治的な圧力も多くなります。こうした政治的な力関係で予算や税

図1-1　令和３年度一般会計歳出・歳入の構成

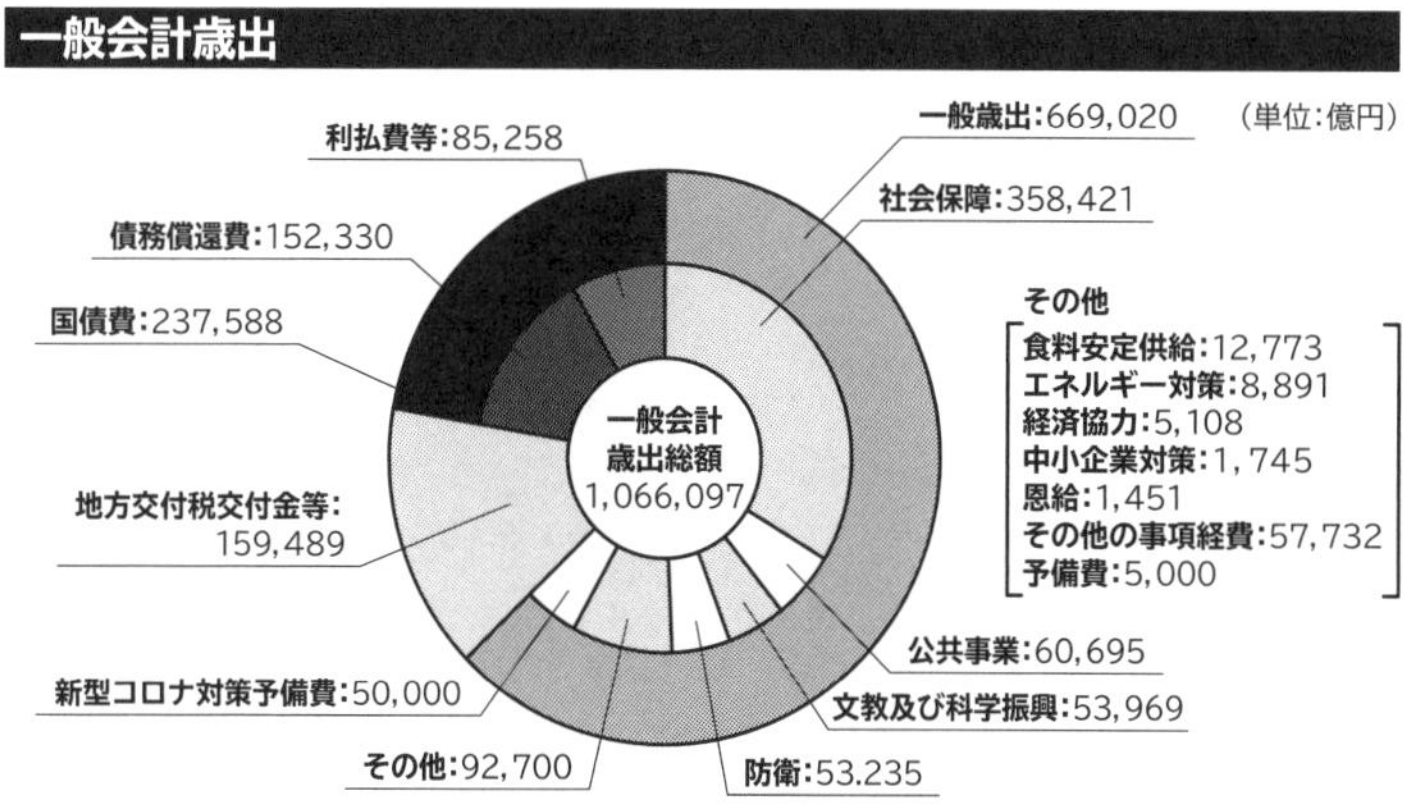

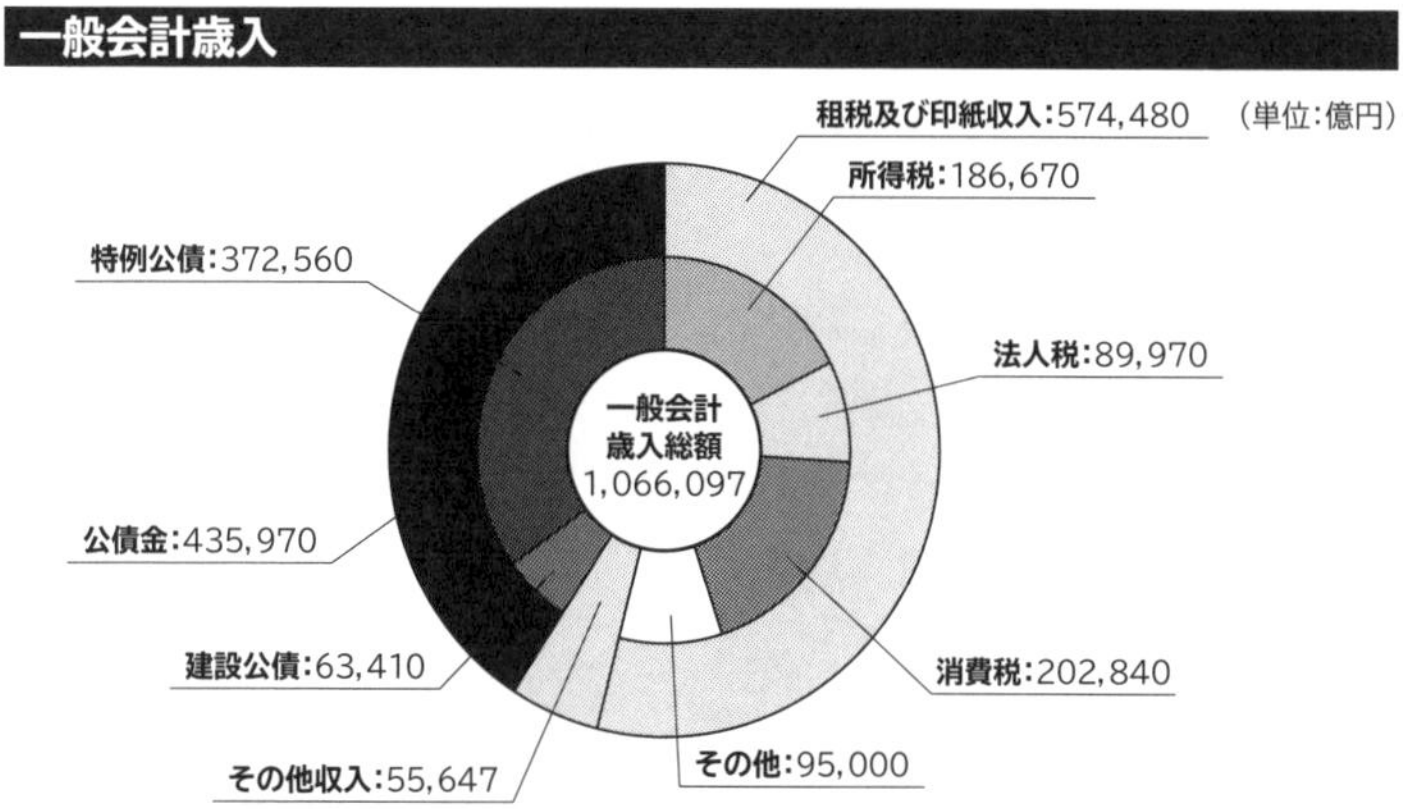

※「一般歳出」とは、歳出総額から国債費及び地方交付税交付金を除いた経費のこと。
※「基礎的財政収支対象経費」（＝歳出総額のうち国債費の一部を除いた経費のこと。当年度の政策的経費を表す指標）は、833，744。

（注1）計数については、それぞれ四捨五入によっているので、端数においては合計とは合致しないものがある。

出所：財務省「令和3年度政府予算案」より一部改

制が決まるのは、必ずしも悪いことではありません。与党が与党であるのは、国民の多くが選挙で彼らを支持している結果です。選挙で信任された政治家が有権者の意向に配慮することは、国民主権の建前から望ましいといえます。

ただし、現実には衆議院の小選挙区や参議院の1人区では過半数以下の得票で当選することもあり、また、有権者の中には棄権する人も多くいます。そのため、有権者の過半数の票を獲得しなくても、与党として過半数の議員を当選させることができています。さらに、多くの一般国民はそうした組織だった陳情をしない一方で、逆に、既得権を持つ少数の利益団体が声高に自らの利益（＝既得権益）を擁護・拡大するような陳情をします。そうした政治的な交渉の結果で決まる予算が様々な利益団体の意向を反映したものだとしても、必ずしも、一般国民や消費者の多くの意向を反映しているとは限りません。

もちろん、政治家や官僚も特定の利益団体のみならず、多くの国民を意識して予算編成をしています。そうでないと、あまりに偏った予算では、次の選挙で信任を得ることは難しいでしょう。それでも選挙制度に不備があったり、与党に有利な情報操作が行われたりして、政治家と有権者とのギャップが大きいと、国民や有権者の大多数が支持しない政党や政治家が与党になることもあります。そうした場合は、多くの国民は政治不信になりますし、多くの国民から見て望ましい経済政策が実施されているとはいえません。こうした状況では、政治への信頼が損なわれるでしょう。

景気対策としての財政政策がどのくらい効果を持つのか、また、政治的圧力で過度に景気対策が実施されると、どのような弊害が生じるのか。景気対策としての財政政策の功罪について、第4章で議論していきましょう。

金融政策を行う中央銀行は政治的に独立している

政治家が決める財政政策と異なり、金融政策は中央銀行が決めます。中央銀行（日本の場合は、日本銀行）の組織や人事は有権者からは独立しており、政治からも一定の独立が担保されています。日銀総裁は有権者が選挙で選ぶのではなく、総理が決めますが、日銀の意向が最大限尊重されるのです。日銀のトップ人事が有権者や政治と独立しているのは、金融政策が高度の専門的知識を必要とし、かつ、迅速に対応すべき事柄であるため、政治とは独立した組織と人材で対応するのが望ましいというのが理由です。

では中央銀行とは何をしているところなのでしょうか。中央銀行は、市中の民間銀行（都銀や地銀）に対して資金を融通する条件である政策金利を決めたり、市場に供給するお金（資金）の量を決めたりします。中央銀行の最大の関心事は、物価の安定と金融市場の信用秩序の維持です。これらの目的は、もちろん、国民にとって望ましいものですが、直接的な利害を感じにくいものです。

一般物価が継続的に上昇するインフレは、多くの消費者にとって好ましいものではありませんが、日銀が直接、具体的な物やサービスの価格をいちいち決めているわけではありません。金融政策は幅広い経済活動に間接的に影響しますが、直接的に特定の利益団体だけを優遇することはあまりありません。ですから、日銀の政策について、特定の利益団体が陳情などで政治的圧力をかけることは希です。

このように、中央銀行は建前として政治的に独立していることになっています。ですが、我が国で実際には、日銀総裁の人事や金融政策の方針について、政府との一体感が求められているのが現実です。たとえば、財政政策だけでは景気対策の効果が十分ではないときに、金融政策にそれを補完する効果が期待されています。

なぜそのようなことが起こるのでしょうか。財政状況が厳しく、財政出動（＝経済を良くしたり景気を安定させたりする目的で行う）に制約があるときほど、政府や与党の政治家から中央銀行への政治圧力は大きくなります。具体的には、不況期に金利を下げたり、資金の供給を増やしたりする要求が政府から出されます。不況期であれば、日銀もそうした要求に応えるのが普通ですが、こうした金融緩和政策の規模と期間をどう設定するかは、両者で意見が異なることがあります。政府や与党政治家の関心事は物価の安定よりも景気の回復、経済の活性化です。特に次の選挙までの目先の経済環境の改善が最大の関心事です。したがって、政治家は不況期に過度に積極的な金融緩和政策を求めがちです。一方で、中央銀行はより長期の視点で、特に物価の安定を最優先に考えています。

第5章で説明するように、2010年前後の白川総裁（当時）の時代には、日銀は標準的な金融政策を実施しようとして、あまり極端な緩和政策に慎重でした。そのため、より大胆な金融緩和政策を望む政府とぎくしゃくした関係にありました。しかし、2013年に黒田総裁が就任すると、日銀は安倍政権の看板政策である「アベノミクス」に合わせた異次元の金融緩和政策を実施するようになり、政府と日銀の政策運営は一体化するようになりました。

経済を動かす政策は中身と規模が重要

では、政府与党は財政や金融の諸政策を用いて本当に経済を操作できるのでしょうか。たしかに、減税や補助金で可処分所得（＝稼いだ所得から税金や社会保険料を差し引いた手取りの所得）を増やすことはできます。また、金利の引き下げなどで、企業や家計の借り入れコストを低下させれば、有権者の懐を一時的に良くすることはできます。企業や家計の借り入れ（＝工場建設などの投資や住宅購入のための資金調達）が増加して、あるいは、消費意欲が刺激されて、たくさんのお金が国民経済全体に回れば、経済活動も活発になるでしょう。こうした拡張政策によって、有権者の安心感が増せば、与党の信認にもつながります。

ただし、そうした明るい効果は必ずしも長続きしません。減税の規模が小さければ消費者の懐が潤う効果も限定的ですし、かといって、大規模な減税をするには別途財源を手当てする必要が出てきます。金利を下げてお金の供給を増やしても、企業や家計の将来予想が悲観的なままだと、そうしたお金が投資や消費に回らないで、預貯金が増えるだけかもしれません。

すなわち、拡張政策が有権者にプラスの効果をもたらすとしても一時的であり、その量的な効果は限定的でしょう。ですから、どういう政策で経済を活性化しようとするのか、また、どの程度の積極的な政策を実施しようとするのか、という中身と規模が重要になってきます。さらに、こうした政策の持続可能性や実現可能性も問題になります。政治家が実行しようと思っても、中長期的に持続できないで、いずれはやめざるを得ない政策もあります。無い袖は振れないからです。たとえば、大規模な減税や給付拡大には、大規模な財源が必要になります。

こうした留意点はあるにせよ、多くの与党政治家は選挙で勝つために、選挙のときに景気を良くさせたいと、景気対策に前のめりになります。与党の政治家がそうした気持ちで拡張的な財政金融政策や手厚い社会保障政策を実施すると、選挙のときに多少は景気が良くなるかもしれません。これを経済学で説明するのが、「政治的景気循環の理論」です。

選挙を軸に景気が循環する「政治的景気循環の理論」

政治が経済を動かそうとするのは、選挙を意識している場合が多いです。多くの政治家は選挙で勝つことを目標としているからです。とすれば、選挙の時期は経済政策のあり方、さらには実際の経済活動に影響します。この点に注目して、選挙が景気循環（＝好況や不況などの経済のサイクル）の引き金になっていることを指摘したのが、政治的景気循環の理論です。

これは、アメリカの景気が（大統領）選挙の前に好況になり、選挙の後で不況になるというサイクルをほぼ4年ごとに経験してきたという現実のデータに基づいています。

まず、世の中の景気は、良いとき（好況）と悪いとき（不況）を繰り返します。こうした経済活動の変動パターンを景気循環と呼んでいます。この景気循環は、通常であれば、イノベーションのショックなど技術的な要因や天候などの経済外的な要因で生じると考えられています。ＩＴの技術革新で新しい製品やサービスが誕生して経済が活性化すれば、景気は良くなりますし、天候不順などで原材料のコストが上昇すれば、経済活動は抑制されるでしょう。これに対して、政治的な理由、特に、選挙の時期で景気のサイクルが決まるという考え方が政治的景気循環の理論です。

すなわち、与党政治家は選挙の前に景気を良くしようと、積極的な財政金融政策を打ちます。たとえば、公共事業を増やしたり、減税したり、中央銀行に働きかけて、金利を引き下げたり、資金供給を増加させたりします。そうした政策で家計の消費や企業の投資が刺激されると、民間の経済活動も少しは活発になります。家計の所得も増えますし、失業者は減少しますし、好況になります。そうなれば、有権者も与党の政治に満足するので、与党は選挙で信認されます。

こうした景気対策の経済政策が効果を持てば、与党政治家による政治の力で選挙の前に景気が良くなります。しかし、その効果は一時的で持続可能ではありません。ずっと景気を良くしようと刺激し続けるには、際限なく公共事業を増やしたり、減税や補助金の規模をますます拡大させたり、金利をさらに引き下げたりする必要があるからです。

ですから、このような刺激政策を長く続けることは無理です。減税や歳出増で財政赤字が増えると、政府の借金が累増しすぎることになります。金利を下げるとしても、マイナスの金利を預金者に押しつけるわけにもいきません。底なしの拡張政策にも限界があるというわけです。また、次の選挙の際にも再度、経済を良くするためには、その時点でもう一度刺激的な財政金融政策が必要になります。それを見越して、選挙が終わるとそれまでの拡張政策をいったん打ち止めにして、次の選挙に備えます。

したがって、与党政治家も選挙後に無理に経済を良くしようとはしません。選挙が終われば、次の選

図1-2　政治的景気循環の理論

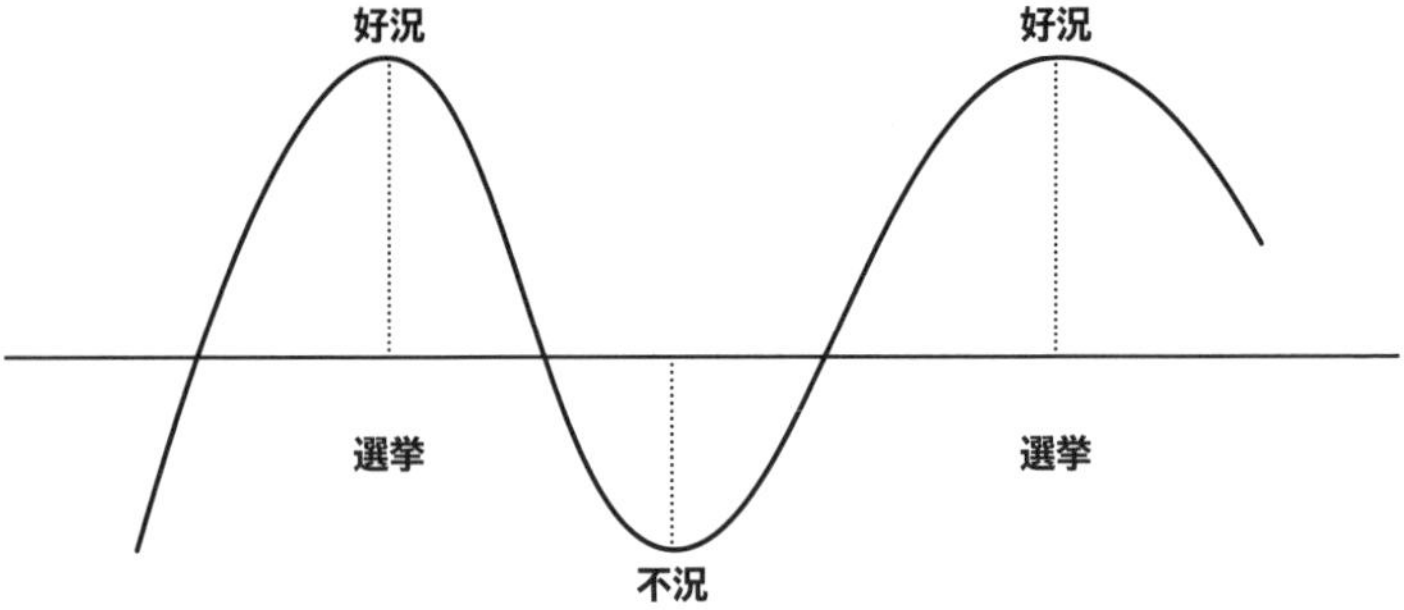

挙までは与党でいられますので、その間は有権者からの評判をそれほど気にする必要もないからです。緊縮的な財政金融政策で景気が多少後退したとしても、選挙が終わった後なので、与党の政治家が困ることはありません。その結果、選挙後に引き締め政策が実施され、実際に景気は後退して、不況になります。そして、次の選挙の前に有権者の歓心を引くために、景気を良くしようと、与党の政治家はまた拡張的な政策を実施するのです。

結果として、図1－2で示すように、景気のサイクルは選挙の時期で決まってきます。選挙のときは好景気ですが、選挙の後で景気は後退し、選挙が終わってしばらくすると不況になります。そして次の選挙のときにまた好況になります。この理論は政治が経済に影響され、かつ、政治で経済も影響されることを明確に指摘します。

政治的景気循環の理論では、有権者は選挙のときの経済状況を見て、そのときの経済が良ければ与党を信任して、与党の政治家に投票すると想定しています。選挙後に不況になるとしても、有権者はそこまで先のことは考慮しません。これは、有権者が選挙のときという目先の経済環境にのみ関心を持って投票先を決めるという想定です。

１つの選挙から次の選挙までの４年程度の任期全体の経済状況を総合的に判断して、与党の政治家を評価するのではなくて、選挙のときの経済状態のみを政治家評価の判断基準にするのは、「近視眼的な」投票行動といえます。選挙後に景気が悪化することが十分に予想できるにもかかわらず、それを予想しないというのは、あまり合理的な行動とはいえません。こうした有権者の近視眼的行動が現実であれば、与党の政治家は選挙の時期に合わせた経済政策を決めるというわけです。

選挙の時期は政治が選べるのか

ただし、この理論は選挙の時期があらかじめ制度的に決まっており、政治の力で動かせないことが前提です。たとえば、アメリカの大統領選挙では４年ごとの選挙の時期が機械的に決まっています。日本の場合も、参議院の選挙は３年ごとの半数改選でその日程もあらかじめ決まっています。こうしたケースでは、選挙の時期に合わせて景気を良くしようと政治家は思うはずです。ただし、参議院選挙は半数改選ですし、また、そもそも参議院は衆議院ほどの政治力もありません。

一方、衆議院の場合は総理に解散する権利があり、事実上、総理・与党が好きなときに解散＝選挙できるので、選挙の時期は政治の都合で決められます。そうすると、与党、特に総理は、わざわざ衆議院任期終了の時期（選挙から4年後）に景気を良くするように政策を打たなくても、4年間の任期中で景気の良いときを選んで解散すれば良くなります。実際にも、日本で衆議院選挙の時期を見ると、任期途中で好況期に行われている場合が大半です。このことからもわかるように、参議院選挙に合わせて景気を良くしようとせず、景気の良いときに衆議院を解散するのが、総理・与党の自然な行動です。これは、政治が経済を動かすというよりは、経済が政治を動かすという事例のひとつです。

選挙前に景気は停滞し、選挙後に景気が上向く？

政治的景気循環の理論について、もう少し掘り下げて考えてみましょう。まず、与党が選挙前に経済を良くしようとしても、それがうまく実現するかどうかはわかりません。また、有権者が選挙時の経済状態だけを見て与党の政治を信任するかどうかも疑問です。そうでなくて、もっと長い期間の経済政策で与党のパフォーマンスを評価する有権者もいるでしょう。与党の政治家も選挙のときだけの政策にこだわらないかもしれません。したがって、実際に選挙の時期で景気が左右されるかどうかは、国によっても政治環境によっても判断が分かれます。

そこで今度は、有権者が選挙後の政策を予想して、選挙に臨むと想定してみましょう。選挙では対立する野党の政治活動も活発になります。野党からすれば、選挙は政権を交代させて、自分達が与党になる絶好の機会です。有権者にアピールする魅力的な選挙公約で有権者の支持を求めます。また、野党が分裂状態であれば、与党はそうした時期に選挙をしたい誘惑に駆られます。しかし、そうした与党の見込みが外れて、選挙中に野党間で協力が進展することもあります。

こうした選挙の結果、どちらの政党が政権につくのか不透明なケースがあります。もし野党が勝利して政権交代が実現すると、選挙後の経済政策も大きく変わるかもしれません。政権交代が起きなくて、それまでの与党が再選したとしても、有権者が選挙後の政策をあらかじめ予想するのは難しいでしょう。選挙時の公約が有権者に耳当たりの良いものばかりであっても、非実現的なものが多いと、実際に遂行される政策は当初の公約通りにはなりません。有権者もそうした「甘すぎる」公約に懐疑的になります。

そうなると、有権者は選挙の前に将来の政策を正確に予想できません。こうした不確実性が高いと、有権者や経済活動の当事者である企業は、政府の将来の政策を見通しづらくなります。選挙の前に民間の経済活動は様子見になり、家計の消費や企業の投資行動は停滞するかもしれません。

むしろ、選挙後の方がどちらの政党が勝利したかがわかるし、与党が実際にどんな政策を実行するかがわかります。選挙後に安定的な政権が誕生すれば、政治的な不確実性がなくなるので、民間の企業や家計も安心感が生まれ、投資や消費などの経済活動も活発になるでしょう。こう考えると、選挙前に景気は停滞し、選挙後に景気が上向くという異なる景気循環のサイクルも想定できます。他方、選挙の結果、安定多数の与党が誕生せず、政権の基盤が不安定になれば、選挙後の政策も持続可能と思われないため、家計や企業の安心感も高まらないでしょう。この場合は、選挙後に景気が上向くとはいえなくなります。

このように、政治と経済の関係は選挙のときの政治状況や有権者の期待などで複雑に絡み合っています。選挙は政治と経済を結びつける重要なイベントですが、それが政治と経済にどう関係するのかは、一概には説明できません。そのときどきの政治・経済状況を見て解釈するしかないでしょう。結局、政治が経済を動かそうとするし、また、経済環境に政治も影響されます。この相互依存関係を冷静に見つめることが、混迷する政治経済の真の姿を理解する上で有益なのです。

column

アメリカ大統領選挙と分断化された有権者

図1-3は、2020年のアメリカ大統領選挙の結果を表したものです。この選挙は、アメリカ社会の分断を象徴する歴史的なイベントでした。事前の世論調査では数%の差でバイデン候補が優勢と伝えられていましたが、民主党の熱烈な支持者はバイデン勝利を100%確信する一方で、共和党の熱烈な支持者はトランプ勝利を100%確信していました。どちらも偏った情報ソースで都合の良い情報を信じる傾向がありました。大方の世論調査の結果を額面通りに受け取らず、自分に都合の良い情報しか受け入れない傾向が顕著だったのです。これにはSNSの普及が関係しています。大手メディア以外にも（たとえフェイクであったとしても）様々な情報に触れる機会が増えたことで、余計に都合の良い情報しか頭に入らなくなったのです。

これに対して、民主党でも共和党でもない無党派の人々は、おおむね世論調査を受け入れる傾向が強くありました。彼らは、よりもっともらしい大手メディアの世論調査を信頼していました（図

図1-3　アメリカ大統領選挙2020の結果

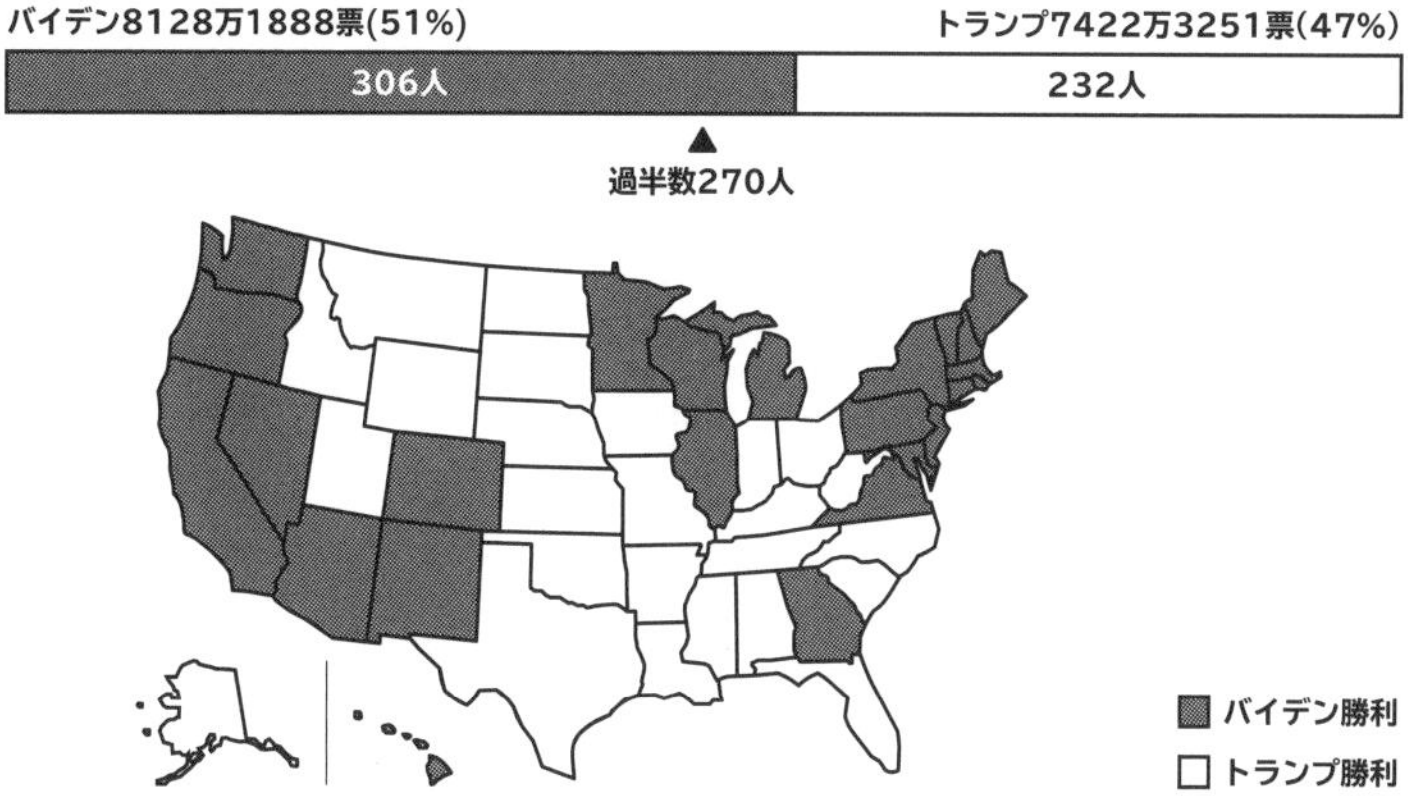

図1-4　アメリカ大統領選挙2020　支持率の推移

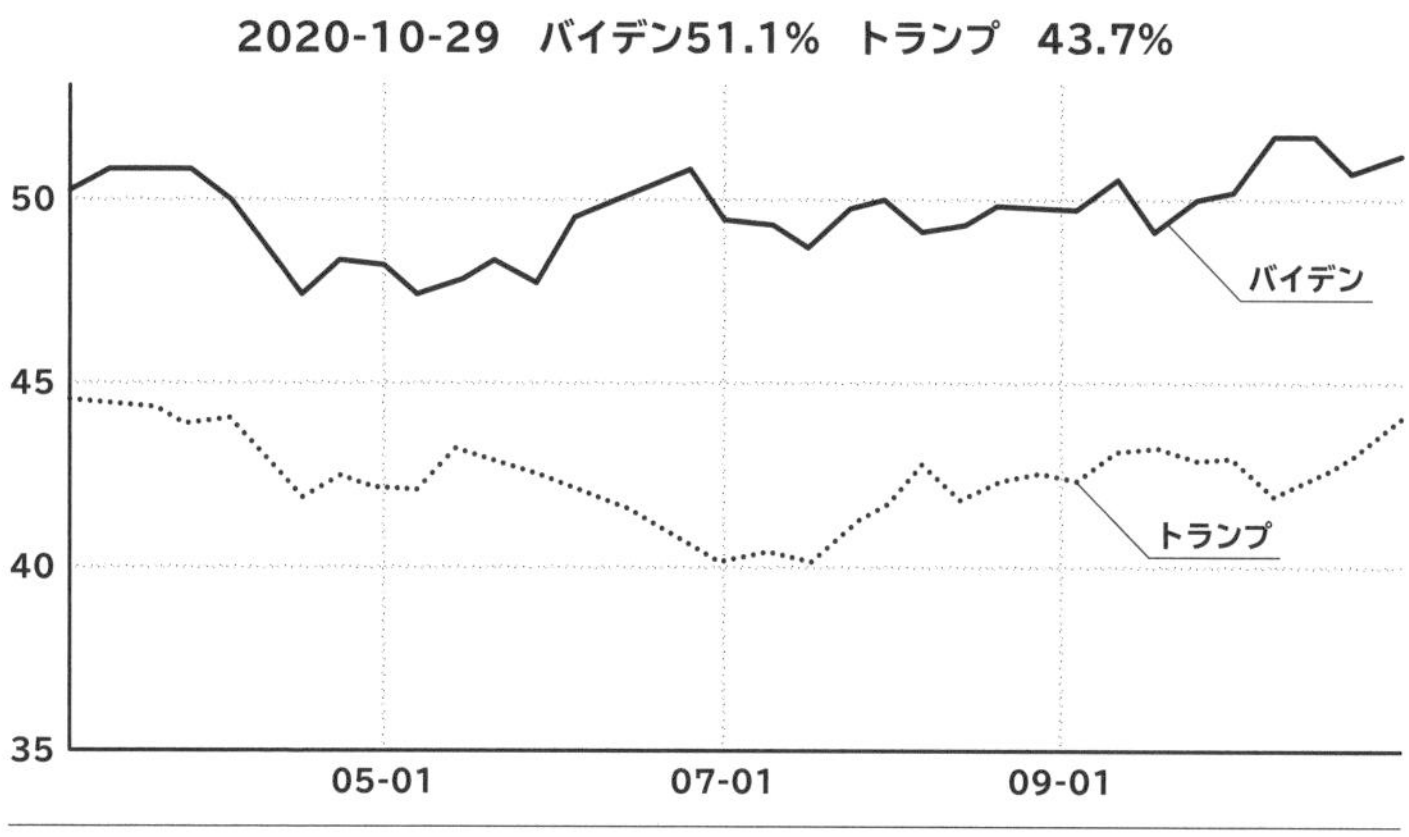

出所：RealClearPolitics

1－4参照)。

では、このような状況は選挙後の経済にどのような影響を与えたのでしょうか。民主党の熱心な支持者も共和党の熱心な支持者も、どちらも自分の支持する候補が勝てば経済も良くなり、負ければ経済は悪くなると信じています。そして自分の支持する候補が絶対勝つと思っています。選挙の後で、勝った陣営（今回は民主党）の支持者は結果に満足して、積極的な経済行動をしますが、負けた方は落ち込んで彼らの経済活動は後退するでしょう。共和党支持者が有権者の半分程度いる現状では、バイデンが当選したことで彼らのがっかり感は相当なものだったはずです。彼らの経済的な行動も相当の後退が予想されますから、マクロ経済全体も悪化してしまいます。したがって、2020年の選挙の後は景気が後退する可能性が高かったかもしれません。これは政治家が主導する景気循環ではなくて、熱烈な支持者の分断が引き起こす景気循環です。

政治は政治家だけが動かすものではありません。有権者の政治的な行動も経済に大きな影響を与えるのです。この点からは、選挙前に有権者間で分断が激しいほど、選挙後の経済的なショックも大きくなります。

では、このショックを小さくするためにはどうすればいいのでしょうか。熱烈な民主党や共和党の支持者でない無党派層はより慎重な行動をとるでしょう。選挙の事前予想には確率的な誤差があることを有権者がきちんと理解することが重要です。そうすれば、無党派層のみならず、民主党、共和党の支持者の中でも選挙結果への不確実さがわかりますので、選挙の結果が予想外のショックをもたらす程度は軽減されます。これは選挙後の経済的な混乱を緩和させる効果を持ちます。

実際には、２０２０年の大統領選挙後に株価が上昇し、経済活動も活発になりました。これはコロナ危機がワクチン接種で落ち着いたこともありましたが、下院でも共和党が議席を増やし、上院では共和党が半数を維持したことで、共和党が経済政策に一定の影響力を確保したことへの安心感があります。選挙結果が民主党の大勝利にならなかったことは、選挙の政治的なショックの規模が小さくなって、米国経済へ大きく影響しなかったといえます。

「3」

平時の民主主義、非常時の独裁？

選挙における民主主義と独裁政治の違い

政治の根本的な問いの1つは、有権者がどういう仕組みで政治家を選出するのが望ましいかという選挙のあり方です。民主主義では、自由に誰でも（一定の年齢以上の国民）参加できる選挙において有権者の投票で政治家を選出し、その政治家が政治を決めます。我が国では18歳以上の国民は誰でも有権者として投票できますし、一定の年齢に達すれば自分が選挙に立候補することもできます。民主主義では政党の結成は自由ですし、誰でも政治家として政治の世界に入ることができます。また、政治家や政党の行動に特段の制限はないですし、選挙の自由も保障されています。

これに対して、独裁政権では独裁者の都合の良い政党や政治家しか選挙に参加することが認められません し、政権を批判する政治的行動が禁止されるなど、選挙に大きな制約があります。もちろん、独裁政権でも建前として「自由な」選挙は実施されます。しかし、選挙における政治の自由度は大きく制限されます。選挙に立候補する際も独裁政権の都合の良い人しか候補者として認められないため、独裁者に都合の良い政治家が選出されることが、選挙前から事実上確定しています。

実際、ロシアや中国での選挙では、選挙に立候補できるハードルが高く、司法も政権のいいなりになって、与党を支援しています。選挙活動の政治的自由はほとんどありません。一国二制度が保障されていて民主主義が根付いていた香港でも、最近では中国本土からの締め付けが厳しくなり、政治的自由がなくなりました。投票が事実上強制され、投票率が１００％という現象も見られますが、こうした強制投票は民主主義の国ではあり得ません。場合によっては、投票や開票作業で不正が行われることもあります。社会秩序の安定という名目で、選挙は独裁政権の正当性を補完するための道具と化すこともあるのです。

東西冷戦で民主主義の優位性が明らかに

民主主義で政治を決めるのか、独裁で政治を決めるのかの対立軸は、その国の経済活動にも大きな影響を与えます。戦後の冷戦はアメリカを中心とする民主主義と（旧）ソ連を中心とする共産主義のイデオロギー対立でした。この冷戦は政治的あるいは軍事的対立が中心であり、１９６０年代前半にキューバ危機などで核戦争の脅威が現実化。その後、ベトナム戦争を始め多くの地域紛争・戦争で、アメリカとその同盟国は旧ソビエト陣営と対立しました。同時に、経済的な面でも東西両陣営は対立し、それぞれの陣営内での貿易を優先して相手の陣営との貿易を制限し、相互の経済交流も乏しくなりました。

１９４５年から１９８０年頃までの戦後数十年について、経済的なパフォーマンスを比較すると、明らかに、旧ソ連や共産主義諸国のほとんどすべての国々で経済活動は停滞し、民主主義＝市場経済の西側諸国は経済面で圧勝しました。

たとえば、東西ドイツを比較すると、西ドイツの方が政治的自由もあり、経済的にも発展したため、東ドイツ国民の多くは西ドイツへ移住したいと思いました。が、それを認めると東ドイツの国家基盤が危うくなります。ですから、東ドイツ政府は人の移動を制限し、東西ベルリンの間に壁を構築し、国境や情報を遮断することで、かろうじてその存立を維持しました。しかし、1980年代に入って、情報のグローバル化が進展します。人の移動を強権で制限することが困難になり、1989年にベルリンの壁と国境が開放されるとともに、結局、東ドイツは西ドイツに吸収合併されたのです。

冷戦は民主主義が共産主義に勝った形で終了します。1990年代以降、民主主義とグローバルな市場経済は、世界中での政治・経済のあるべき制度として共通になりました。市場経済とともに民主主義は、今後の世界の制度設計として当然の前提となったのです。経済的に豊かな市場経済と国民の民意を尊重する民主主義が世界標準となった結果、旧東陣営のみならず、アジア、アフリカ、中南米などでも、独裁政権は世界から淘汰されると誰もが信じていました。アメリカの著名な政治経済学者フランシス・フクヤマが、1992年の著作『歴史の終わり』（三笠書房）で「歴史は終わった」と民主主義の勝利を宣言したことはよく知られています。

政治経済学者の常識を超える、独裁国家中国の台頭

　しかし、興味深いことに2000年代以降に民主主義の評価は変わってきました。特に、政治独裁の中国が改革開放の経済政策を遂行し、経済的行き詰まりを見せることなく、めざましい経済発展を遂げるようになり、世界中にその存在感を増しています。1980年代以降、中国は経済面では市場主義を大胆に取り入れて、資本主義のような改革開放経済路線を採用しました。政治的には共産党の一党独裁を維持しており、政権当局を批判する政治的自由はありません。改革開放の市場経済と一党独裁の専制政治が共存するという特異な関係です。政治独裁の中国で着実に経済が成長したのは、多くの政治経済学者の常識を超える現象でした。

　ここで考えたいのは、常識的には、経済が豊かになるにつれて、人々の意識も多様化するから、政治的自由への要求も増すはずということです。事実、1989年に中国で政治的自由を求める若者の政治運動が活発化しましたが、共産党政府はそれを武力で鎮圧しました。「天安門事件」です。この大動乱事件以降、中国当局は強権で政治的自由を押さえつける一方で、経済的には改革開放政策を推し進め、結果の平等を重視する共産主義の経済政策を放棄して、市場経済を大胆に取り込みます。政治独裁と経済自由が共存する中で、経済格差が拡大しつつも、その後の中国の経済はめざましく発展しています。中国における独裁政治と自由経済との奇妙な共存関係は、従来の常識では理解しにくいものです（図1－5参照）。

図1-5　高度成長期前後の実質経済成長率の比較

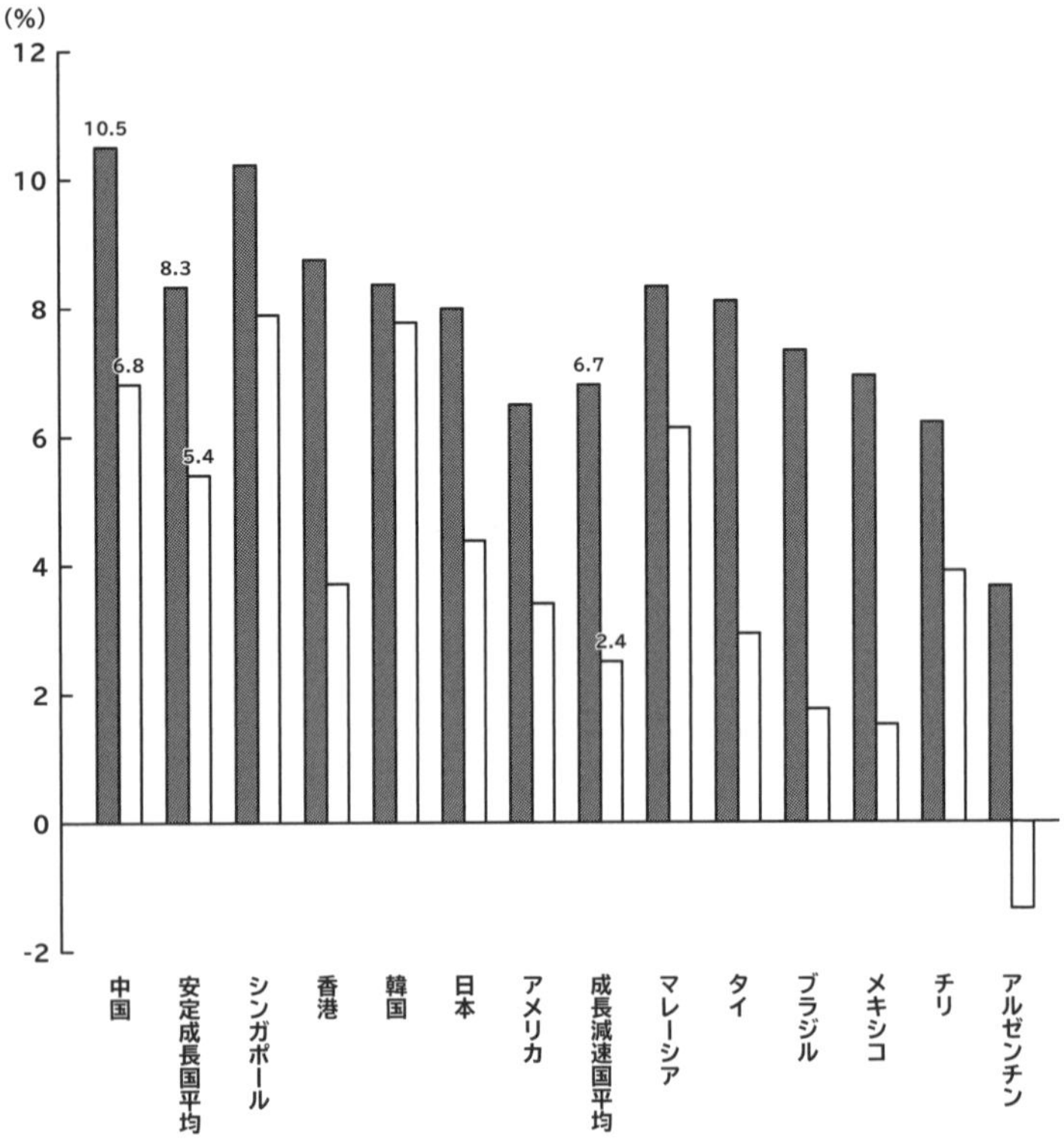

（備考）
1.期間20年ごとの実質経済成長率（05年、ドル）の平均で比較。各国の期間は以下のとおり。
中国（92～11年）、アメリカ（34～53年）、日本（56～75年）、韓国（68～87年）、香港（69～88年）、シンガポール（65～84年）、タイ（76～95年）、マレーシア（61～80年）、アルゼンチン（61～80年）、ブラジル（61～80年）、チリ（77～96年）、メキシコ（62～81年）。60年以前の数値：アメリカ（Historical National Accounts、BEA）日本（内閣府）。
2.各国の右棒は高度成長後の10年間の実質経済成長率の平均値。
3.中国の成長屈折後の予想は、各国高成長後10年間の実質経済成長率の下落幅の平均値（3.7）から算出。
4.香港は成長をけん引した輸出の鈍化、98年アジア通貨危機によるマイナス成長の影響により屈折後の成長率が低迷している。

出所：世界銀行、University of Groningen “Historical National Accounts”、アメリカ商務省経済分析局（BEA）、内閣府より作成。

中国経済の今後を展望するのは難しいですが、これまでのような高度成長を持続的に続けていくのは、無理でしょう。政治独裁では、政策の方向を少しでも間違えると、経済にも多大な悪影響をもたらします。これまで政治独裁が結果として経済にも好影響があったとしても、今後もそれが続く保証はありません。特に、経済水準がある程度豊かになると、人々の好みも多様化しますし、また、経済全体のパイが大きく増え続けないと、分配問題は厳しくなります。

広大な国土内での移動を厳格な規制で管理している中国では、農村出身者にとって不利な制度が維持されており、都市と農村との所得格差も拡大したままです。政治独裁の国では、国内の経済問題が深刻化すれば、対外的な緊張をあおって政治的支持を取り付けようとします。尖閣列島や台湾問題など、中国周辺には緊張の火種が山積しています。こうした火種が発火するリスクは今後大きくなると考えられます。

非常時には、独裁政治の方が民主主義より機能することも

冷戦の結果、民主主義が共産主義に勝利しました。ですが、非常時への対応では、民主主義よりも独裁政治の方が得意かもしれません。たとえば、コロナ危機など、一国を揺るがす非常時が起きると、民主主義では政策立案に時間を要したり、強制力のあるロックダウンを即座にかつ有効に実施できにくかったりします。非常時にうまく対処できないかもしれません。実際、新型コロナ感染で２０２０年初頭に武漢を強制封鎖した中国のやり方を、日本のような私権を重んじる民主主義の国では真似できません。

非常時には情報を一元的に管理する方が効率的ですし、人々の選択の幅を限定する方が、組織的な対応が可能となります。徹底した封鎖とPCR検査でコロナをいち早く克服した中国は、その専制政治の優位性を世界に示しました。感染症の場合、人の移動を制限したり、病床を確保するため医療資源を動員したりするにも、強権的に実施できる枠組みが有効というわけです。

また、ISISのような過激派テロ組織への対処でも、個人情報を完全に管理できる強い対応が有効な場合があります。破壊的なテロを防止するのが最優先課題であれば、携帯電話やネットなどの情報統制を強化して、個人情報を公安当局がすべて把握し、テロの潜在的な容疑者を特定し、監視することが効果的だからです。これは強権的な政府の方が対応しやすいでしょう。

これに対して、民主主義では、私権を制限する際の合意形成に時間がかかります。仮に多くの国民が納得して多数決で決定できたとしても、全国民に強制するにはハードルが高いため、ほどほどの政策になります。したがって、それよりも強い政策を求める国民も、逆に、弱い政策を求める国民も満足しません。

たとえば、コロナ対策で医療の充実を求めて、人の移動を禁止する強いロックダウンを支持する国民もいれば、経済を回すことを優先して、ロックダウンに反対する国民もいるでしょう。民主主義の政府はそのバランスをとって、ほどほどのマイルドなロックダウンを選択することになります。その場合、より強いロックダウンを求める国民もロックダウンに反対する国民も不満を持ってしまいます。特に、日本は私権の制限を政府が求める法的根拠がないため、緊急事態宣言を発出しても、基本的に要請（お願い）ベースのことしかできません。それでも、多くの個人や企業はその要請に従っていますが、そうでない個人や企業は事実上野放しです。結果として、感染はなかなか収束しないし、経済活動の回復もままなりません。これは多くの方が実感したことでしょう。

民主主義には不満がつきものです。その結果、多くの国民が政治に疎外感を感じるようになると、国民は民意を反映しない曖昧な政治が行われていると受け取ってしまうようになります。コロナ危機に限らず、民主主義国家の政府が大多数の国民の支持を得るのは、至難の業でしょう。一方で、独裁は決定が早いし、政策も効果的であれば、非常時には有効に機能し得ます。しかも、有能な独裁者であれば、非常時には即効性を実感できるので、多くの国民が支持します。

コロナ禍ではすべての独裁政治の成績が良いわけではない

民主主義と独裁政治のどちらの制度がより良いかは、平時か非常時かという経済状況にも依存します。先ほども述べたように大不況＝恐慌やコロナ危機のような非常時なら、民主主義はうまくいかず、独裁の方が優位になる可能性があります。ただし、有能でない独裁の場合は、非常時でも悪い政策を実行しますから、独裁が1人歩きし、国民にとっては最悪です。独裁者は失敗の責任を外国になすりつけようとしますから、独裁者の暴走を止めることができなければ、最悪の場合、戦争に突き進むかもしれません。

また、政府への信頼感や情報の透明性も、民主主義で非常時対応がうまくいくかどうかのポイントです。実は、コロナ対応の国際比較では、中国を例外として、ほとんどの専制政治、独裁国家ではあまり成績が良くありません。民主主義国でも、台湾やニュージーランドのように、デジタル技術を活用し、政府への信頼感を維持しつつ、強制的なロックダウンでコロナを封じ込めた国もあります。こういったことからも、個人の基本的人権と自由な政治活動を重視する民主主義のメリットを享受しつつ、非常時にうまく対処する方策を我々は模索すべきでしょう。

column

中国の独裁政治と経済の市場化

経済成長がめざましい中国では、中流層である中間層が増加しています。これはマクロ経済にとっては経済の広がりをもたらすので、プラスの要因ですが、政治的には不安定要因になり得ます。なぜなら、政治的に一党独裁を維持して民主主義をないがしろにする体制が、経済的な発展と長期的に両立できるかどうかは疑問だからです。

経済発展論で有名な「クズネッツ仮説」（P126参照）によると、開発の初期に所得格差は拡大し、発展とともに格差は縮小します。これは次のような考え方です。経済成長の初期段階では一握りのエリートを育成して、先進技術を吸収することで、一国全体の経済成長に寄与します。成長がある程度進むと、幅広い中間層が成長の恩恵に加わる方が成長も持続しますし、また、成長の果実を再分配する余裕も出てきます。

表1-1　中国国民所得の増加と関連経済指標(2007－2016)

指標	2007	2008	2009	2010	2011	2012	2013	2014	2015	2016	平均
一人当りGNI(元)	20,498	24,209	26,115	30,671	35,978	39,815	43,390	47,140	49,937	53,601	37,135
都市部住民一人当り可処分所得(元)	13,786	15,781	17,175	19,109	21,810	24,565	26,467	28,844	31,195	33,616	23,235
農村部住民一人当り可処分所得(元)	4,140	4,761	5,153	5,919	6,977	7,917	9,430	10,489	11,422	12,363	7,857
農村部貧困人口(万人)	4,320	4,007	3,597	16,567	12,238	9,899	8,249	7,017	5,575	4,335	7,580
GDP成長率	14.2	9.7	9.4	10.6	9.5	7.9	7.8	7.3	6.9	6.7	9.0
国家財政収入成長率	32.4	19.5	11.7	21.3	25.0	12.9	10.2	8.6	5.8	4.5	15.2
国家財政支出成長率	23.2	25.7	21.9	17.8	21.6	15.3	11.3	8.3	13.2	6.3	16.5
平均実質賃金成長率	13.4	10.7	12.6	9.8	8.6	9.0	7.3	7.2	8.5	6.7	9.4
一人当りGNI成長率	23.0	18.1	7.9	17.4	17.3	10.7	9.0	8.6	5.9	7.3	12.5
都市部住民一人当り可処分所得成長率	17.2	14.5	8.8	11.3	14.1	12.6	7.7	9.0	8.2	7.8	11.1
農村部住民一人当り可処分所得成長率	15.4	15.0	8.2	14.9	17.9	13.5	19.1	11.2	8.9	8.2	13.2
農村部貧困発生率	4.6	4.2	3.8	17.2	12.7	10.2	8.5	7.2	5.7	4.5	8.0
住民一人当り可処分所得のジニ係数	0.484	0.491	0.490	0.481	0.477	0.474	0.473	0.469	0.462	0.465	0.477

出所：康成文「中国の所得格差が経済成長に与える影響と対策」(2019)(中国統計年鑑 2017, 2016, 2013 年版のデータより作成)

経済が成長するにつれて、所得水準もほどほどに高い中間層が台頭しますが、そうした人々の選好は多様化します。国民の意識、選好と統制的な政治体制が両立できるかどうかは、中国のみならず、多くの途上国で共通の課題です。

経済発展論の標準的な考え方では、発展の初期段階での政治独裁は、強い意志で国の方向を定めることができるため、独裁政治の理念が適切である限り、うまく機能して、経済発展にもプラスに働きます。しかし、中間層が厚みを増し、人々の意識、選好に多様化が進展すると、有能な独裁政治を続けることは困難であり、独裁はむしろ経済発展の障害になりやすいです。

中国が中長期的に安定成長を続けることは、日本経済にも望ましいことです。しかし、中国のもう1つの難問は、所得格差の拡大です。たしかに中間層も増加していますが、貧困層と富裕層との格差は、金持ちと貧困者の格差で見ても、都市部と農村部との地域間の格差で見ても、ともに拡大しています。表1・1にあるように、中国の経済発展で都市部のみならず農村部でも所得は増加していますが、それでも都市部と農村部との所得格差は大きいままです。

　経済成長は経済的にはプラスの要因ですが、大きな所得格差は政治的には不安定要因かもしれません。さらに、政治的な一党独裁が経済的な発展と長期的に両立できるかどうかも疑問でしょう。こうした所得格差の是正が進まず、また、中国全体での経済成長の速度も低下するようになると、中国社会が不安定化して、政治的に混乱する可能性もあります。

第1章のまとめ

　政治と経済の関係は複雑です。政治家は選挙を意識して、様々な政策を使って経済に働きかけますが、そうした政策の効果は長続きしません。与党の政治家が目先の選挙で勝つことにこだわると、選挙が景気循環の引き金になる可能性があります。民主主義と独裁のどちらが良いかは、平時か非常時かという経済状況にも依存しますが、独裁は失敗したときの弊害が大きすぎます。非常時対応でも民主主義がうまく機能するには、政府への信頼感や情報の透明性が重要です。

2

第2章

選挙を経済学で読む！

「1」望ましい選挙とはどのような制度？

多くの国で間接選挙が重要なポジションを占める

選挙のあり方は、有権者がまともな政治家を代理人として選出する上で重要です。本章では、その選挙について経済学で考えていきましょう。まず、政策を選挙で決める方法として、直接選挙と間接選挙があります。直接選挙では、国民、住民である有権者が政策を直接選択します。地方自治体で実施される住民投票がその代表例です。たとえば、「大阪都構想」についての住民投票が2020年11月に実施されましたが、これは大阪市の住民が都構想という政策の賛否を直接選択するものでした。また、外国では国レベルの重要な政策についても、その賛否を有権者に問う直接選挙が行われることが多くあります。スイスでは国民、住民の直接選挙で国や地方自治体の政策の多くを決めています。2016年にイギリスがEUからの離脱を決めたのも、国民による直接選挙＝国民投票の結果でした。他方、日本では国政レベルでの政策について直接選挙が実施されたことは1度もありません。

これに対して、間接選挙では、有権者が政策ではなくて、政策を決める代理人である政治家＝議員

（あるいは元首）を選びます。多くの国でこの間接選挙は政治における最も重要な選挙であり、ここで選出される政治家が実際の政治を動かします。我が国では、国政の衆議院、参議院の議員選挙から地方の首長や地方議会の議員選挙まで、間接選挙が一般的です。

なお、我が国の政治家のトップである総理大臣は国会議員が選ぶことになっているため、有権者は総理大臣を直接選べません。これは議院内閣制という制度の特有であり、イギリスやドイツなどでも採用しています。これに対して、アメリカやフランスのような大統領制の国では、国家元首である大統領を国民が直接選ぶことができます。ただし、大統領も国民の代理人であるため、直接民主主義ではなく間接民主主義の一形態です。

以下では、直接選挙と間接選挙を比較してみましょう。有権者にとってどちらの選挙がより望ましいのでしょうか。賛成か反対かという二者択一が争点の場合は、直接選挙の方が有権者の意向を明確に結果に反映できます。しかし、争点が複数の場合、あるいは、政策が複雑で一般有権者がその政策の是非を容易に判断しきれない場合はどうでしょうか。有能な代理人（政治家）に政策決定（政治）を委任する方が望ましいと考えられます。間接選挙は有権者が自らの代理人を適切に選出できる場合に、有効な選挙手法といえます。

また、間接選挙には小選挙区制と比例代表制があります。こうした選挙制度の相違は、経済政策にどう影響するのかも見ていきます。

直接選挙は限定された有権者が投票する場合に採用

まず、直接選挙での望ましい投票方法について考えてみましょう。直接選挙では多数決で決めるのが普通であり、争点が1つで選択肢が2つ（賛成か反対か）であれば、この決定はもっともらしい方法です。イギリスのEU離脱問題でも大阪の都構想でも、賛成か反対かの2択でした。しかし、3つ以上の選択肢（あるいは候補）がある場合で、選挙結果で絶対過半数を獲得する候補＝選択肢がなかった場合、相対多数決（最も得票数の多い候補＝選択肢が当選する）で決めるか、絶対多数決（投票数の過半数を獲得する候補＝選択肢が当選する）になるまで候補＝選択肢の数を絞るべく、投票回数を重ねるかという問題が生じます。

たとえば、オリンピックの候補地は、最終選考に残った複数の候補地の中から有権者であるIOC委員が直接選挙で決めます。候補地（＝投票の選択肢）が3つ以上のケースが多いです。このとき、1回目の投票で絶対過半数を獲得した候補地があれば、それで決まりますが、そうでない場合は、2回目以降も投票が続きます。その際、直前の投票で最下位だった候補地を除外して、残りの候補地についてもう1度選挙し、絶対多数決で勝つ候補地が出るまで、直前投票での最下位の候補地を除外していくという複数回の選挙が実施されます。

2020年のオリンピック開催地の投票では、最終選考に残った3候補地（東京、イスタンブール、マドリード）のうち、1回目の投票で東京が42票、イスタンブールとマドリードの票が26票で同数でした。両都市の間で2回目のタイブレークの投票結果、イスタンブールが49票を獲得して東京との決選投票に進み、3回目の決選投票で東京が60票、イスタンブールが36票となり、東京に開催地が決定しました。

こうした複数回投票は、投票に実施費用があまりかからず、限定された有権者が投票する場合に広く採用されています。ローマ法王の選出、サッカーワールドカップの候補地決定、多くの大学での学長選挙など、複数回投票の事例はたくさんあります。有権者の数が比較的少数に限定されるとき、直接選挙で投票を何回もやり直す時間や開票作業のコストは小さくなります。したがって、先述のような複数回選挙で絶対過半数の票を得る候補者が出るまで選択肢を絞り込むことも容易です。その方が有権者の民意をより反映した選挙結果が得られるというわけです。

間接選挙は国政選挙のように有権者が多い場合に採用

今度は間接選挙の投票方法について考えてみます。間接民主制の場合も多数決で代理人を選出するのが一般的です。ただし、間接選挙では国政選挙のように投票に参加する有権者の数がきわめて多いので、投票を何度も繰り返せないという実務上の制約があります。それでも多数決で当選者を決める場合に、投票回数と投票方法についていくつかの選択肢があります。

まず、投票回数ですが、1回限りの投票では相対多数決で決めることになります。これに対して、2回の投票を実施すると、絶対多数決で候補者を決めることができます。前者は1回の選挙で相対的に最も得票の多い候補者を勝者として決めます。後者は絶対多数の得票（全体での過半数の得票）を獲得する候補者でないと勝者とならないとして、上位2名による決選投票を実施できます。したがって、2回目の投票を想定した複数選挙になります。さて、どちらが良い投票制度でしょうか。

日本の選挙は、1回のみの投票で相対多数の候補者を選出します。フランスの大統領選挙など諸外国の中には、1回目の投票で絶対多数を獲得した候補者がいない場合、上位2名による決選投票で当選者を決める2回選挙を実施する国もあります。一般的にいえば、投票回数が多いほど、有権者の意向をより正確に反映する政治家＝代理人が選出されます。1回投票での相対多数の決め方では、勝者が絶対過半数を獲得できなくて、勝者以外に投票した有権者が多いときに、彼らの意向が無視されてしまいます。したがって、投票コストを無視すれば、決選投票などを含めた複数回投票の方が1回限りの投票よりも望ましいです。

ただし、投票のコストを考慮すると、1回しか投票の機会を設けられない場合もあるでしょう。そこで、1回の選挙で決選投票と同様のメリット（勝者以外に投票した有権者の意向を適切に反映させる方法）を出せるかどうか、考えてみましょう。

決選投票がないと選挙結果にどう影響する？

複数の候補者がいる場合、有権者は候補者間で何らかの評価をして、自分にとって望ましい候補者の値付けをしていると考えられます。たとえば、表2－1のような例を想定してみます。3人の候補者

表2-1　有権者の候補者への値付け

	A	B	C
ア	3	2	1
イ	3	2	1
ウ	3	2	1
エ	3	2	1
オ	1	3	2
カ	1	3	2
キ	1	3	2
ク	1	2	3
ケ	1	2	3
総得点	17	21	16

（A、B、C）に対する9人の有権者（ア、イ、ウ、エ、オ、カ、キ、ク、ケ）の評価がそれぞれ3、2、1で表されています。それぞれの有権者から見て、3は「望ましい」、2は「どちらともいえない」、1は「望ましくない」という評価です。有権者としては、3の点数の候補者が当選してほしいのですが、2の候補者でも、1の候補者よりはましなので、まあ許容できます。

すべての有権者がつける各候補者の評価ポイントを合計して、もっとも評価ポイントの高い候補者が当選するのが、この選挙での9名の有権者の総意として望ましくなります。表2－1の例では、21ポイントの評価合計点となる候補者Bが最も望ましい候補者です。

しかし、有権者が望ましい候補者に1票を投じる日本の選挙で、かつ、1回の投票で当選者を決める相対的多数決投票では、候補者Aが4票（ア、イ、ウ、エ）を獲得して、選出されてしまいます。

これに対して、フランスのように、上位2名を残して決選投票すると、Aの他に3票（オ、カ、キ）を獲得するBが決選投票に残ります。そして、決選投票ではAとBの間での選択となるため、4票（ア、イ、ウ、エ）のAより5票（オ、カ、キ、ク、ケ）のBが選出されます。

1回の投票回数のとき望ましいボルダ投票

この数値例が示すように、有権者全体の意向をより良く代表する候補者Bが選ばれるという意味で、決選投票の方が相対的多数決投票よりも望ましいです。これは、複数回投票をすることで、有力な候補者2名（先の例ではAとB）に絞り込めるからです。1回限りの投票では3点の得票数が少ないBは選出されません。しかし、2回投票では多くの有権者に評価される候補者Bが1回目で排除されずに、2回目に残るというメリットがあります。

言い換えると、投票回数を多くすれば、それだけ多くの有権者の選好（＝評価）が投票結果により適切に反映される可能性が高くなるということです。オリンピック候補地決定など、有権者の数が限定されている選挙で実際に複数回投票が実施されているのも、こうした理由によります。しかし、先述したように投票の回数を多くすると、投票行動、開票作業などにかかるコストも大きくなります。国政選挙のように有権者数が膨大な場合、何度も投票を実施することは現実的ではありません。せいぜい2回の決選投票が現実的です。

もちろん、投票行動や開票作業のコストを考慮すれば、1回で済む方が望ましいです。では、1回の投票のみで、相対的多数決よりも多くの有権者の選好をより適切に反映する方法は考えられるでしょうか。

1回の投票という制約の中で望ましい投票制度が、ボルダ投票です。この投票は、M人の候補者に対して各有権者が順位（第1位〜第M位）をつけ、第1位の候補者にはM点、第2位の候補者にはM－1点、そして第M位の候補者には1点を与え、全ての有権者の得点を集計して、最高得点を得た候補者を選出する制度です。表2－1の数値例で、ボルダ投票を実施すると、21点を獲得する候補者Bが選出されます。これは望ましい結果です。

しかし、この投票システムにも欠点があります。それは、有権者の戦略的な行動によって投票結果が変化する可能性があることです。有権者は必ずしも本当の選好を正直に表明するとは限りません。

どういうことなのか。表2－1の数値例で、対立候補（評価2の候補）に1の評価を与えて、自らの支持する候補（評価3の候補）をより有利にするような戦略的な行動を考えてみましょう。このとき、表2－2のような評価が投票によって表明されます。

表2－2は、表2－1で1と2を入れ替えて自分の最も望ましい候補者のライバル候補者（表2－1では2の評価）を1にすることで自分の望みの候補者（表2－1では3）を当選させようとする行動です。その結果、新しく3、2、1の評価を序列化したものを表しています。総得点は候補者Aがもっとも高く、候補者Bがもっとも低いです。しかし、表2－1に示すように、本当の評価は候補者Bがもっとも高いです。これは、戦略的な行動の結果、ボルダ投票が望ましくない候補者を選出する可能性を示しています。

表2-2　戦略的投票の例

	A	B	C
ア	3	1	2
イ	3	1	2
ウ	3	1	2
エ	3	1	2
オ	2	3	1
カ	2	3	1
キ	2	3	1
ク	2	1	3
ケ	2	1	3
総得点	22	15	17

たとえば、より現実的な例として、A党とB党の候補者が争っているとして、もう1人C党の候補者もいるとしましょう。有権者が正直に選好を表示すれば、A党支持者はB党の候補者にもある程度の評価をし、逆に、B党支持者はA党の候補者にもある程度の評価をします。しかし、争っている対立候補者（A党支持者であればB党候補、B党支持者であればA党候補）にある程度高い評価をつけてしまうと、結果として、自分の候補者ではなく、対立している候補者の方が当選してしまうかもしれません。そうであれば、あえて当選の見込みのないと予想するC党の候補者に相対的に高い評価をつけて、対立候補の相対的評価を下げるような戦略的行動をとります。その結果、場合によっては、C党の候補者が当選してしまうという意外な結果もあり得るのです。

ボルダ投票に似た投票制度を採用する各国の事例

オーストラリアの国の下院選挙は、「優先順位付連記投票制」と呼ばれる制度を採用しています。投票者は候補者の一覧に優先順位をつけて投票しますが、その際に全ての候補者に順位の番号を記入しなくてはなりません。順位番号を総計した得票が有効投票総数の絶対過半数かどうかがポイントとなり、候補者全員が過半数未満であった場合は、いずれかの候補者が絶対過半数を獲得するまで、票の獲得が最も少なかった者の票を順次再配分します。最終的に1人の候補者が絶対多数を獲得するまで票の再配分を繰り返します。すべての候補者に優先順位をつけるという点でボルダ投票に従ったものです。

また、ニューヨーク市では2021年6月22日、同年11月の市長選挙本選に向けて民主党、共和党それぞれの候補者を選ぶ予備選挙で初めて「優先順位付き投票」が導入されました。有権者は、候補者の中から最大5人を1～5番の優先順位をつけて投票しました。この方式の投票では、1回目の集計で1番の得票数が有効投票数の過半数に達した候補者が当選となります。過半数を獲得した候補者がいない場合、得票数の最も少ない候補者が落選します。2回目の集計では、落選した候補者を1番として投票した有権者の票を、当該有権者が2番に選んだ候補者へ割り振ります。これが繰り返され、最終的に過半数の得票数を獲得した候補者が当選します。これもオーストラリアの投票制度と同様、ボルダ投票の応用例です。

民意を反映しやすく、死票の少ない是認投票とは？

オーストラリアの下院選挙やニューヨーク市長選挙の予備選挙のように、すべての候補者に優先順位をつけるのは、ボルダ投票に従ったものであり、有権者の意向をより反映する方法として望ましいです。しかし、先に述べたように戦略的投票の弊害もあり得ます。また、煩雑であり、開票作業も大変になります。

そこで、1回限りの選挙制度で投票・開票作業も簡単で、かつ理論的に望ましいと考えられているのが、是認投票です。是認投票では、各有権者が候補者の中から選出されてもよい（＝是認する）と考える人物を（複数でも）任意に選んで投票し、最多得票を得た候補者を選出します。現在の我が国の投票では、1名しか是認投票できない仕組みです。これを複数名に投票してもかまわないとするのが、是認投票の狙いです。開票作業は現行制度とほぼ同じであり、優先順位つき投票と比較すると、大幅に簡単です。

さらに、是認投票はたとえ有権者が戦略的に行動しても、有権者が正直に選好を表明するだろう投票制度です。表2－1の例では、3か2の評価は是認できて、1であれば是認できないとすると、候補者Bが是認投票によって選出されます。

是認投票は少数政党が乱立して、選挙区での候補者調整が困難な野党間での選挙協力を円滑に進める上でも、効果があります。小選挙区の場合、与党候補が1名で、野党候補が複数立候補することが多いです。単独与党は1つの政党として多くの議席をもっているので、小選挙区で与党候補が複数立つことはないからです。自公政権のような連立政権でも、与党で実際に共同して政策を遂行している以上、与党間での候補者調整は容易です。与党の場合は、過半数を維持してはじめて与党のメリットが生まれます。ですから、政党間で意見の相違があっても、与党であるメリットを享受するためにまとまりやすいというわけです。

これに対して、野党はどうしても多党化しやすくなります。まとまって行動しても、野党である以上政策決定に関与できないので、メリットは生じないからです。むしろ、お互いの相違を有権者に訴えて差別化することで、野党の存在意義を見い出します。結果として、野党は多党化するのです。

その場合、野党同士の政策が似通っていても、選挙での候補者調整は難航します。小選挙区で野党候補が乱立すると、それらの合計得票数が与党候補を上回っていても、野党候補者は全員落選するため、死票が相当多くなります。また、野党間の候補者が1人に調整できたとしても、その人物が野党支持者の有権者から見てもっとも望ましい人であるとは限りません。

こうした難点を避ける1つの方法として挙げられるのが、予備選挙です。予備選挙で野党の候補者を1名に絞れば、野党間での候補者乱立のデメリットを気にする必要はありません。

しかし、予備選挙は野党の党員など狭い範囲での有権者のみに投票権があり、一般有権者は排除されます。したがって、予備選挙で選出された候補者が、野党を支持する一般の有権者（無党派の有権者）から見て望ましいとも限りません。

さて、このとき是認投票であればどうでしょうか。より民意を反映した結果が得られます。

たとえば、次のケースを考えてみましょう。与党候補Aと野党候補B、C、Dの4名が立候補しているとします。有権者5名の選好は、2名が与党候補Aを支持し、他の3名は野党候補B、C、Dをそれぞれ支持しているとします。単記1名投票では与党候補Aが当選します。しかし、野党を支持している有権者は、実は、C、Dを支持する有権者も、候補者BについてC、Dとそれほどの優劣はないと評価しているかもしれません。そうであれば、是認投票の場合、これら有権者3名はBにも○をつけるでしょう。Aに○をつける有権者は2名だけなので、Bが当選します。これは、有権者3名の選好に合致しています。また、決選投票の結果とも合致します。

このように、是認投票を導入すると、より有権者全体の意向が選挙結果に反映されやすくなります。投票回数は1回だけであり、開票作業も現行と比較してそれほど重荷になるとは思えません。また、野党乱立でも有権者の意向が反映されるので、民意を反映しやすく、小選挙区制の短所である膨大な死票を減らすことができます。政権交代の可能性もより大きくなるので、与党の政治家も自分の後援会などの組織票だけに頼れなくなり、有権者のモニタリングもより効果が期待できます。

公正な選挙制度は、有権者の意向がきちんと政策に反映されるかどうかの試金石です。理想は複数回の選挙ですが、費用と実施コストを考えると、2回までの決選投票か、あるいは1回での是認投票が望ましくなります。ちなみに、是認投票は実際の選挙ではほとんど導入されていませんでしたが、2018年にアメリカの1つの町で市議会選挙に導入されました（ノースダコタ州ファーゴ市議会）。今後、広くこの方式が我が国の選挙で導入されることを期待します。

小選挙区制と比例代表制のメリット&デメリット

ここまで何度か出てきましたが、投票制度とは別に、政治家を選出する選挙制度の仕組みとして、小選挙区制と比例代表制という2つの代表的な選挙区制度があります。小選挙区制では、全国を定数1人の小選挙区に分割して、それぞれの選挙区で多数を得た候補者を1名ずつ選出します。これに対して比例代表制では、全国（あるいは大きな区域）で多数の定員を設定し、各政党の得票数に応じて、議席を比例配分します。我が国の衆議院では、小選挙区と地域ブロック別の比例代表制を併用しています。また、参議院も都道府県別の定数が1人のところが多いため、全国区の比例区と併せて、事実上、両選挙区制度の併用になっています。（表2－3参照）。

ここで、これら2つの制度のメリットとデメリットを比較してみましょう。まず、小選挙区制から取り上げます。小選挙区制のメリットは、比較第1党が過半数の議席をとりやすいため、政治的に安定な与党体制を確立しやすいことです。政治的安定は経済活動にもプラスです。デメリットは、落選した対立候補への投票がすべて死票となるため、民意を正確に反映しないことです。このデメリットは先に紹介した是認投票をうまく活用することで、ある程度は解決可能でしょう。

我が国の衆議院の小選挙区や参議院の1人区では、複数の政党による選挙協力が行われることが多くあります。しかし、特に野党間で候補者を一本化するのは難しいのが現状です。似たような政党がともに候補者を擁立すると、小選挙区ではどちらも当選しにくく、有権者も選択に戸惑います。

表2-3　衆議院と参議院の違い

比較点	衆議院	参議院
議員定数	465人	245人
任期	4年 （衆議院解散の場合には、その期間満了前に終了）	6年 （3年ごとに半数改選）
選挙権	満18歳以上	満18歳以上
被選挙権	満25歳以上	満30歳以上
選挙区	小選挙区・・・289人 全国を289区 比例代表・・・176人 全国を11区	選挙区・・・147人 原則都道府県単位45区 （鳥取県・島根県、徳島県・高知県は それぞれ2県の区域で1選挙区） 比例代表・・・98人 全国を1区
解散	あり	なし

※定数について、令和元年7月29日から令和4年7月25日までの間は245人。令和4年7月26日以降は248人（選挙区148人、比例代表100人）。

出所：参議院ウェブサイト（https://www.sangiin.go.jp/）

ですが、是認投票が認められるとどうでしょうか。複数の候補者にも投票できるので、あえて選挙協力で候補者を1人に絞る必要はなくなります。是認投票は、小党乱立しやすい野党にとってメリットが大きく、死票が多くなるという小選挙区の弊害を小さくできる利点もあります。

また、小選挙区では同じ政党からの候補者が1人となり、政党間の特に与野党間の対立軸が明確になるので、有権者は政権を意識した選択をするようになり、長期的には政権交代が容易になります。長い目で見ると、多くの有権者の意向は反映されます。

これに対して、比例代表制のメリットは得票数に応じた議席が割り当てられるため、死票が少なくなり、民意を的確に反映した政治家が選出される点です。有権者の多様な意向がかなり正確に代議員の構成に反映されるので、この点で有権者は政治を身近に感じることができます。

しかし、この制度の欠点は、決定性（安定多数の勝者を選ぶ）の保証がないことです。有権者の好みや所得が多様化すると、支持政党も多様化します。実際、最大政党でも絶対過半数の議席がないことはよくあります。そのため、比例代表制を導入している国では、絶対過半数の議席を獲得する政党が希となり、しばしば多くの少数政党による連立政権になります。が、政権基盤が弱いため、与党内で少しの造反があると、政権は崩壊し、次の選挙が実施されます。たとえば、イスラエルでは２０２０年から2年間で4回も総選挙が実施されました。これは、比例代表のため絶対過半数をとれない少数政党が乱立して、政権基盤が不安定になっているからなのです。

また、明確な勝者が決まらないことによって、連立政権を組閣する際に各政党間で政策協定を妥協した結果、支持者が望まないような政策の組み合わせが実現したり、連立政権をうまく組閣できない状況も生じます。イタリアやイスラエルでは、極左と極右が連立政権に参加するという異常事態も起きています。

日本の選挙制度の問題点と解決策

ここまで見てきたように、総じて、小選挙区でも比例代表でもメリットとデメリットがあります。我が国のように、両方の選挙制度を併用する国では、小選挙区と比例代表どちらの制度の長所もうまく取り込めるというプラスの効果を期待しているのかもしれません。しかし、実際は極端な改革を嫌う国民性のためか、衆議院、参議院ともに似たような制度を採用しており、中途半端になっています。衆参両議院が同じような選挙制度なら、二院制の意義が曖昧になります。2つの議院をもつと、一院制よりも議員の数が多くなるので、無駄なお金がたくさんかかってしまいます。

では、それらを解決するにはどうすればいいのでしょうか。これまでの選挙制度改革では、小選挙区のメリットよりもデメリットが顕在化しているとして、従来の中選挙区（1選挙区あたり3名から5名の定数）に戻そうという議論も根強くあります。しかし、中選挙区では同じ政党に所属する議員同士で争うため、争点が曖昧になるとともに、派閥の温床にもなるのが問題です。

小選挙区でも比例代表でもそれぞれに見合ったメリットを出すには、たとえば、衆議院は小選挙区に純化し、参議院は比例代表に特化するなど、それぞれの議院の特徴を明確に区別することが一案でしょう。あるいは、米国などのように、参議院を地域代表の政治家、衆議院を完全に人口比で票の重みを均等化させる人口代表の政治家の場というように、区別するのも一案です。その場合、現行よりも衆議院の優位性を強化して、参議院は衆議院の監視役にとどめるのが望ましいです。衆議院が極端に暴走しないように、参議院に一定の歯止めの役割を持たせることは有益でしょう。

「2」

1票の格差と最高裁判決が意味すること

1票の格差が経済政策のゆがみを生む

間接民主制では、選挙区ごとに当選できる政治家（＝議員定数）を割り振ります。公正で公平な投票は民主主義の根幹ですので、選挙区での票の重みは均等であるべきと考えられます。衆議院の小選挙区の場合、議員定数はすべて1なので、各選挙区の有権者の数は同じであるべきですし、参議院のように1選挙区から複数の当選者を出す場合でも、当選できる政治家1人あたりの有権者の数が各選挙区で均衡化するのが、公平な選挙区の条件になります。これが不均等になると、投票の重みが選挙区で異なる「1票の格差」という問題が生じます。

1票の格差は日本では特に深刻であり、衆議院では1選挙区の有権者数が2倍を超える格差になっていますし、参議院の場合は、さらにこの格差は大きいです。後で説明するように、格差が拡大すると、経済的にも弊害が出てきます。

前述の通り、1票の重みとは、有権者1人あたりで何人の議員を選出できるか、1選挙区の議員定数を有権者の総数で割った値を選挙区ごとに比較したものです。日本では過疎地ほど、議員定数の割には有権者数が少なく、1票の重みが大きいです。

その理由は、人口が趨勢的に過疎地ほど大きく減少しているにもかかわらず、議員定数があまり減っていないからです。他方で、都市部では過疎地からの流入もあり、若い世代を中心に有権者人口が増加しているにもかかわらず、議員定数がそれほど増加していないので、1票の重みは軽いです。さらに、与党は伝統的に農村部の高齢者に強い支持基盤を持っているため、国会議員全体の地域間配分以上に、過疎地の議員の比重が多いです。

1票の重みが大きな地方からは、有権者数と比較してより多くの議員（中でも与党議員）が選出されます。国会での議員数が多いと、彼らの政治力も大きくなります。有力政治家もそうした過疎地の選挙区から選出されやすくなります。その結果、そうした地方への公共事業や補助金が経済的な合理性では正当化できない規模で多めに配分される状況が生まれます。

たとえば、歴代の有力与党政治家の出身地を見ると、総理など有力政治家であった田中角栄、金丸信、竹下登、安倍晋三の出身地は、新潟、山梨、島根、山口などの過疎地であり、それらの地方には重点的に公共事業が配分されていました。新潟新幹線が早期に開業したり、リニア新幹線が山梨県からスタートしたりしたのも、当時の有力政治家（新潟は田中、山梨は金丸）との関係は否定できません。政治的配慮で公共事業の地域間配分が左右されると、経済的な採算性や生産性は軽視されがちになるので、結果として無駄な公共事業が着工されていくのです。

column

米国での定数配分の調整

アメリカでは、連邦下院の議員定数再配分・選挙区再編成は客観的に行われています。議員定数配分については合衆国憲法で規定されており、（1）各州の人口に比例して配分する、（2）10年ごとに国勢調査に基づき再配分する、（3）各州は少なくとも1議席をもつことが決まっています。議員総数は固定されているため、各州の人口に比例して再配分されるようになっています。

直近では、2020年の国勢調査の結果、議席定数が増えたのは、テキサス、コロラド、フロリダ、オレゴン、モンタナ、ノースカロライナの6州で、テキサスの2議席増以外は全て1議席増となりました。逆に減ったのは、カリフォルニア、イリノイ、ミシガン、ニューヨーク、オハイオ、ペンシルベニア、ウェストバージニアの7州で、それぞれ1議席減となりました。こうした再調整は各州間での政治力にも影響しますが、憲法で決まっているため、定数の配分調整を政治的にゆがめようという動きは生じません。

最高裁が違憲判決を下し、選挙区を改正

日本では1票の格差が特に深刻と先述しましたが、選挙制度の設計や定数不均衡の調整は現職の国会議員が決めることになっています。格差是正を当事者（＝利害関係者）である現職議員が実施するので

す。しかし、これでは、現職議員の既得権を損なう制度改正はできません。たとえば、現職の国会議員の選挙区を削減・変更したり、その選挙区の定数を削減したり（衆議院の比例区や参議院の地方区など）することに、当該選挙区の現職議員は抵抗します。その結果、格差是正が遅れに遅れて、最高裁の違憲判決を待って、はじめて微調整での見直しが行われるのが実態です。

たとえば次のケースを見てみましょう。「1票の格差」が最大5・00倍だった2010年7月の参院選選挙区の定数配分について、最高裁はこの参議院選挙が憲法違反の状況にあると判断しました。その骨子は以下の2点です。

（1）「参議院は衆議院とともに国権の最高機関として適切に民意を国政に反映する責務を負っていることは明らかであり、参議院議員の選挙であること自体から、直ちに投票価値の平等の要請が後退してよいと解すべき理由は見いだし難い」。

（2）「国民の意思を適正に反映する選挙制度が民主政治の基盤であり、投票価値の平等が憲法上の要請であることや、先に述べた国政の運営における参議院の役割に照らせば、より適切な民意の反映が可能となるよう、単に一部の選挙区の定数を増減するにとどまらず、都道府県を単位として各選挙区の定数を設定する現行の方式をしかるべき形で改めるなど、現行の選挙制度の仕組み自体の見直しを内容とする立法的措置を講じ、できるだけ速やかに違憲の問題が生じる前記の不平等状態を解消する必要がある」。

参議院では、この最高裁の違憲判決を受けて与野党間で定数是正の協議が行われました。2016年夏の参議院選挙を目前にして、2015年8月に隣接選挙区の合区などで選挙区定数を「10増10減」する公職選挙法改正案が成立したのです。10増10減は、定数各2（改選数各1）の鳥取県・島根県、徳島県・高知県を統合して定数2の2選挙区とする「合区」を含むもの。都道府県単位だった参院選挙区への県を超えての合区の導入は、現憲法下では初めてです。

○合区を含む選挙区の定数是正（4県2合区を含む10増10減）

（増員区）
北海道4人→6人
東京都10人→12人
愛知県6人→8人
兵庫県4人→6人
福岡県4人→6人
（減員区）
宮城県4人→2人
新潟県4人→2人
長野県4人→2人
（合区）

鳥取県及び島根県　２人
徳島県及び高知県　２人

○定数：２４２人（比例代表選出議員96人、選挙区選出議員１４６人）
・選挙区：
２人区：32（２合区を含む）
４人区：４
６人区：５
８人区：３
12人区：１

このように参議院の選挙区定数を変更しました。しかしそれ以上に難航したのは、衆議院の選挙制度改革です。２０１３年に施行された改正によって、５つの県（福井県、山梨県、徳島県、高知県、佐賀県）で定数が１人減少しました（0増5減。衆議院議員小選挙区の総数は３００から２９５へ減少）。また、併せて、17都県において42選挙区の改定が行われました。しかし、こうした微調整は抜本的な定数是正にはほど遠いものでした。

最高裁は、２０１４年までの3回の衆議院選挙を「違憲状態」と判断しています。衆議院小選挙区選出議員の選挙区の人口較差を2倍未満とすることを求めた判決に沿って、衆議院の定数調整が実施され、

6つの県（青森県、岩手県、三重県、奈良県、熊本県、鹿児島県）で選挙区の数がそれぞれ1減少し、0増6減になりました。小選挙区選出議員の定数は295人から289人へ減少。また、比例代表選出議員の各選挙区において4選挙区（東北、北関東、近畿、九州）で定数がそれぞれ1減少し、0増4減となり、衆議院比例代表選出議員の定数は、180人から176人へ減少しました。

その後、2017年10月の衆議院選挙では1票の格差が最大で1・98倍でした。この点について、最高裁は、「投票価値の平等を確保するという要請に応えつつ、是正を図ったと評価できる」として、憲法に違反しないという判決を下しました。最高裁は、2020年の国勢調査の結果に基づいて都道府県への議席の配分を行う「アダムズ方式」が今後採用され、「格差を相当程度、縮小させ、その状態が安定的に続く」ことを、「合憲」の大きな理由としています。

それでも、最高裁の判決に従うだけでは、十分な定数是正は実現しません。国会の政治圧力から完全に独立した客観的な基準で定数是正を制度的に実施できる仕組みを作るべきでしょう。アメリカのような機械的な是正方式でないと、定数是正は実効性をもてないのです。

人口比を反映しやすいアダムズ方式とその実行性

「アダムズ方式」という議席の配分方法を紹介しました。これは人口比を反映しやすいとされて、2016年に導入されました。人口比を正確に反映しつつ、人口の少ない県にも必ず1議席を配分するものです。具体的には以下の手法で割り当てます。

（1）各都道府県の人口を同一の数字「X」で割り、商の小数点以下を切り上げてその都道府県の定数を決める。

（2）47都道府県の合計が小選挙区の全議席数になるよう「X」は設定する。

そして、衆院選挙区画定審議会が、速報値の発表から1年以内に、区割り改定案を首相に勧告し、新たな議席配分や区割りを確定します。総務省が2021年6月25日に発表した2020年国勢調査の速報値によると、衆院小選挙区の「1票の格差」は最大2・094倍でした。議員1人あたりの人口が最多だったのは東京22区の57万3969人、最少は鳥取2区の27万4160人です。参院選挙区では、1人あたりの人口が最多の宮城県と最少の福井県の格差は3・026倍でした。

憲法違反の目安とされる2倍を超える選挙区は20に上ります。アダムズ方式で議席を配分すると、東京都で5、神奈川県で2、埼玉、千葉、愛知の各県で1議席ずつの定数増が必要となります。宮城、福島、新潟、滋賀、和歌山、岡山、広島、山口、愛媛、長崎の10県は1議席ずつ減ります。比例代表（定数176）は「3増3減」となります（図2－1参照）。

今後はアダムズ方式に従って、小選挙区の区割りを再設定する作業が行われます。しかし、議席配分数が減少する県の国会議員からは、早くもこの見直しに抵抗する動きがあり、本当にこの方式で新たな議席配分や区割りが決まるのか、予断を許しません。いったん決めたことでも現職の議員に都合が悪いとなると、法律自体を変更してしまうことは、過去にも散見されました。

図2-1　2020年国勢調査による格差

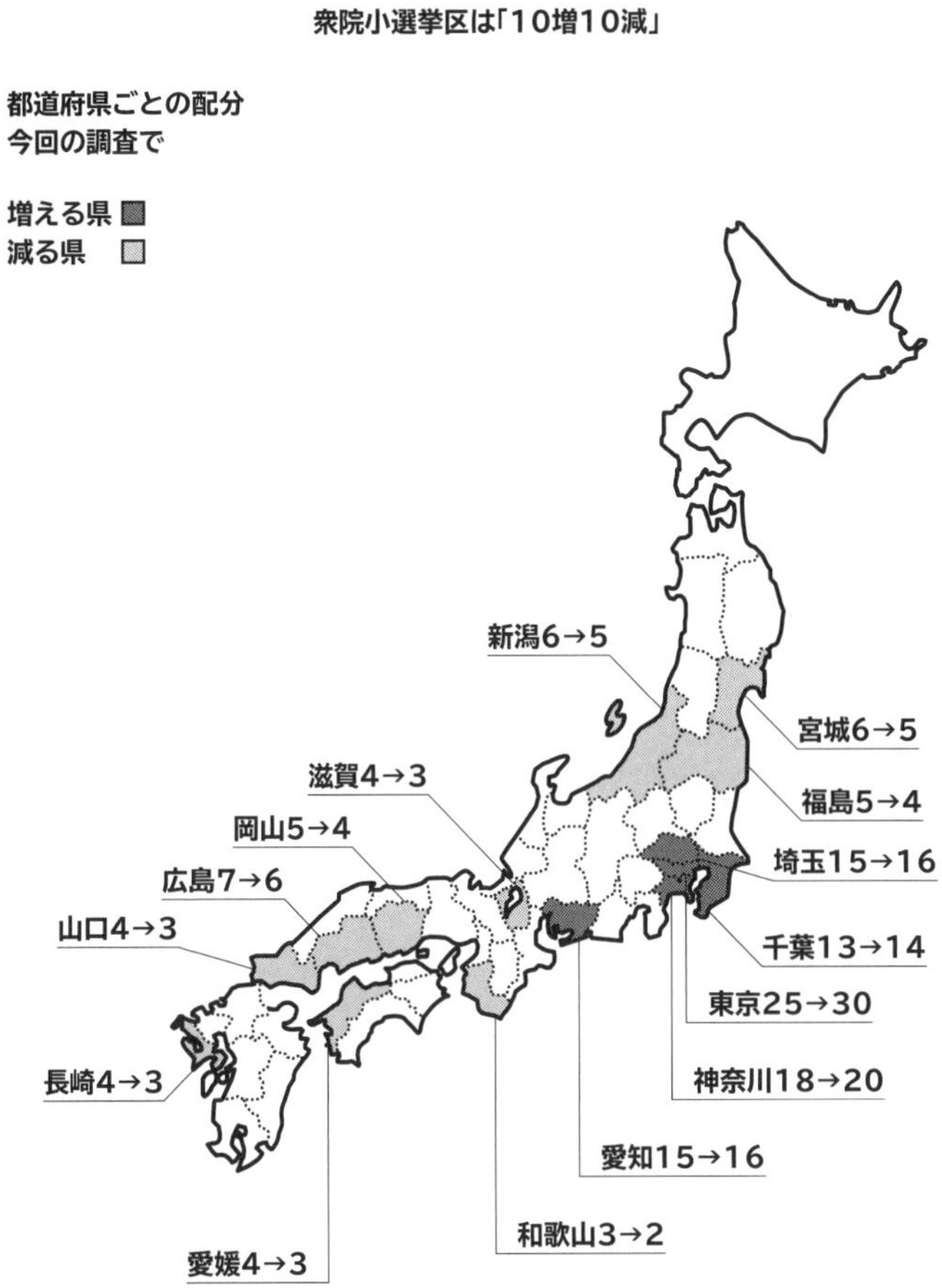

出所：日本経済新聞ウェブサイト「衆院小選挙区「10増10減」適用へ　20年国勢調査で算出」（https://www.nikkei.com/article/DGXZQOUA188FJ0Y1A610C2000000/）

3

政党&政治家の目的は政治にどのように影響する？

与党に居座りたい政党の行動原理と日本ならではの問題

政党や政治家の目的は複雑ですが、大きく分けると次の3つです。

①国民の意向を政策に反映させる（そのために与党になりたい）
②与党のうまみを享受したい（与党であることから享受できる利得を獲得したい）
③自らが掲げる理想的な政策を実現したい（そのために、有権者を自党の理想に賛同させようと宣伝する）

実際の政党ではこれらの目的を混在してもっています。ただし、①、②に重きを置く政党（与党になることを最優先）と後者③に重きを置く政党（独自の理念のこだわりたい）では、政策にも異なる対応をとります。日本では長年の与党である自民党、公明党が前者で、野党は総じて後者です。

何としても与党に居座りたい政党は、有権者の意向にかなり敏感になります。定数の不均衡・不公平がなく、選挙制度が適切で有権者の意向が的確に選挙結果に反映される場合、有権者の意向を最大限尊重する政治家が多く当選しやすいので、そうした政治家の党が与党になります。その結果、多くの有権者が期待する政策が実施されます。有権者から見ると、政治とのギャップが小さく、公正で公平な政治が期待できるので、望ましいです。

ただし、有権者は満年齢18歳以上の現在世代であり、その多くは高齢者なので、政治家は投票できない将来世代への配慮を欠きます。将来世代は生まれていないので、現在の選挙での投票権がありません。人口構成が高齢化・少子化している日本で、政治が現在の高齢者の意向ばかりを優先すると、長い目で見て持続不可能な政策でも実現しやすくなります。

特に、社会保障政策では給付と負担のバランスが大切です。給付の充実はメリットをすぐ実感できるので、現役世代の支持を得やすく政治的に実現しやすくなる一方、負担増への抵抗は大きくなります。しかし、給付の充実のみを重視する甘い政策を続けていくと、財政基盤が損なわれ、公的年金や医療保険などの社会保障制度が将来にわたって持続できなくなります。制度を持続可能にするには、給付に見合った負担を確保する必要があり、現在の高齢者にも一定の負担増を求める政策が必要となります。ですが、そうした政策は現在の高齢有権者から支持されにくいので、なかなか実施されません。この点は、与党に居座りたいと思う政治家の限界です。

また、1票の格差があると、相対的に1有権者当たりで多くの政治家を選出できる地方の政治家がより大きな政治的影響力を持ちます。前述した通り、我が国では過疎地での票が都市部での票よりも「重い」ので、過疎地の利害をより重視する政治が行われやすい状況です。たとえば、「国土の均衡ある発展」という名目で、過疎地に十分すぎる高速道路が整備されたり、あまり利用が期待できない地域にまで新幹線が整備されたりします。

政権交代が経済状況にどのような影響を及ぼすのか

政党や政治家が独自の理念を持っていて、その実現を最優先しようとする場合、つまり、③の自らが掲げる理想的な政策を実現したいケースではどうでしょうか。このときの問題は有権者の意向との距離です。あまりに極端な理念を政策として掲げると多くの有権者の意向とは乖離するので、少数の有権者しか支持しなくなり、選挙で当選することは難しいです。比例区であれば、少しは議席を獲得できるでしょうが、多数の同僚政治家が当選して、与党になって政策を実現することは不可能です。

ただし、こうした独自理念の政党や政治家が政策をうまくアピールして、多くの有権者の意向を自分の政党の方に変えることができれば、選挙で勝利することも可能でしょう。それには、カリスマ的なリーダーや卓越した宣伝工作が必要になります。アメリカでトランプが大統領にまで上り詰めたのも、彼の特異な性格を効果的にアピールするなどして、多くの共和党支持者の意向を自分の方に向けさせることに成功したからでしょう。

仮に理念の異なる2大政党間で政権交代が生じると、当然ながら実現する政策も大きく変化します。このとき経済活動には大きなショックが生まれます。たとえば、拡張的な財政金融政策や大きな政府を志向する政党と緊縮的な財政金融政策や小さな政府を志向する2つの政党間で、政権が交代すると想定しましょう。緊縮的な政策の小さな政府が勝利すると思っていた有権者は、予想外に拡張的な政策の大きな政府が勝利した場合、経済政策がより拡張的になることを選挙の後で理解するようになります。選挙の前に想定していた経済政策よりも拡張的な政策が実現することで、選挙後は予想外のインフレや社会保障給付の拡充、富裕層への増税が生じるでしょう。

逆に、予想外に小さな政府の政党や政治家が勝利した場合は、多くの有権者にとって予想外のデフレや社会保障給付の効率化・削減、富裕層への減税が実施されます。このように、選挙結果は不確実で、対立する政党間での理念が大きく相違するほど、経済に与える影響の幅も大きくなるのです。

「4」

選挙があることで政策に与える影響とは？

政策は中位の投票者が望む内容に収束する

ここでは、選挙が政策に与える影響について考えてみましょう。選挙の争点が1つだと、①、②の政党は多数の支持を得るために、政策は似たものになります。有権者は2つの政党のうち、相対的に自分の望みに近い政策を実行しそうな政党や政治家に投票すると考えます。そうすると、できるだけ多くの有権者の支持を得るには、あまり極端な政策を掲げるよりは、多くの有権者の支持が見込める「真ん中」(＝ほどほどの常識的な)の政策を掲げる方が有利になります。

図2－2を見てください。縦軸はある政策を支持する有権者の数、横軸は政策の程度を表しています。政策の程度とは、たとえば、政府支出の大きさや所得税率の高さなど数量的な財政政策の指標としましょう。2つの政党はそれぞれ異なる理念を持っていますが、同時に、政権につくことを最優先したいと考えるとします。大きな政府を志向する政党Aは相対的に右側(政府規模の大きい)の点Aが理想の点であり、小さな政府を志向する政党Bは相対的に左側(政府規模の小さい)の点Bが理想の点だとしま

図2-2　政策の収束のイメージ

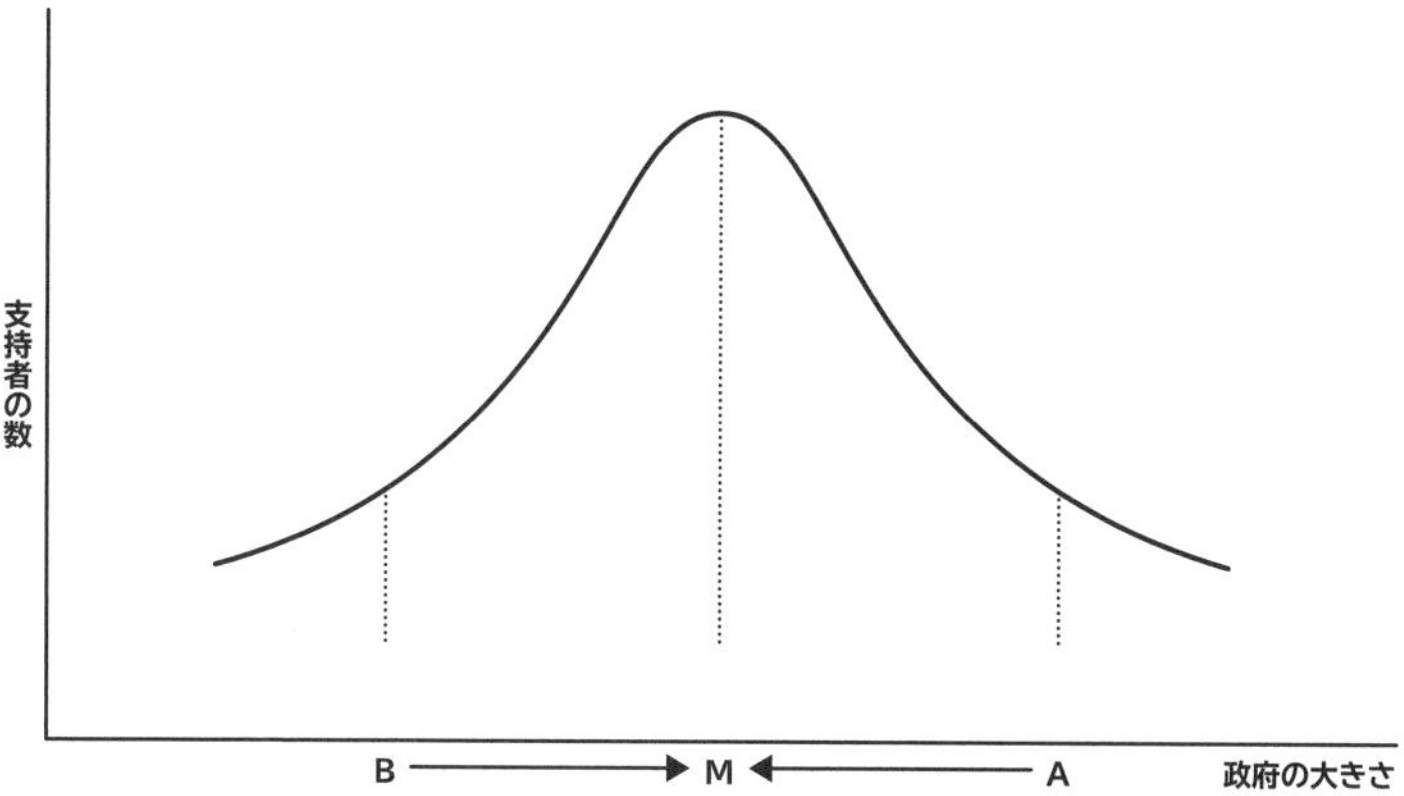

しょう。

Ａ点が税率１００％よりも小さく、Ｂ点が税率０％よりも大きいのは、税率が１００％や０％では経済も財政も持続可能でないためです。実現可能な税率のうちで、政党Ａは相対的に高い税率を採用して、その税収を再分配に振り向けたいと考えており、政党Ｂは低い税率のもとで民間経済の活性化を優先したいと考えています。

このとき、有権者にとって望ましい税率はどのくらいでしょうか。有権者の間にも所得格差や政府規模への考え方の相違があります。総じて、低所得者は再分配政策の充実を期待するので、高い税率を望みます。税率が高くても、自分の税負担はあまり増えないためです。これに対して、高所得者は低い税率を望みます。彼らは再分配の給付を受ける対象ではない上に、税率が高いと税負担も重くなるためです。したがって、有権者にとって望ましい税率は彼らの所得水準で異なってきます。低所得者ほど高い税率を好み、高所得者ほど低い税率を好むというわけです。図では、左から右に移るほど、望ましい税率を支持している有権者の所得水準は低くなります。

さて、2つの政党の公約がそれぞれの理想点であるA、B点だったとすると、A点よりも右に位置する所得の有権者は政党Aを選択し、B点よりも左に位置する有権者は政党Bを選択します。A点とB点の間にある有権者は相対的に自分の理想点と近い方の政党に投票します。

ここで、A政党が公約をA点よりも左に、つまり、より中間に移動させたとします。そうすると、政党Aを選択する有権者は増加します。公約をちょうど中点まで移動させると、中点よりも右の有権者は政党Aを選択し、中点とB点の間の有権者は相対的に近い方の政党を選択するので、確実に政党Aが過半数を獲得して、勝利します。

同様の誘因は政党Bにもあるので、政党Bも公約をB点ではなくて、中点Mまで移動します。その結果、どちらの政策も中点Mとなり、全く同じになります。どちらが与党になっても実現する政策は同じになるので、政策は収束します。

このM点は中点の有権者の意向を反映しています。中点の有権者とは、所得を低い順に並べたときにちょうど50％に達する点、高い順に並べたときにも50％に達する点の有権者です。この点を「中位点」と呼びます。これに対応する有権者は「中位」の有権者であるので、中位の投票者の望む政策が実現するという意味で、「中位投票者定理」と呼ばれています。

たとえば、5人の有権者の所得が低い順に、1、3、7、17、36とすると、中位の3番目の人の所得は7となります。そして、実現する政策はどちらの政党が政権を取っても、中位の有権者の望む政策で同じとなります。

中位投票者定理は現実の世界で機能しているのか

ここで説明した中位投票者定理では、「政策の収束」という現象が生じると予想します。この議論は、小選挙区を前提としています。そこでは、選挙に参加する政党の数も限定されるため、野党間での候補者調整が行われやすく、2大政党間での政権選択になります。どちらの政党も最大の行動目標は政権獲得です。では、この中位投票者定理の妥当性はどうでしょうか。現実の世界では、冷戦後の欧米で大きな政府の政党（たとえば、アメリカの民主党）と小さな政府の政党（たとえば、アメリカの共和党）とで政権交代が生じたときに、政策は大きくは変動しませんでした。我が国でも90年代以降の連立政権では与野党の政権構想が似てきました。2009年には自公政権から民主党政権への政権交代を経験しましたが、それほど経済政策は変わりませんでした。こうした結果を見ると、この定理は現実にも妥当しているでしょう。

ただし、争点が2つ以上の場合は、必ずしも政党間での政策は収束しません。また、有権者のうちで棄権する人が多くいる場合も必ずしも成立しません。たとえば、自分の理想とする政策を政治家が公約しない場合、たとえ、相対的に近い政策を掲げている政党であっても、自分の理想とは離れていれば、棄権するかもしれません。また、政党が中位投票者の意向に沿うように公約を変更すると、それに幻滅して本来の政策を支持していた有権者が棄権に回ることもあり得ます。

たとえば、トランプの熱狂的な支持者は、共和党の候補者が公約を中道寄りに変えてしまうと、それを背信行為とみなして、その候補者に投票するよりは棄権します。そうした棄権者が多いとすれば、共和党の政治家の多くは、たとえ自分は中道寄りの政策を望んでいるとしても、あえて極端な公約を維持し続けるでしょう。政策は収束するどころか、分断されたままで政権交代が生じることになります。

比例代表制では少数政党が差別化した政策を強調する

中位投票者定理での議論は小選挙区を前提としました。一方、比例代表制では少数政党でも一定の議席を得る可能性があるので、多くの政党が選挙に参加し、少数政党でも議席を獲得できます。したがって、組み合わせ次第では、少数政党でも連立政権の与党に参加できるかもしれません。その結果、③の理念を追求する多数の少数政党が、差別化した政策でコアの支持層を固めようとします。環境、宗教、移民排斥など特定の理念の追求を最優先する少数政党が、場合によっては与党になることも可能になります。

したがって、各政党は他の政党との違いを明確にしようとして、差別化した政策を強調します。たとえば、環境問題に特化した政党や、移民排斥だけを主張する政党など、1つの政策の利点だけを極端に強調して、政策全体の整合性や実行可能性を気にかけません。有権者の選好が多様化している現在、それら全体に目配りする政策を整合的に提示するのも難しく、有権者にはわかりにくいです。むしろ、1つの論点のメリットだけを集中的に訴える政党の方が、有権者にとってもわかりやすくなります。その結果、ヨーロッパでは環境政策を最重視する「緑の党」や移民排斥を主張する極右政党でも、それなりの議席を獲得しました。イタリアのように、極右と極左の両極端の政党が与党として連立政権に入るという奇妙な現象も生じています。

しかし、各党間の政策がばらばらになると、政権の組み合わせも不透明になるため、安定した与党連合が形成されづらくなります。実際、最近のヨーロッパでの事例（ルクセンブルク、ドイツ、スペイン、イタリア、イスラエル）では選挙後の与党の構成が容易に決まらず、政権協議が難航しました。各党の重点政策がばらばらなので、安定した政治を実現しにくいのです。

小選挙区制を採用するアメリカで政策の分断が起きる

ここでアメリカに視点を移してみましょう。アメリカでは最近、2大政党である民主党と共和党間で政策の乖離が大きく、政策の2極化が生じています。これは、比例代表の選挙制が理由だからではありません。そもそもアメリカの場合は、上院、下院ともに小選挙区であり、民主党、共和党以外の政党が議席を得ることは事実上不可能です。しかし、小選挙区制のもとで2大政党政治だとすれば、政策は収束するはずです。それにもかかわらず、政策の収束が進まず、両政党間や有権者の間で極端に分断が進んでいるのはなぜでしょうか。その答えは、政策の争点が次元の異なる複数（経済優先かコロナ対応か、人種差別の撤廃か法と秩序かなど）の争点があるからでしょう。

また、有権者が登録制のため、政治的な関心がないと、そもそも有権者登録をしないので、選挙権もありません。したがって、まずは自分の党の政策を支持してもらうことで投票にも来てもらうように、政党や政治家からの働きかけを強めることが必要です。その場合、差別化した政策の方が有権者にアピールしやすいため、極端な主張になりがちになるのです。

また、候補者が自分の政党の代表として、党の公認を得て選挙に出馬するには、まず党員を対象とした予備選挙を勝ち抜く必要があります。そこでの有権者は党員ですので、一般有権者よりも政策への好みが偏っています。民主党であれば大きな政府を志向する党員が多く、共和党の場合は小さな政府を志向する党員が多くいます。その中で予備選挙を勝つには、より極端な政策を主張する方が党の理念を明確化できるため、党員にアピールしやすくなります。その結果、偏った有権者の意向を反映する政治家が予備選挙で勝利しやすいのです。

5 シルバー民主主義の弊害から選挙制度改革について考える

高齢化する日本の中位投票者とその問題

中位投票者の定理が成立しているとします。そうなると、中位投票者の経済的な特性が重要になります。中位投票者の経済状況が政策に影響を与えるからです。通常は富裕層でも貧困層でもなく、平均的な所得を稼ぐ中流の庶民というイメージです。ただし、我が国の経済政策の多くは、所得格差を是正する再分配政策と並んで、社会保障制度を通じて、年金や医療など年齢を指標とする世代間の再分配政策が中心となっています。医療費も75歳以上の後期高齢者が集中的に使っていて、その財源は勤労世代の保険料や税金で賄われています。

年齢で政策評価が分かれるとすれば、有権者の中での真ん中の年齢層である平均的な年齢（40歳代後半から50歳代前半）の有権者が、政策を実質的に決める中位投票者に当たるでしょう。この定理の現実的な妥当性については、実証分析でも様々な研究結果があり、必ず成立しているともいえません。しかし、大体のところでいえば、「平均的な所得階層で中年の世代」という大きな塊のある中流層の中年有権者がもっとも政治的な影響力があると考えられます。

少子高齢化が進展して、公的年金や医療制度の役割が大きくなると、そうした社会保障を通じた世代間の再分配政策の比重も大きくなってきました。最近の世論調査でも、有権者が政治に望む項目として、景気対策と並んで、高齢世代に関わる社会保障の充実が上位にきています。高齢化が進展している日本では、年齢で見たときの中位投票者は有権者の中では40代後半から50代前半に移ってきています。さらに、若い世代ほど棄権する有権者が多いことを考えると、投票する人の中での中位投票者はもっと高年齢の50代後半から60代前半かもしれません。

シルバー民主主義の入り口に立つ現状

中位の年齢が高齢化して、年金などの社会保障の受給世代（＝シルバー世代）に近い世代が中位投票者になると、彼らの政治力が強くなります。そうなると、社会保障などでのシルバー世代の既得権（＝既存の手厚い年金給付水準や医療費での自己負担の優遇措置など）は削除されにくくなります。

高齢者の意向に沿った政策ばかりが実現する政治状況は、「シルバー民主主義」と呼ばれます。高齢化社会になるほど、高齢世代の政治力に注目するこの議論はもっともらしいと考えられます。この議論がどこまで我が国で現実に妥当しているか。それを『シルバー民主主義の政治経済学』（島澤論、日本経済出版）では検証しています。

それによると、日本で行われているのは高齢者最優先の純粋の「シルバー民主主義」ではなく、現役世代と高齢世代が暗黙のうちに結託して将来世代という共有資源を搾取する「シルバー優遇政治」だといいます。つまり、高齢者だけでなく若い世代への給付も増加させて、その財源を借金で賄う。財政赤字を累増させることで、現在の政治に関与できない将来世代に負担を転嫁させて、現在の高齢世代だけでなく現在の若い世代も得をするという構図です。

たとえば、高齢者の社会保障給付を充実させる財源を、現役の勤労世代に負担させるのではなくて、借金をして将来世代に負担を転嫁させます。同時に、若い世代の子育て対策の給付を充実させ、若い世代からの政治的な支持も得ようとします。このとき、その財源も財政赤字で賄い、将来世代にさらに負担を転嫁させます。

もちろん、いつまでも財政赤字を累増させて、負担を将来世代に転嫁させることはできません。財政の持続可能性が近い将来失われ、財政破綻が顕在化すると、将来世代へのさらなる転嫁が困難となるからです。財政健全化のためには歳出の削減か増税が必要になります。そうなってはじめて、現役世代と高齢世代の世代間対立が政治の課題となり、そこで高齢世代を優先する政治が実施されると、シルバー民主主義が現実になるというわけです。

こうした理解に立つと、我が国の政治経済環境はシルバー民主主義の入り口にあるといえます。さしあたっては、財政赤字で将来世代に負担を転嫁しているので、高齢世代と勤労世代の間での利害対立は表面化していません。政治はどちらの世代にも歓心を引くべく、ばらまき政策を続けています。その限りでは、現状はすべての有権者にとって心地よいものです。

しかし、これは参政権を持てない将来世代の犠牲の上に成り立つ虚構です。いずれこうした先送りの政策は行き詰まります。ですから、政治が将来世代のことも配慮しながら、長期的な視点で経済政策を実施するように、政治家のみならず現在の有権者も長い目で考える時期に来ています。

若い世代の意向を反映できる世代別選挙区とは?

先述した状況を踏まえると、選挙制度を抜本的に改革して、若い世代の意向をより政治に反映できる選挙制度に改革するのが望ましいと考えられます。実際に、日本の選挙では、選挙区は地域単位ですが、選挙権、被選挙権の要件は年齢です。すでに年齢が選挙の重要な資格要件として利用されており、かつ、有権者のタイプを区分する際の有益で客観的な指標である以上、年齢も活用した選挙制度を構築すべきでしょう。

そこで、地域別の区割りと並んで世代別で区分けした小選挙区制度である「世代別選挙区」を提案します。この選挙区のメリットは次の3点です。

第1に、棄権率が世代によって異なっても、世代別の有権者数に応じて選挙区の定数が割り振られるため、当選する議員の数は必ず世代別の有権者数と対応しています。現在のように、高齢者の多い地方での票の重みが重く、若者の多い都市部での票も重みが軽いと、政治家は高齢者ばかりを意識します。まして、図2−3が示すように、若い世代よりも高齢者の投票率が高いので、ますます高齢者偏重の政治家が当選してしまいます。世代別の選挙区が区分けされると、有権者の数以上に高齢者を意識した議員が当選することはありません。

図2-3　衆議院議員総選挙における年代別投票率(抽出)の推移

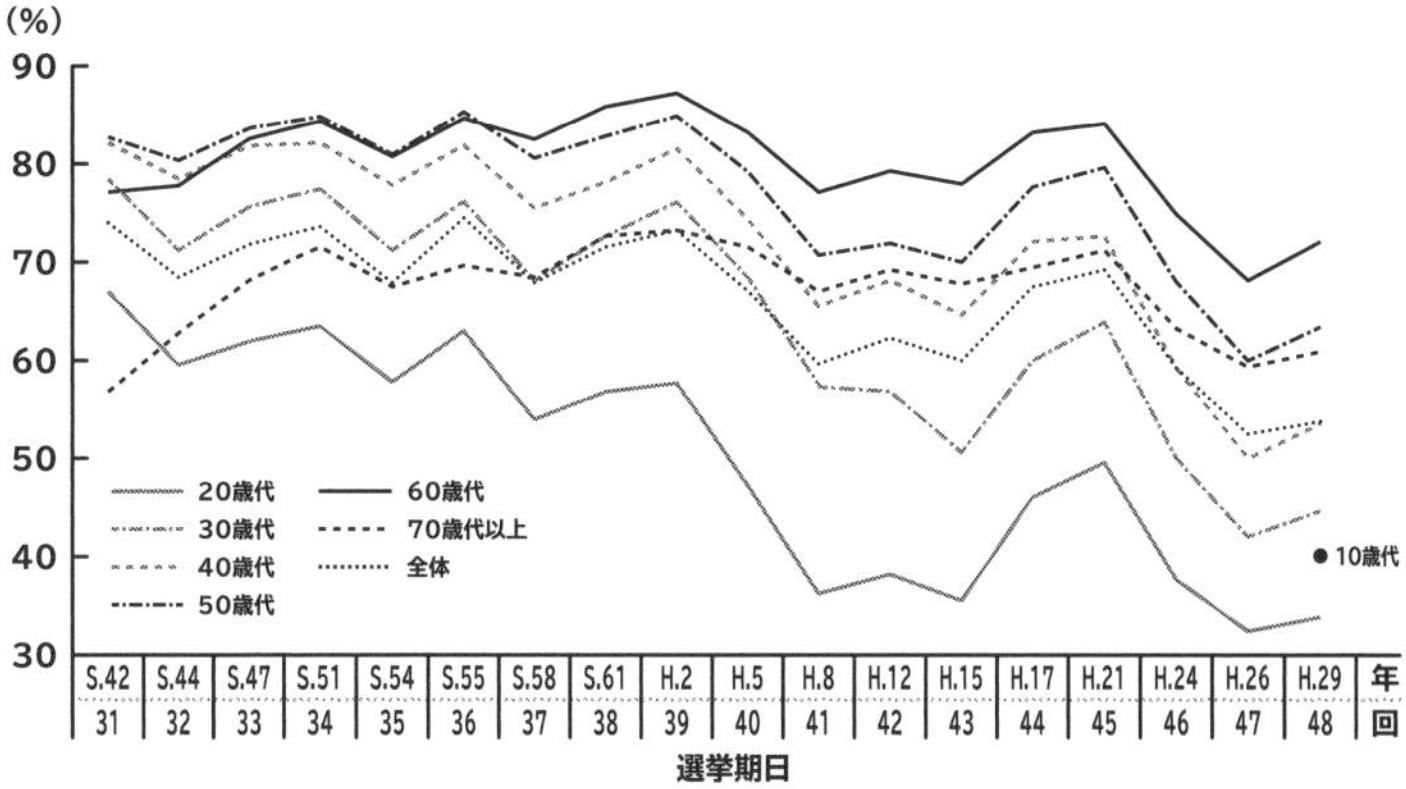

出所：総務省ウェブサイト「国政選挙の年代別投票率の推移について」より一部改

第2に、政府の経済政策の多くの部分を占めている世代別の移転支出と負担に対する有権者の評価が、より明確に政治的なプロセスに反映されやすくなります。世代別の選挙区で政策を争点に選挙が行われるので、社会保障制度改革のあり方など世代に関する抜本的政策がより争点になりやすくなります。高齢者向けの政策と並んで若い世代向けの政策が正面から議論されることで、世代別の受益と負担に関する有権者の評価がより明確に表示されます。

第3に、同じ選挙区内の有権者が流動化するので、小選挙区の弊害である現職議員の既得権への歯止めになります。有権者の年齢は時間とともに変化します。たとえば、青年区から若い世代の代表として立候補した政治家も、20年も経てば自分の選挙区の有権者がそっくり入れ替わっています。選挙区の地理的な範囲は大きく変化し得るので、当該選挙区の有権者は流動化します。年齢別＝世代別選挙区では、同じ地域でも年齢が時間とともに変化する以上、有権者の母集団が流動的になるために、地縁、血縁という既得権は長期化しません。また、政治家自身も年齢が変化するため選挙区が地理的に固定化されにくく、新規参入の壁が低くなるため、新人の政治家は挑戦しやすくなります。

世代別選挙区の具体的なイメージは、以下の通りです。たとえば、18歳以上で39歳までの有権者を母集団とする選挙区を「青年区」、40歳から59歳までを「中年区」、また、60歳から上の世代を「老年区」と呼んで、これら3つの年齢別・地域別の世代別選挙区を導入します。

数値例として、有権者総数を現状とほぼ同じ9000万人、議員定数も現状とほぼ同じ300人の小選挙区制を採用すると仮定しましょう。青年グループの有権者数が仮に2700万人とすると、有権者と議員数との比率（議員数／有権者数）は1／30万なので、青年グループが選ぶ青年区の議員定数は比例配分して90人（30％）となります。中年グループの有権者数が3000万人（33％）、老年グループの有権者が3300万人（37％）と仮に想定すると、議員定数はそれぞれ中年区選出議員が100人（33％）、老年区選出議員が110人（37％）となります。

老年区の有権者数が多いので、割り当てられる議員数も多くなりますが、議員定数は有権者数と比例的に決まっているので、仮に青年区の有権者（若者）の棄権率が高くても30％相当の議員は青年区から選ばれます。現状のように、棄権率の高い若者の代表が有権者数と比較して極端に少なく選出されることはありません。

当然のことながら、毎年、年齢階層別のグループは少しずつ変化するため、選挙区も少しずつ変化します。したがって、選挙区の区割りはこまめに、かつ、機械的に調整しないと、この選挙制度は機能しません。否応なしに選挙区の区割りをこまめに変更せざるを得ません。選挙区の区割りを変更することが普通のことになります。今のように選挙区が固定化していれば、どうしても既得権のある現職議員が有利になりますが、選挙区が流動化すれば、現職議員の既得権を壊す効果も生まれます。

地方自治体とは一致しないバーチャルな選挙区の区割り

世代別選挙区では、３世代の有権者の人口が同一地域で同じであるとは限らないので、選挙区の地域的な範囲は年齢別に異なります。しかし、それぞれの選挙区は、現行の小選挙区のほぼ3倍の地域に相当します。したがって、現行の選挙区の区割りよりは、地域が細かく限定されないので、地元優先の地域エゴの政治活動の弊害は是正されるでしょう。

地域割りで定数是正を完全にすると、また、年齢別の選挙区も加味すると、事実上、選挙区の区割りはバーチャルなものになり、地方自治体の行政区域とは一致しません。投票所は、現行のままで対応できますが、そこで年齢別に複数の選挙区が混在するので、事務的作業が多少は繁雑になります。それでも、慣れれば十分に処理できると考えます。

バーチャル化された選挙区では、逆にいえば、選挙区の区割りは過去のしがらみなしに、自由に調整する必要があります。大前提として、毎回実施される選挙ごとに、全国すべての選挙区の区割りを再調整することにあらかじめ合意する必要があります。たとえば、毎年元旦に、今年の４月１日から来年の３月31日までの期間に選挙を実施するとすれば、どういう区割りになるのかを、機械的に決定しておきます。そうすれば、いつでも定数不均衡の全くない、1票の重みが完全に平等な公正選挙を実施することができます。

「6」

政治的な圧力を加える ロビー団体と金の問題

有権者が候補者の適切な情報を得るために

選挙を公平で公正に実施するには、有権者が候補者の人柄や政策について、正しい情報を持つ必要があります。ただし、一定の限られた選挙期間で、有権者が候補者のそうした情報を適切に得るには、それなりのコストがかかります。公的支援として選挙公報がありますが、これだけでは情報量が少なすぎます。ＴＶでの政見放送も不可欠ですが、売名目的の泡沫候補が乱立しかねません。さらに、街頭演説や集会、支持者による選挙活動は、それぞれの候補者が自前で行う選挙活動であり、都合の良いことしか言わないので、あまり参考になるわけでもありません。

選挙における供託金は、候補者が選挙に出馬する際に供託することが定められている金額（国政選挙の場合３００万円程度）です。一定以上の結果を残した場合に供託金は全て返還されますが、供託金没収点に達しない場合は没収されます。この制度は一定の抑止効果がありますが、それでも泡沫候補が政見放送で非常識な行動を取るのは見苦しいものがあります。こうした難点を避けるには、たとえば、直近の選挙で一定の得票数を得た政党やその候補者か、あるいは、一定数の支持者の署名がある新規の候補者にだけ、政見放送を認めるという制限が必要でしょう。公費で選挙を支援するのは、新しい政党や政治家の参入を促す意味では望ましいですが、金銭面（＝供託金）だけでなく、支持者の数についても何らかの制約があって良いでしょう。

利益団体のロビー活動は農村部で盛ん

選挙とお金の問題はニュースでもよく取り上げられます。お金がかかることには、金権選挙という批判があります。お金という経済力で政治をコントロールするのは問題ですが、情報を的確に政治家が発信するのにお金がかかるのは当然のこと。そのため政治献金については、透明性が確保されていれば企業献金でも良いという議論もあります。以下では、政治的圧力と政治活動の透明性について考えてみましょう。

まず、有権者の中には、人や金を用いて特定の政党や政治家を当選させようと積極的に行動する人がいます。多くは支持する政党の熱心な支援者であり、様々な団体を組織しています。業界団体や宗教団体、企業団体、労働組合などの利益団体（＝圧力団体）は組織的な活動と資金力で関係する政治家を支援し、政治的に影響力を持っているということです。こうした圧力団体の政治活動を、ここではロビー活動と呼ぶことにします。

圧力団体のロビー活動が活発に行われれば、その団体が支持する政党に投票する人が増えます。農協、業界団体、労働組合などの圧力団体が大きな政治力を持っているのも、選挙のときの集票力が大きいからです。

圧力団体の多くは自分たちの政策を実現するように政党を支援します。もちろん、与党だけでなく、野党へのロビー活動もありますが、日本では１９４５年以降、これまで自民党がほとんどの期間与党の立場にあったので、与党＝自民党に対するロビー活動がより重要な政治的圧力となっています。

ロビー活動の多くは、選挙での集票行動や予算編成の際の陳情など、人海戦術＝時間を投入する行動です。特に、農村部でロビー活動が行われます。これは政治活動をする時間的余裕があり、その活動があまり就業機会に影響しないためです。民間での経済環境が良くなく、政治の力で補助金や公共事業などを獲得しようと必死になるのも特徴です。その結果、都会よりも農村部でロビー活動が多く行われ、与党内における政治的な力も大きくなるのです。

他方、政治献金の面でも、農協や土建業界のロビー活動は盛んです。さらに、国からの補助金頼みの地方自治体関係者のロビー活動も活発です。実際、公共投資の地域間の配分は都市部よりは農村部に手厚く配分されており、地方関連のロビー活動の成果は顕著に表れています。

多数の消費者はロビー活動をあまりしない

続いて、生産者と消費者という経済学の観点から、政治的圧力を考えてみましょう。生産者団体は、新しい企業や外国からの輸入など、競争相手が増えることをいやがって、これまでの仕事や権益（＝輸入規制や参入制限）を保護するように政治的な圧力をかける場合が多くあります。しかし、こうした参入規制は市場全体で供給される量を抑制して価格を上昇させるので、既存供給者の利益にはなりますが、需要者である消費者にとっては損になります。

政治的に見ると、しばしば消費者の経済的利益は無視されます。消費者は数が多く、新規参入や輸入増でその財の価格が低下しても、消費者1人あたりでみればその便益は小さいためです。したがって、消費者団体は参入規制を撤廃する政治的行動を取りにくいです。むしろ、新規参入者の質に不安があれば、安心・安全という理由で既存生産者と同様に参入規制を支持する場合もあります。

たとえば、米の流通や生産の自由化、輸入制限の緩和について考えてみましょう。これには米の供給量を増やして、米価を引き下げる効果があります。多くの消費者にはメリットがありますが、1人の消費者の視点で見ると、その利得幅は小さいものです。ですから、消費者は米価の引き下げにつながる規制改革にあまり熱心ではありません。まして、外国産の米の品質に不安があれば、そうした米の輸入に大きなメリットを感じにくいでしょう。米の輸入制限に日本の消費者団体が強い反対行動をとらないのは、そうした理由があります。

他方で、米の生産農家にとって米価の下落は死活問題です。したがって、農協はこうした規制の撤廃に断固反対して、強力な政治行動をとります。供給者にとっては自分の生産物に関する重大案件であり、競争相手が増えることは脅威であるので、政治的に大きな圧力を掛けようとします。

このように多数の消費者がロビー活動をあまりしないのは、ただ乗り（フリーライダー）の結果でもあります。すなわち、人数が多くなると、自分だけが怠けても、他人全員ががんばってくれれば、政治的な圧力を生み出すことができます。そうした政治的圧力の結果得られる便益（たとえば、生産物の価格低下）は、怠けた自分も享受できます。したがって、ロビー団体の構成員の数が増大するほど、他の構成員を当てにして、積極的なロビー活動をしない＝怠ける誘因（フリー・ライダー）が大きくなります。

その結果、こうしたロビー活動では、少数の生産者が熱心になり、多数の消費者が不熱心になります。小規模グループの利害を代弁する生産者の圧力団体は、その少数性ゆえにただ乗りがしにくいです。その結果、政治的な圧力も大きくなり、自らに有利な政策に成功する構図があります。

圧力団体のモニタリングは公正な政治に重要

有権者は選挙で選んだ政治家や政党に政策決定を委任しますが、必ずしも全面委任ではありません。たとえば、有権者が、労働組合、経営者団体、農協などの生産者団体、あるいは生協などの消費者団体などに属する形で、あるいは自発的なＮＰＯ組織（非営利団体）やより自由な形で、陳情、デモ、マスコミへのアピールなど政治的な要求を行うこともあります。また、地方自治体に対して首長や議会のリコールや条例の制定などでの直接請求を求める場合もあります。こうしたモニタリング（監視活動）は、政治をより公正で公平・効率的にさせる上で、重要です。

ロビー活動は政権交代の可能性のない長期政権下で大きくなる

さて、与野党間での政権交代を考慮するとき、利益団体はどのようなロビー活動をするでしょうか。2つの政党と2つの利益団体があり、利益団体は政党に対してロビー活動を行う圧力団体だとしましょう。政党は単に政権をとることのみが目的であり、選挙に勝つ確率を最大にするように行動すると仮定します。

選挙で勝つ確率は当選後に遂行する政策にも依存していますが、政党の選挙資金にも依存しています。選挙資金が多いほど、当選する確率も高くなります。したがって、2つの圧力団体は政党に選挙資金を寄付して、望ましい政党が勝つように支援します。この選挙資金は、政党の政策を踏まえて、純粋に選挙で勝つための手段として支援政党に提供されるとします。

選挙前に野党に献金や人的な応援をしても、選挙後も野党のままでは政策を実行する政治的能力がありません。したがって、選挙後に野党になることが確実にわかっている政党へのロビー活動はあまり期待できません。しかし、与野党伯仲の状況で、その政党が与党になるのか野党になるのかわからないケースでは、すべての主要な政党に与党になる可能性があるので、圧力団体はそうした政党すべてに何らかのロビー活動をします。対立している政党の両方に、保険をかける行為です。

ただし、いずれが与党になっても、その圧力団体が反対政党にロビー活動をしたことは、あまり良く思われません。したがって、保険をかけるロビー活動は大きいものになりません。日本でも、1990

年代前半に一時的に自民党が野党になった細川連立政権の際に、財界が野党になった自民党と細川連立政権与党の新生党など諸政党に政治献金を分散したことがありました。このとき、財界の政治献金の総額は、自民党単独政権期の自民党への献金総額よりも、減少しました。

このように、与野党間での政権交代の可能性が高ければ、ロビー活動は全体として抑制されます。また、与野党間の政策が似たようなものであれば、どちらが勝利してもほとんど無差別であるので、ロビー活動は抑制されます。言い換えると、ロビー活動は、与党内における政策決定が重要であって、かつ、政権交代の可能性のない与党長期政権下で大きくなります。与党を支持する圧力団体の数は多いので、その中で政治力を高めるには、選挙時に活発に支援をすることが必要になるというわけです。

地方分権の徹底で無駄なロビー活動を減らす

ロビー活動には、後述するように評価できる点もあります。ただし、無駄なロビー活動は抑制する必要があるでしょう。そのための方法としては、政治献金に上限を設定して、小口の個人献金しか認めない制限をかけることが有効でしょう。そうすれば、業界団体や労働組合が多額の献金を行うことができなくなり、生産者団体の政治的な圧力が抑制される分だけ、消費者に不利となる政策が実現する可能性は小さくなります。

また、ロビー活動が過度に発生しないためには、有権者や利益団体が無理難題の要求をしそうにない仕組みが必要です。徹底した地方分権はその候補になります。つまり、ある狭い範囲での地方政府の中で負担と受益が完結していれば、その地域の住民や業界関係者が補助金などを陳情しても、その財源は自分たちの地方の中で見つけるしかないので、非現実的な要求ができなくなるということです。

たとえば、大規模な公共事業（整備新幹線の建設や高速道路の拡張など）を計画する場合、地方分権が徹底していれば、地元だけでは建設コストを負担しきれません。それでも実施しようとすれば、その財源の多くを他の地域の住民に求めることになります。地方分権の世界で、他地域から財源を調達するのはハードルが高いです。他地域の住民の納得が必要になりますが、ほとんどメリットを感じない他地域の有権者は反対するでしょう。こうした予算に関するロビー活動も生じにくいのです。

もちろん、地域内での政策などでは、ある程度のロビー活動は存在します。しかし、現在の中央集権的な国と地方の財政関係の場合は、すべてが国頼みになるため、国から予算を取ってくれれば勝ちという状況であり、国に対するロビー活動が盛んになります。こうした現状と比較すると、徹底した地方分権では国に頼れないため、ロビー活動は量的に減少することが期待できます。

さらに、有権者間あるいは圧力団体間での選好のばらつきが小さくなることも、無駄なロビー活動の削減に有効です。有権者間での利害があまり対立しなくなれば、多くの有権者が政党や政治家の政策にそれほど不満を感じなくなるからです。

すべてのロビー活動を悪いとみなして禁止すればいいという意見もあるかもしれません。それでも、表面下で賄賂が横行しかねません。また、有権者が政治家の行動を適切にコントロールする1つの手段として、ロビー活動には評価できる点もあります。団体による大口の政治献金を禁止して、ロビー活動の情報公開を進めるとともに、地方分権の徹底など、無駄なロビー活動が生じにくい政策決定メカニズムを構築すべきです。

政治家のお金の情報を透明化する仕組みを

ところで、政党や政治家は選挙での公約をそのまま実現する誘因はないですし、場合によっては、選挙での公約を意図的に曖昧にすることもあります。こうしたことは、選挙時のみならず、当選した後でも見られます。有権者が政治家の資質をきちんと判断し、その行動をきちんと監視するのは、困難です。

そこでポイントになるのが支持母体の背景です。政治家は有権者の意向とともに支持母体の圧力にも影響されます。したがって、それぞれの政治家がどのような支持母体を背景にしているのかが公開されれば、一般有権者にとっても、政治家の背後にある支持母体の中身や当選後の行動を予想することができ、選挙時点での公約がどの程度信用できるのかも、ある程度判断できるでしょう。

そのためには、政治献金を小口のものに限定するとともに、政治資金を情報公開する必要があります。すなわち、有権者１人あたり１年間に政治献金として寄付できる上限を設定して、それ以上の寄付を禁止するということです。また、企業や労働組合、業界団体など、組織的な寄付も禁止します。

現在、政党助成法によって国民１人あたり約２５０円の規模で政党に公的助成が行われています。これは、小口の政治献金に限定すると、政治資金が十分に集まらなくなることを補完する役割があります。言い換えると、政党に公的助成をする以上は、大口の献金や団体献金を禁止しないと、筋が通りません(図２－４参照)。

図2-4　政党助成制度

政党助成制度

政党助成制度は、議会制民主政治における政党の機能の重要性にかんがみ、選挙制度及び政治資金制度の改革と軌を一にして創設された、国が政党に対する助成を行うことにより、政党の政治活動の健全な発達を促進し、もって民主政治の健全な発展に寄与することを目的とした制度です。

政党助成法（平成６年２月４日公布、平成７年１月１日施行）には、政党助成を行うにあたって必要な政党の要件、政党の届出その他政党交付金に関する手続きのほか、政党交付金の使途の報告などについて定められています。

政党交付金の総額

毎年の政党交付金の総額は、人口（直近において官報で公示された国勢調査の結果による確定数）に250円を乗じて得た額を基準として予算で定めることとされており、平成27年国勢調査人口により算出すると、約318億円となります。

250円×127,094,745人（平成27年国勢調査人口）＝31,773,687千円

総務大臣は、各政党から届出のあった所属国会議員数、衆議院議員総選挙及び参議院議員通常選挙の得票数に応じて、各政党に交付する政党交付金の額を算出します。

政党交付金の使途

国は、政党の政治活動の自由を尊重し、政党交付金の交付に当たっては、条件を付し、又はその使途について制限してはならないとされています。

政党は、政党交付金が国民から徴収された税金その他の貴重な財源で賄われるものであることに特に留意し、その責任を自覚し、その組織及び運営については民主的かつ公正なものとするとともに、国民の信頼にもとることのないように、政党交付金を適切に使用しなければならないとされています。

政党交付金の使途の適正については、使途の報告を通じて広く国民の前に明らかにして、国民の批判と監視の下に置くことにより、これを図ることとされています。

出所：総務省「政党助成制度のあらまし」

さらに、政治家や政党が受け取るすべての寄付についても、その金額と出所を完全に情報公開する必要があります。そうすれば、どの政治家、政党にどのような有権者がどれだけ献金したかが明確になり、その政治家、政党の支持母体の中身も明確に公開されます。過去一定期間の政治資金の流れを選挙公報に公開すべきでしょう。

また、ストック・ベースでの情報公開も重要です。「悪徳」政治家ほど政治的なバイアスは大きいし、政治活動によって資産を形成しています。しかし、「悪徳」政治家も「良心的な」政治家のふりをするから、有権者にとっては誰が「良心的な」政治家で、誰が「悪徳」政治家であるのかが区別できません。

政治家の資産公開で政治献金が私的に流用されていないかどうか、あるいは、私的な資産形成に透明性があるのかどうか、こうした点を監視することで、政治家の質を判断することが可能となります。現在の資産公開制度では、家族の範囲が不十分であり、普通預金が含まれず、土地や株などの評価は実勢価格を反映していません。したがって、より包括的で実質的な資産公開への改善が必要です。政治家のお金を徹底的なガラス張りとすることで、有権者が政治家を適切に評価できるでしょうし、政治家も襟を正して政治活動を行うようになるでしょう。

ちなみに、選挙に金がかかることを罪悪視する議論もありますが、有権者の選好を適切に反映する政治家を選出するのに、ある程度の金がかかるのは当然のことです。金がかかること自体を問題にするよりは、出所も含めて金の流れをきちんと情報公開するとともに、無駄な金がかかりにくい選挙制度、政策決定のメカニズムを構築することが有益です。

政治資金を規制する法律は、ザル法になっている

それでは、現在の政治資金規正法はどうなっているのでしょうか。この法律には、抜け道が多く「ザル法」と批判されています。すなわち、寄付の場合、年間5万円を超えると個人や企業の名前を収支報告書に記載しなければなりませんが、パーティーでは1回につき20万円以下なら公表せずに済みます。また、企業・団体による献金は政党に対してしか認められていませんが、パーティー券の購入であれば、政党以外の政治団体からも可能です。さらに、国の補助金を受けた法人や赤字法人、外国人・外国法人の寄付は禁じられていますが、パーティー券の購入に制約はありません。政党交付金を導入する代わりに廃止するはずだった企業・団体献金も政党や政党支部向けに温存されています（表2－4参照）。こうした抜け道を改正して、厳格に政治資金の流れを規制するとともに、違反した場合の罰則を強化し、きちんと情報公開すべきでしょう。

第2章のまとめ

選挙のあり方は、有権者がまともな政治家を代理人として選出する上で重要です。投票制度では是認投票の導入が望ましいでしょう。また、選挙制度としては、衆議院を小選挙区制に純化するとともに、参議院をより特色のある院として、しかし、法的には衆議院ほどの権限を持たせないようにすべきでし

表2-4　寄附の量的制限の概要

<table>
<tr><th colspan="2" rowspan="3">寄附者
受領者</th><th colspan="2" rowspan="2">個人</th><th colspan="2" rowspan="2">会社・労働組合・職員団体・その他の団体</th><th colspan="6">政治団体</th></tr>
<tr><th colspan="2">政党</th><th colspan="2">資金管理団体</th><th colspan="2">その他の政治団体</th></tr>
<tr><th>総枠制限</th><th>同一の相手方に対する個別制限</th><th>総枠制限</th><th>同一の相手方に対する個別制限</th><th>総枠制限</th><th>同一の相手方に対する個別制限</th><th>総枠制限</th><th>同一の相手方に対する個別制限</th><th>総枠制限</th><th>同一の相手方に対する個別制限</th></tr>
<tr><td colspan="2">政党・政治資金団体</td><td>年間
2,000万円</td><td>制限なし</td><td>資本金・組合員等（※4）に応じて年間750万円～1億円</td><td colspan="7"></td></tr>
<tr><td rowspan="2">その他の政治団体</td><td>資金管理団体</td><td rowspan="3">年間
1,000万円
（※１）
公職の候補者に対するものは金銭等に限り禁止（※3）</td><td>年間
1,500万円
（※２）</td><td colspan="2" rowspan="3">禁止</td><td colspan="5" rowspan="2">制限なし</td><td rowspan="2">年間
5,000万円</td></tr>
<tr><td>資金管理団体以外の政治団体</td><td>年間
150万円</td></tr>
<tr><td colspan="2">公職の候補者</td><td>金銭等に限り禁止（※3）その他は年間150万円</td><td colspan="2"></td><td colspan="2">金銭等に限り禁止
（※３）
その他は制限なし</td><td colspan="2">金銭等に限り禁止
（※３）
その他は制限なし</td></tr>
</table>

※１資金管理団体の届出をした公職の候補者が、その資金管理団体に対してする特定寄附については、制限はない。
※２資金管理団体の届出をした公職の候補者が、その資金管理団体に対してする寄附（特定寄附及び自己資金による寄附）については、制限はない。
※３選挙運動に関するものについては、金銭及び有価証券による寄附ができる。
※４その他の団体については、「前年における年間の経費の額」に応じて総枠制限がある。
（注）個人の遺贈による寄附については、総枠制限及び個別制限は適用されない。

出所：総務省「政治資金規正法のあらまし」

ょう。そして、票の重みを完全に均等化し、若い世代の政治的発言力を強めるために、小選挙区に世代別選挙区を導入すべきです。さらに、選挙と政治家、お金の流れを透明化するため、小口の個人献金のみに政治資金を限定し、政治家の資産公開も徹底すべきです。こうした抜本的な改革を実施することで、多くの有権者、特に、若い世代の意向が政治の場により的確に反映されます。

3

第3章

再分配を経済学で読む！

「1」

ますます重要になっている経済格差と再分配の関係

経済格差は世界で拡大している

世の中には様々な経済力の人が存在しています。所得や資産の分布を見ると、ほどほどの所得や資産のある人も結構いますが、ごく少数の大富豪（富裕層）が巨額の富を蓄積している一方で、多くの貧乏な人（貧困層）は所得も少なく資産もほとんど持っていません。所得や資産の大きすぎる格差は、ゆゆしき問題です。

２０００年以降、経済格差は拡大傾向にあります。２０２０年のコロナ危機でも富裕層は株価が増加したり、ＩＴ対応のリモートワークを効率的にこなせたりして、むしろ所得や富を増加。これに対して、貧しい人はコロナ危機でも現場で清掃作業やスーパー店員など対面での仕事をせざるを得ないエッセンシャルワーカーなどが多く、所得が低迷していると同時に、コロナに感染するリスクも高い状況です。図３－１に示すように、富裕層における所得の増加と貧困層における所得の減少のギャップは、Ｋ字型の形状になっているのです。

図3-1　富裕層と貧困層の格差拡大

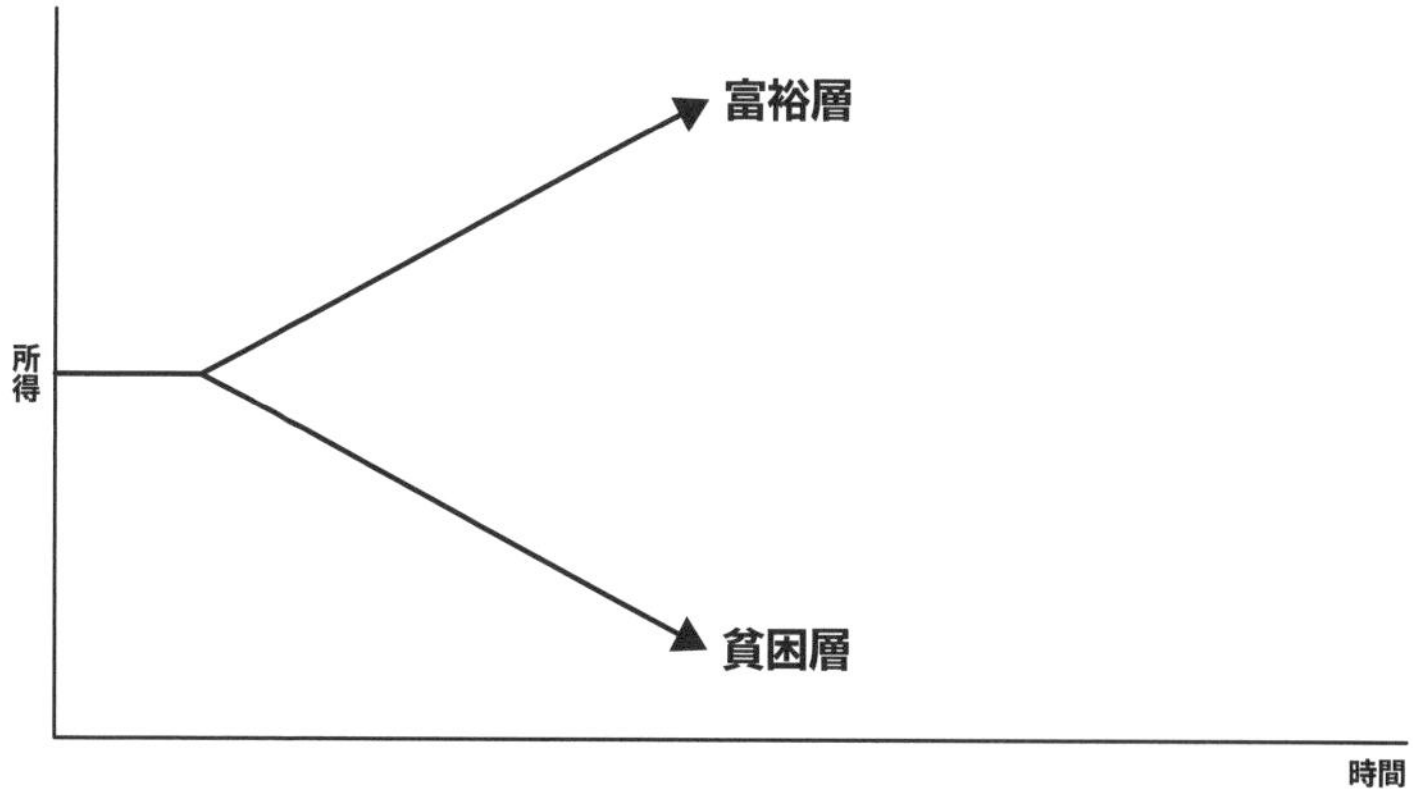

『21世紀の資本』で格差対策が大きな問題に

２０１５年、フランスの経済学者トマ・ピケティの著作『21世紀の資本』（みすず書房）が、経済格差の問題を取り上げて世界的なベストセラーとなりました。ピケティはアメリカ、日本や韓国など多くの国で講演し、ピケティ解説本も数多く出版されました。彼はｒ（資本収益率）とｇ（所得成長率）を比較するという経済理論に基づいて、ｒがｇよりも高い経済では富の集中が続くという仮説を提示しました。この仮説が多くの国々で実際に成立することを膨大なデータを用いて実証し、富の蓄積メカニズムを解明しました。そして、格差是正策として富裕層への課税強化を主張するに至ります。

しかし、富裕層への課税には富裕層から反発があるだけでなく、徴税逃れの国際的な資産移転を

図3-2　トップ1％の総所得に占めるシェア（各国の税務統計からの推計）

●日本、フランス、ドイツ、スウェーデンは、アメリカ、イギリスに比べると上昇していない。
●ただし、日本について、2000年代に入って緩やかに上昇している点に留意が必要。

各国のトップ1％が総所得に占める割合（1910年～2010年）

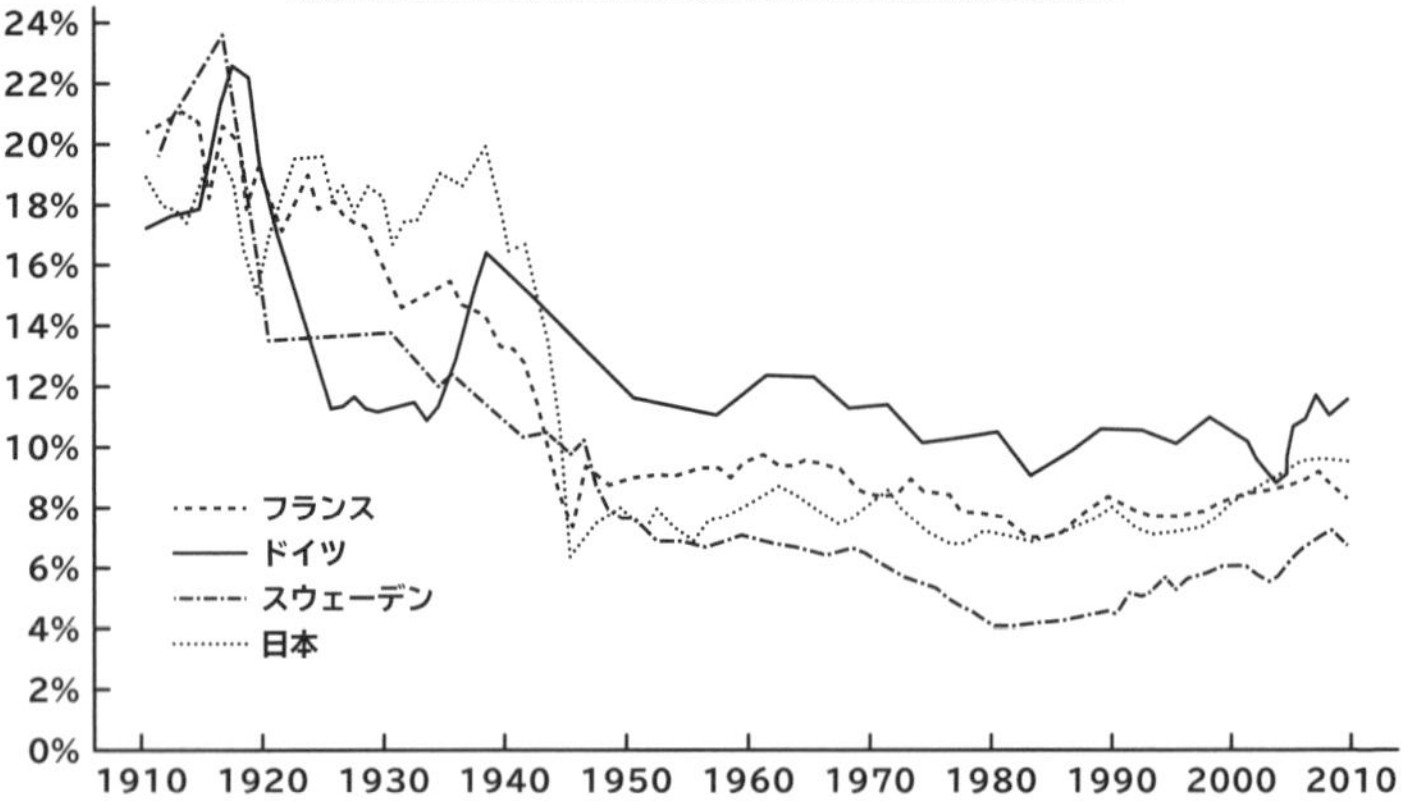

●アメリカ、イギリス、カナダ、オーストラリアは、程度の違いはあるが、1970年代以降に上昇。

各国のトップ1％が総所得に占める割合（1910年～2010年）

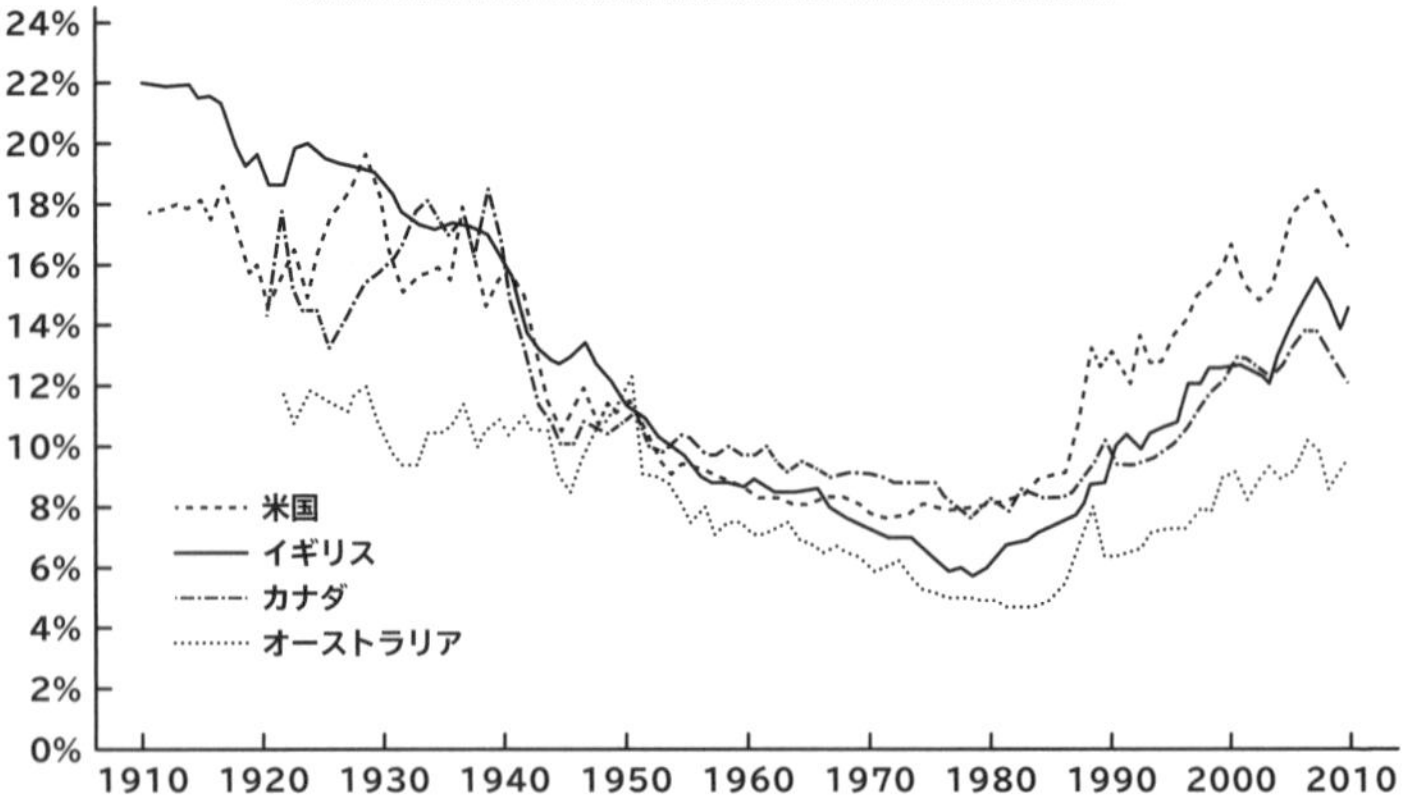

出所：トマ・ピケティ『21世紀の資本』（みすず書房）より

誘発します。富裕層の資産は逃げ足が速いので、富裕層への課税の強化は、課税当局の国際的な協調なしには実効性が乏しくなります。それぞれの国で独自に課税するとすれば、相続税、譲渡益税の強化が候補になりますが、脱税や節税を誘発させるので、現実的な実効性に欠けるでしょう。

富裕層への富の集中問題が関心を集める一方で、低所得層の貧困問題自体も重要です。不平等や福祉問題の大家であるアンソニー・アトキンソンは、『21世紀の不平等』（東洋経済新報社）という著作を出版して、こうした貧困問題を議論しました。多くのアカデミックな研究では、格差是正には富裕層への課税強化よりも貧困層への効果的支援策の方が、より有効であることを指摘しています。

日本に視点を移すと、格差問題はピケティ・ブームが到来する以前から大きな関心事でした。ピケティ本の刊行でトップ１％の富裕層の実態やそれへの対策にも関心が集まりましたが、多くの国民はむしろ平均所得以下の低所得者対策により関心を持っています。その理由は欧米と比較して、図３－２に示すように、日本の富裕層が極端に大金持ちではないことにあります。我が国の大企業トップ経営者の報酬は欧米諸国と比較すると、それほど突出しておらず、日本の財閥への富や所得の集中度はあまり高くありません。さらに、１９９０年代以降、傾向的に低所得層の数が増大したことで、所得格差や資産格差が増大した事情もあります。

若い世代の貧困対策を「投資」とみなすべき

日本での格差問題について見ていきます。我が国では１９９０年代以降、マクロ経済が低迷したのを背景に、雇用不安、生活不安が拡大し、低所得者層の経済状態はあまり改善されていません。中でも、注目されているのが老後破産など、高齢者の貧困問題です。たしかに、高齢者になるほど、同じ年齢階層での資産格差、所得格差は拡大します。さらに、日本は高齢化のスピードが速いため、高齢者のうちで貧困層にある人数が増加しています。高齢者の経済状態の2極化が進行しているのは、ある程度は避けられない現象なのです。

高齢者が政治的な発言力を高めていく高齢化社会では、第2章で説明したように、高齢世代の政治的力が強いシルバー民主主義になります。その結果、高齢者への年金給付、医療サービス、介護保険サービスの維持拡充に多額の社会保障予算が配分されるようになります。

また、貧困問題は高齢者ばかりに関わる現象でもありません。むしろ、日本の格差問題で深刻になってきている人は、若い世代の非正規労働者です。高齢者への給付はそれなりに対応されていますが、その反対に、若い世代の貧困対策にはなかなか政治の手が伸びてきません。親の介護、教育費用の膨張、非正規雇用、精神疾患、女性と子育て、家出少女など、若い世代の貧困問題は深刻になっています。本来は貧困を防ぐ仕組みであるはずの「教育」と「家族」の変化も、若い世代で貧困を生む土壌となっています。高等教育を十分に受けられない若者も多くおり、親が貧しいと、その子供が困窮した状況から脱却できる可能性は低くなります。

この現状をどう考えればいいのでしょうか。格差問題は複雑で、どうしても感情的になりがちですが、冷静にしかも複眼的に捉えることが重要です。すなわち、貧困対策を慈善事業のように考えるのは限界があります。若い世代が貧困の連鎖から抜け出せれば、貧困対策も「投資」としての効果が大きくなります。ですから、貧困対策は、国民全体の暮らしを高める「投資」とみなすべきです。

たとえば、より解雇に柔軟性を持たせると同時に、非正規労働者にも十分な社会保障を義務づけるオランダの取り組みは参考になります。最低賃金を引き上げることが可能なマクロ経済環境をつくるためにも、弱い企業を保護するよりは、強い企業を育成することが重要でしょう。貧困を減らすことで、社会保障費を抑制でき、治安も良くなり、良質の労働力も確保できます。

やや逆説的ですが、貧困と格差は別問題だと割り切るのも一案でしょう。日本で問題となっている事例の多くは、当事者の経済状態が悪いケースで、他人との格差（相対経済格差）があるから悲惨だというわけではありません。むしろ、他人との人的な関わり方の弱さが経済的な貧困と重なると、厳しい現実に直面します。経済的支援と同時に、地域社会における社会的つながりの再構築が、貧困対策には有効です。

財政面から見るとどうでしょうか。社会保障費、中でも生活保護費やその他の貧困対策費は格差を是正する重要な手段になります。それでも政府の財政状況が悪くなれば、こうした財政支援の財源も制約されるため、再分配政策は手薄になります。財政危機が偏在化して1番困るのは、こうした貧困に直面している人々です。若い世代や将来世代の利害は政治的に軽視されやすいですが、その結果、痛みを伴う改革は先送りされ、財政赤字は累増します。ですから、若い世代や将来世代に配慮する社会保障制度の抜本的な改革は、貧困対策としても有効です。

図3-3　所得税の税率構造

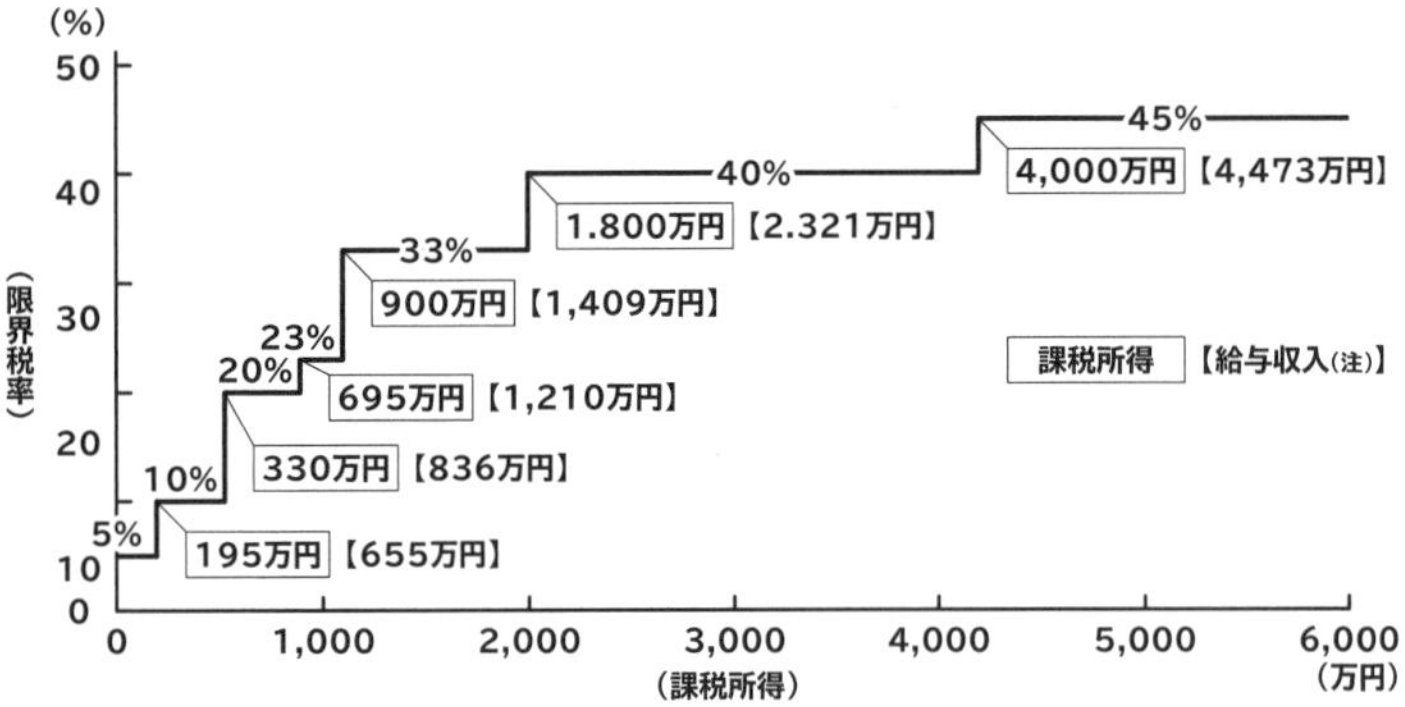

(注)夫婦子2人(片働き)の給与所得者で子のうち1人が特定扶養親族、1人が一般扶養親族に該当する場合の給与収入金額である。

出所:財務省「所得税の税率構造」

「公助」としての再分配政策が重要

格差対策の1つが再分配政策です。所得や富の豊かな人からその一部を税金で取り上げて、それを貧しい人に補助金として再分配する政策は、政府の大きな責務です。累進的な所得税や相続税などで富裕層から徴税し、生活保護などで貧困層へ給付するのは、そうした再分配政策の代表例です。コロナ危機で格差が2極化している現在、再分配政策はますます重要になっています。

図3-3は、我が国の所得税の累進構造を示しています。所得が高い富裕層ほど、適用される税率も高くなり、それだけ税負担は重くなります。なお、相続税もほぼ同様な累進税率になっています。

これに対して再分配の代表例である生活保護は、厚生労働大臣が定める基準で計算される最低生活

表3-1　生活保護の種類

生活扶助	衣食その他日常生活に必要な費用
住宅扶助	家賃、地代、住宅補修等に必要な費用
教育扶助	義務教育に必要な学用品、教材代等の費用
介護扶助	介護に必要な費用
医療扶助	医療に必要な費用（国民健康保険の例による）
出産扶助	出産に必要な費用
生業扶助	生業、技能修得に必要な費用や高等学校に就学するために必要な費用
葬祭扶助	葬祭に必要な費用

費と収入を比較して、収入が最低生活費に満たない場合に、最低生活費から収入を差し引いた差額を保護費として支給します。表3－1に示すように、生活保護の種類としては8つの扶助がありますが、支給額は居住地域や家族形態などで異なりますが、単身者であれば1カ月あたり10万～13万円、夫婦2人世帯で15万～18万円、母子家庭は母子加算によって19万円、子供がいる4人家族であれば30万円近く支給される世帯もあります。

生活保護を受けている人数は200万人程度（2020年）で、その世帯数は160万世帯程度です。そのうち、高齢者世帯が90万世帯、母子世帯が75万世帯、障害者・傷病者世帯計40万世帯、その他の世帯25万世帯程度です。

これに対して、寄付などの民間の自発的な再分配行為もあり得ます。コロナ禍でもアメリカの大富豪ビル・ゲイツなどの豊かな人はそれなりに公益活動に寄付をしていますし、ホームレスの人への食料提供など、貧しい人を支援するＮＰＯの慈善活動も盛んです。こうした民間のＮＰＯ活動も一定の再分配効果は期待できるので、「共助」にも重要な役割があります。ただし、民間の自発的な再分配＝共助では、差し出す富裕層の納得感や合意が前提であるため、それだけで必要十分な規模の再分配を実現するのは難しいでしょう。まして、共助だけで、様々な境遇にある多くの弱者に公平に援助の手が差し伸べられるかも不透明です。寄付行為は利他的動機で自分の所得や資産の一部を差し出すことですが、こうした民間の共助のみで望ましい大きさの再分配は実現しないでしょう。

政府は国家権力を持つ公的組織なので、豊かな人から強制的に徴税し、その資源を貧しい人への補助金に使用できます。政府が強制的に税制などで富裕層の所得や富の一部を真の弱者に再分配することで、社会的な公平性や秩序も持続可能になり、望ましい再分配も可能となります。民間の利他的な「共助」も重要ですが、再分配政策の中心は「公助」です。

再分配はやりすぎると経済的な弊害も大きくなる

常識的には、大金持ちから所得や資産の一部を取り上げて、それを貧しい人に給付することに、多くの人々は納得するでしょう。しかし、問題はその対象と程度、つまり、どのような富裕層を対象に、どの程度の規模で再分配の資源を確保し、また、それをどの範囲の貧しい人にどの程度給付するかです。

大金持ちの人でもＩＴ企業の創業者のように、その資産を自分の才覚と努力で積み上げてきたとすれば、その多くが政府に徴収されることには抵抗します。汗水垂らして努力しても、その果実である所得や富が大きく減少するのでは、努力の成果を実感できません。事後的な再分配は経済活動の成果に直接介入するため、やりすぎると経済的な弊害も大きくなります。

また、生活保護者など再分配先が真の弱者でない人に向けられるなら、富裕層のみならず一般の所得税負担者も徴税に抵抗します。徴税された財源が有効に使われるなら納得できても、弱者でない人がその恩恵に預かるなら、不公平であり、納得できないでしょう。ですから、再分配政策では政治の信頼性がもっとも問われます。公平で効率的に再分配政策を実施することは、政治の大きな責務となります。

なお、再分配の対象は個人間だけではありません。我が国でも、個人間（金持ちから弱者への再分配）に加えて、地域間（富裕な都会から貧しい地方への再分配）、世代間（勤労世代から老年世代への年金や医療など社会保障による再分配）の再分配が大きな規模で実施されています。中でも、少子高齢化とともに、世代間再分配の比重は年々大きくなっています。また、国際的な視点で見ると、裕福な先進諸国と貧困・飢餓にあえぐ途上国との格差も拡大しています。先進諸国から途上国への国際間の再分配も重要です。

有権者の価値判断が再分配の程度を左右する

政府が再分配を実施する場合、弱者をどれだけ配慮するかという公平性の価値判断が重要になります。一般的に、弱者のことを真剣に気にかける利他的で「慈悲深い」政府ほど、再分配にも熱心で弱者への支援も手厚いでしょう。有権者の多くがこうした価値判断を持てば、与党政治家や政府もそれに従って手厚い再分配政策を実施します。

仮に、もっとも恵まれていない人（＝最貧困層）の経済環境を良くすることが最優先であり、それ以外の人の経済環境が少し悪くなっても仕方がないという公平性を最重視した価値判断（＝ロールズ的な価値判断）に立つと、相当大規模な再分配が実行されるので、再分配後の格差はかなり縮小されます。

他方で、すべての国民の経済環境に目配りする中で、ほどほどの再分配を実施すべきとして、公平性をそれほど重視しない価値判断に立てば、極端な再分配政策は実施されません。民主主義の社会では、多くの（あるいは、中位の）有権者が持っている公平性に関する価値判断が政治家の政策を決めるので、彼らの価値判断如何で所得や富の再分配の程度が決まります。

独裁者は税収を最大化するために再分配する

ところで、再分配とはもっとも無縁で利己的な価値判断を持つ独裁者の政府は、再分配を実施しないのでしょうか。実は、有権者の意向や経済状態とは無関係で、独裁者自身の利益しか頭にない「独裁者の」政府であっても、弱者への再分配を実施することがあります。

たとえば、独裁者は自分の利益のみを最優先する利己中心の価値判断を持っていると想定しましょう。独裁者の利益は税金を徴収する財源から生まれるので、独裁者はできるだけたくさんの税金を国民から徴収しようとします。税収を最大化するには、その課税対象である経済規模の大きさ＝国内総生産（GDP）を最大にする必要があります。したがって、社会インフラを整備したり、社会保障を充実させたりして、国民経済活動全体を活性化させます。弱者も含めて、多くの国民が精一杯働けるようにすることは、独裁者の個人的な利益にもなるのです。

極端な重税を国民に課すとしましょう。独裁者はその重税で当初は大きな利益（＝税収）を確保できるでしょうが、国民が疲弊してしまうと、経済も麻痺します。それでは税収を持続的に確保できなくなります。独裁者が長期的に税収を最大にするなら、支配する国民が疲弊しすぎない程度に目配りした再分配政策が不可欠です。となると、独裁者がどのくらいの期間、政権を維持できると考えているのかが、ここでのポイントになります。短期政権の場合は収奪する独裁者も、長期政権であれば再分配政策を実施する誘因があるというわけです。

たとえば、新疆ウイグル自治区での中国政府によるウイグル族に対する弾圧問題も、こうした視点で考えることができます。仮に中国政府が徹底的な民族純化政策でウイグル住民を弾圧する目的があるとしても、ウイグル自治区を持続的に支配するには、そこでの経済活動が円滑に行われる必要があります。そのために、一定程度の福利厚生や社会保障政策も欠かせません。再分配政策を実施しているとしても、それは必ずしも支配している政府が慈悲深いからとも限らないのです。

余談ですが、農耕社会と狩猟社会では、独裁者の政策にも相違があります。前者は定住社会なので、同じ支配民から長期的に税収を徴収する必要があります。したがって、持続可能性が重要となるので、国民の経済環境にも配慮し、弱者にもそれなりの再分配を実施します。これに対して、後者は新しい獲物を求めて移動するので、ある地域で重税を課して、その地域の経済や支配民を疲弊させても、他の地域に移動して、新しい住民を対象に独裁政治をすることが可能になります。したがって、同じ支配民に再分配政策で目配りする必要もありません。それよりも無慈悲に税収を最大化し、その場限りで収奪を図ることになります。

ですから、戦争で新しい領土を獲得した場合も、そこで長期的に支配を続けようとする場合は、極端な略奪行為はしません。支配下にある住民が疲弊しすぎないように、戦争後に経済を復興させた方が長期的に多くの利益を上げられます。これに対して、新しい領土を長期に支配する意欲がなく、次の領土を求めて転戦する場合は、徹底的に略奪する方が戦勝者にとって都合が良いのです。

さて、政府は必ずしも弱者の救済を目的として再分配を実施するとは限らないことが分かったと思います。19世紀後半のビスマルク時代のドイツが、強権政治の下で全国民加入の社会保険制度を整備した例など、必ずしも慈悲的でない政府が社会保障を充実させる事例は実際にも見られます。他方で、イギリスでは第2次世界大戦後の労働党政権が、「ゆりかごから墓場まで」という表現で、生まれてから死ぬまでの一生を社会保障で面倒を見るという福祉国家を志向しました。このように、慈悲的な政府であれば、独裁者の政府よりも弱者への再分配は手厚くなります。政府あるいは中位投票者が慈悲的で利他的な価値判断を持っていれば、貧しい人への所得再分配も手厚く実施されるのです。

「2」再分配のメリットとデメリットを考える

“やりすぎ”な共産主義の再分配は機能しない

究極の再分配は完全平等の実現です。再分配前の所得格差がどれだけあっても、再分配後にすべての人の可処分所得（税金支払いなどを差し引いた手取りの所得）が同じになれば、所得格差は解消され、完全平等が実現します。こうした一見理想的で極端な再分配政策は、「能力に応じて働き、必要に応じて受け取る」という結果の平等を重視した共産主義が理念として掲げたものでした。

しかし、戦後数十年間の旧共産主義諸国の結果を見ると、短期的には革命思想を鼓舞することで、こうした政策が成功したように繕うこともできましたが、長期的には人々の勤労意欲をだめにし、経済全体が停滞して失敗しました。たとえば、１９５０年代の中国では人民公社という協同組合がこうした理念で国民を労働に駆り立てましたが、働いても働かなくても得られるものが同じだったので、誰もまともに働こうとしませんでした。結果は大失敗でした。再分配をやりすぎると、自分だけがんばっても、その成果を実感できないため、勤労意欲が損なわれます。やる気と再分配のトレードオフは重要な論点です。

失業者には職業スキルを向上させる給付が望ましい

共産主義の失敗は、極端な再分配政策がうまくいかない典型例です。一方で、日本のような市場経済の民主主義国でも、政府の再分配政策次第では「ぐうたら」＝「怠惰と甘え」という弊害を誘発するかもしれません。たとえば、現在、失業して困っている貧困者がいるとしましょう。失業者という経済的弱者を援助するのは、社会全体の公平性を重視する利他的な価値判断のもとで、正当化されます。

しかし、失業者への支援が正当化されるとしても、無条件にたくさんのお金を失業者に給付するだけでは、失業者はそれを飲み食いに回すだけで、いつまでも失業者にとどまっているかもしれません。EU諸国では、失業給付が充実しているために、それに頼りすぎて就職せずに、無駄に時間を過ごす若者が多くいます。職探しに精を出したり、自分のスキルを向上させる自助努力をするよりは、政府からの援助で飲み食いする方が、失業者にとって楽なもの。その結果、失業率が高止まりしてしまいます。

ですから、失業者には、失業期間中に自分の人的スキルを高める努力が重要になります。就業の可能性を大きくするためです。しかし、それには強い意志が必要となります。貧困者を支援するやり方が甘すぎると、貧困者は将来の人生設計への努力をやめてしまう可能性があるからです。

それに、使途を限定しない一括の現金給付よりは、資格などの技能向上訓練に限定した失業給付の方が、失業者もまじめに努力をします。その結果、技能が向上すれば、新しい就職の機会も増加します。

図3-4　雇用保険制度の概要

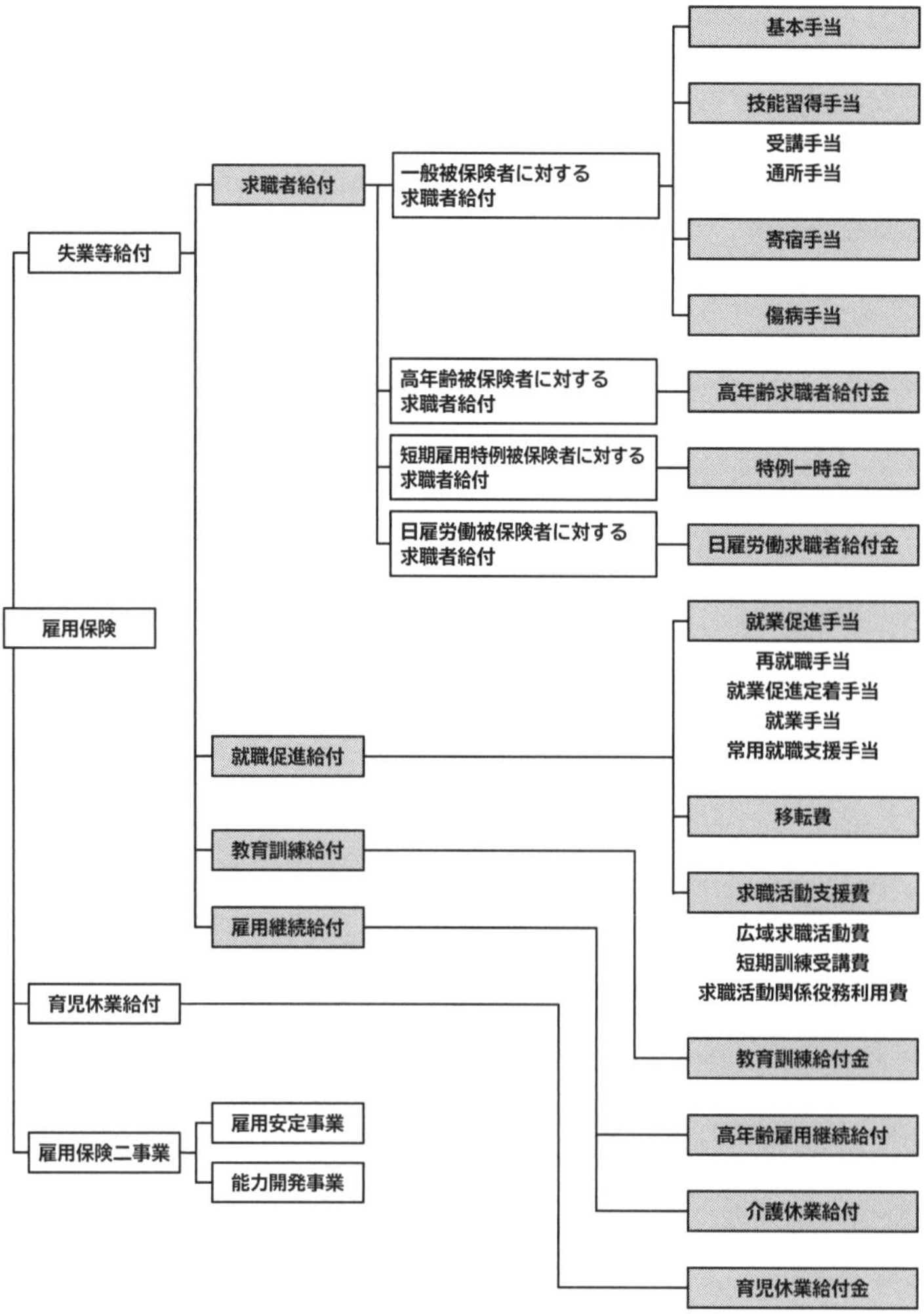

出所：ハローワークインターネットサービス「雇用保険制度の概要」

弱者への給付がその場しのぎにならずに、弱者の経済環境を改善する努力と結びつくことが重要というわけです。我が国でも教育訓練を伴う失業保険給付がありますが、これはそうした努力効果を意図しています（図3－4参照）。

お買い求めいただいた本のタイトル

■お買い求めいただいた書店名

(　　　　　　　　　　　)市区町村 (　　　　　　　　　　　)書店

■この本を最初に何でお知りになりましたか

□ 書店で実物を見て　□ 雑誌で見て(雑誌名　　　　　　　　　　　)
□ 新聞で見て(　　　　　　　新聞)　□ 家族や友人にすすめられて
総合法令出版の(□ HP、□ Facebook、□ Twitter、□ Instagram)を見て
□ その他(　　　　　　　　　　　)

■お買い求めいただいた動機は何ですか(複数回答も可)

□ この著者の作品が好きだから　□ 興味のあるテーマだったから
□ タイトルに惹かれて　□ 表紙に惹かれて　□ 帯の文章に惹かれて
□ その他(　　　　　　　　　　　)

■この本について感想をお聞かせください

(表紙・本文デザイン、タイトル、価格、内容など)

(掲載される場合のペンネーム：　　　　　　　　)

■最近、お読みになった本で面白かったものは何ですか?

■最近気になっているテーマ・著者、ご意見があればお書きください

ご協力ありがとうございました。いただいたご感想を匿名で広告等に掲載させていただくことがございます。匿名での使用も希望されない場合はチェックをお願いします□
いただいた情報を、上記の目的以外に使用することはありません。

郵便はがき

料金受取人払郵便

日本橋局
承　　認

6189

差出有効期間
2023年2月
28日まで

切手をお貼りになる
必要はございません。

103-8790

953

中央区日本橋小伝馬町15-18
EDGE小伝馬町ビル9階
総合法令出版株式会社 行

本書のご購入、ご愛読ありがとうございました。
今後の出版企画の参考とさせていただきますので、
ぜひご意見をお聞かせください。

フリガナ お名前	性別 男・女	年齢 歳
ご住所　〒 TEL　　（　　）		
ご職業　1.学生　2.会社員·公務員　3.会社·団体役員　4.教員　5.自営業 6.主婦　7.無職　8.その他（　　　）		

メールアドレスを記載下さった方から、毎月5名様に書籍1冊プレゼント！

新刊やイベントの情報などをお知らせする場合に使用させていただきます。

※書籍プレゼントご希望の方は、下記にメールアドレスと希望ジャンルをご記入ください。書籍へのご応募は1度限り、発送にはお時間をいただく場合がございます。結果は発送をもってかえさせていただきます。

希望ジャンル：☐ 自己啓発　☐ ビジネス　☐ スピリチュアル　☐ 実用

E-MAILアドレス　※携帯電話のメールアドレスには対応しておりません。

「3」

経済成長における再分配の考え方を知る

経済が発展途上では再分配はしない方が良いことも

第1章でも少し触れましたが、世界各国のこれまでのデータを見ると、経済成長と再分配（あるいは格差）には興味深い非線形の関係（単純な正の関係でも負の関係でもない曲がった関係）があります。

経済成長と格差についてこうした複雑な関係があることを主張するのが「クズネッツ仮説」です。

すなわち、経済がまだ低水準でこれから発展する段階にあると想定しましょう。発展途上の初期段階ではその国の所得水準も低いですが、その中で国民の間での所得格差も大きいです。一握りの大金持ちと大多数の貧民という構図です。このとき、強力な再分配政策で格差是正を進めるとどうなるでしょうか。

短期的な視点で見れば、大きな格差のある現状を是正することは望ましいです。富裕層から税金をたくさん徴収して数多くの貧困層に再配分すれば、多くの国民は助かるでしょう。しかし、今後の経済発展を見据えた長期的な視点で考えると、当面はあまり再分配をしない方が良いかもしれません。どうい

図3-5　クズネッツ仮説

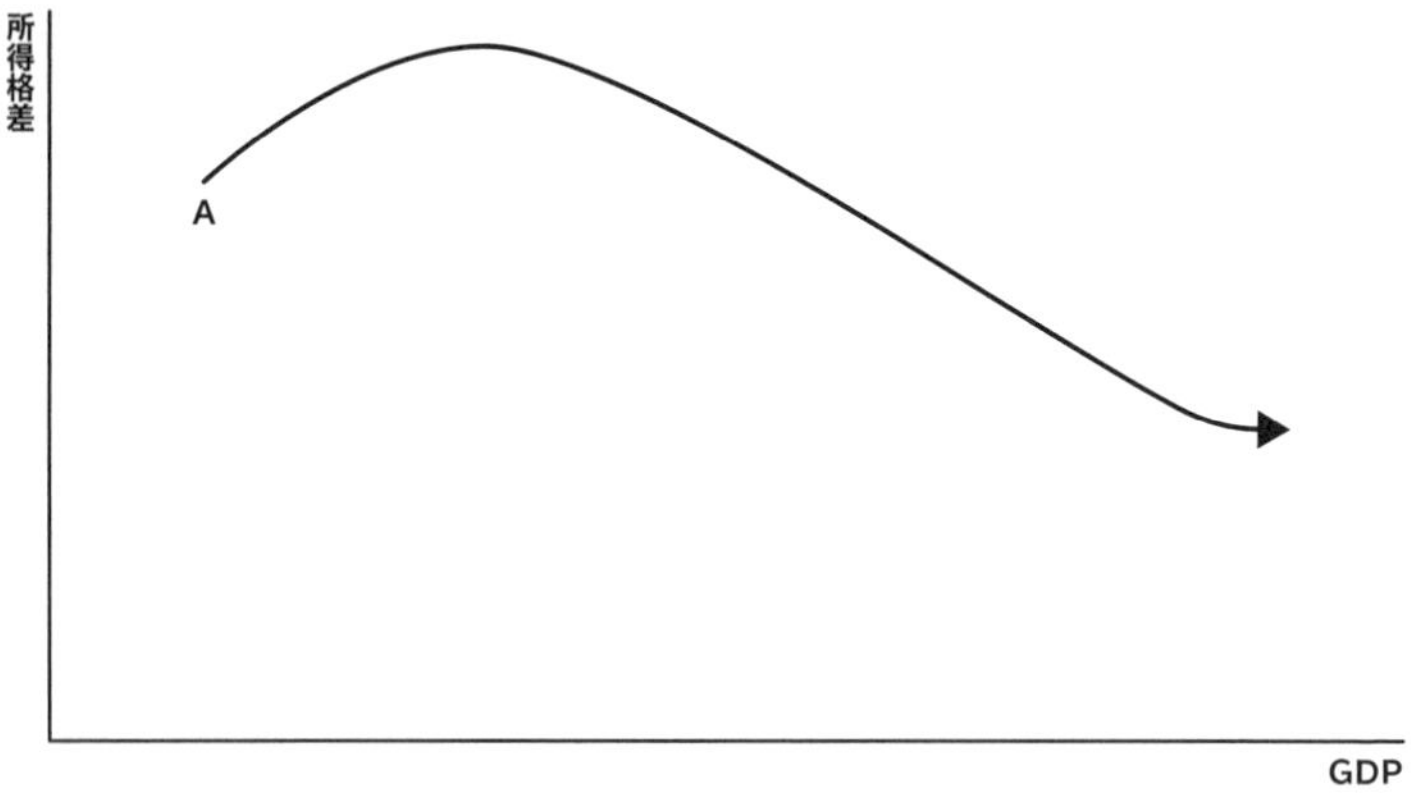

うことでしょうか。

たとえば、大金持ちに子供がいれば、先進国に子息を留学させて、先進の情報やスキルを身につけさせることができるでしょう。もちろん、自分の子息でなくても、政府が富裕層から税金を徴収して、それを広く薄く貧困層への再分配に回さずに、潜在的に有能なごく少数の若者を先進国に出す財源にすることもできます。これに対して、貧困層への再分配に広く薄く税金を投入すれば、みんなが等しく貧しいままで、エリートの育成がうまくいかなくなります。貧しい初期時点から発展するには、多少格差が拡大しても、ごく少数の有能なエリート（もちろん貧困層の出身者でも）を支援し、彼らの能力を伸ばすことで、社会全体にプラスの波及効果をもたらすのが賢いやり方です。

このような格差と経済との関係を時間とともに描いたのが、クズネッツ仮説の図3－5です。横軸は1人当たりGDPを、縦軸は格差の程度を表していいます。経済発展の初期段階では１人当たりのＧＤＰも低く、貧富の格差は大きくなります。図３－５では左のＡ点になります。そこから発展するにはＧＤＰを増加させる必要がありますが、そのためにはある程度の格差の拡大を許容することも必要になります。つまり、右上がりの曲線です。この段階ではあまり再分配政策を実施しないのです。

その後、ＧＤＰがある水準を超えると、再分配に回す財源も確保できるので、貧困層への再分配政策を実施して、格差を縮小させます。そうなれば、多くの中流層が誕生します。彼らは勤労意欲も高く、スキルを蓄積する努力をするので、経済はますます活性化します。格差縮小と経済発展が両立する好循環が生まれて、曲線は右下がりとなります。このように、長い目で見ると、山形の非線形の図が描けます。

明治時代と高度経済成長に見るクズネッツ仮説

クズネッツ仮説を過去の日本で説明することができます。明治時代、我が国では格差是正を進めるより先に、一部のエリートを欧米に派遣して、先進知識を吸収させました。少数のエリートが海外で吸収してきた先進知識を日本の一部の地域に文明開化の模範例として導入できたことで、明治以降の日本経済は活性化。その後は優れた中高等教育を全国に展開できるようになり、有能な人材を数多く発掘できるようになったのです。しかし、もし当時に再分配を広く薄く実施していたら、国民全体がそこそこ貧しく、エリートを外国に派遣する資金的な余裕はなかったでしょう。

また、インフラ整備による経済発展でも、同様の議論が成立します。戦後の高度成長期での1960年代前半は、東京と大阪の間に高速道路や新幹線を開通させるなど、大都市部のインフラ整備が中心でした。その過程で都市部と地方との経済格差は拡大しましたが、こうしたインフラの経済波及効果が大きく、高度成長を実現したことで日本経済全体のパイ（＝GDP）を増加させることができました。その後、高度成長で実現した税収増を使って、地方へのインフラ整備や地方への所得再分配も進展したのです。

1960年代の最初から全国均等にあまねくインフラを整備しようとしていたら、都市部でインフラ整備が遅れたことで、日本経済全体の成長にもマイナスだったでしょう。その場合は、地方への整備財源も不足したはずなので、地方にとっても損な政策でした。

民主主義の成熟は低所得者の政治的発言力を高める

クズネッツ仮説は、経済の発展途上で再分配しないことがポイントです。一方で経済が発展すると、民主主義は成熟してきます。発展の初期段階では、多くの国において選挙で投票できる権利（＝参政権）は地主など一部の高額納税層に限られます。多くの国民は参政権という政治的発言権を持てませんでした。その後、成人男性全体に参政権が拡大されましたが、それでも女性の参政権は認められるのが遅れました。これは、政治・経済的に女性の地位が低く見られていた結果です。しかし、20世紀に入って民主主義が成熟し、女性の政治・経済的地位が向上するにつれて、女性の参政権も認められ、今日の普通選挙が実現しました。

日本で初めての選挙が実施されたのは、１８９０年の衆議院議員選挙です。参政権は国税を15円以上納めている満25才以上の男性に限られていたので、全人口の１％の人しか投票できませんでした。そして、１９２５年に25才以上のすべての男性に参政権が与えられ、１９４５年に満20才以上の男女すべての日本国民が参政権を持つようになりました。

普通選挙では、相対的に数の多い低所得者が政治的発言力を持つので、再分配政策が重要な政治的課題となります。また、女性は身近な経済環境の改善を望み、社会保障給付などの再分配政策に男性よりも関心が高いです。したがって、経済の初期段階では再分配の程度は少ないですが、低所得者や女性が政治的発言力を持つとともに、格差是正を求める政治的圧力も増し、再分配の程度も大きくなります。クズネッツ仮説の背後には民主主義の進展があります。

注目されるベーシックインカムは理想的な社会保障？

再分配政策のひとつにベーシックインカム（ＢＩ）があります。コロナ禍を機に注目される機会が増えたので、耳にしたことがある方も多いかもしれません。

ＢＩは、憲法第25条にあるように、すべての人に最低限の健康で文化的な生活をするための所得を給付するものです。『ベーシック・インカム：国家は貧困問題を解決できるか』（原田 泰、中央公論新社）では、このＢＩが貧困問題に関する憲法の精神を実現する上で最も効率的であり、かつ、財政支出を減らすことができると主張します。BIには巨額の財政支出を伴うという懸念がありますが、原田案は以下の通りです。

すなわち、基本的にすべての人の年間所得を「自分の所得×0・7＋BI84万」とします。所得のない人は一律84万円の基礎所得を給付します。所得があれば、その所得の3割を徴収します。所得が280万円で差し引きゼロとなり、それ以上の所得があれば、その超過分の3割分だけ納税します。子供には一律36万円を支給します。その代わりに、配偶者や子供の扶養控除、基礎控除などすべての控除を廃止します。基礎年金も廃止し、厚生年金は独立採算制の年金に置き換えます。生活保護などすべての社会保障政策もBIに代替します。そうすると、BIの給付に必要な総額96・3兆円＋現行所得税収13・8兆円のお金は、30％の税率で得られる税収77・3兆円と廃止できる社会保障関連費用35・8兆円で財政的に実現できるという試算です。

この案は1つの試算で、同様にベーシックインカムを支持する議論も多くあります。単純で明快なBIは、現行の社会保障政策の恣意性《しいせい》や非効率性を克服する手段として、1つの理想像を示しています。ただし、所得は経済力をもっとも的確に反映する指標ですが、政府が認定している課税所得を真の経済状態の指標として利用するには限界があります。課税所得は収入マイナス経費で定義されますが、収入がきちんと把握できても、経費の算定は難しいからです。なかでも、自営業者や個人事業者の場合、仕事に必要な経費なのか、生活費なのかの算定が曖昧です。

たとえば、車のガソリン代金には仕事としての利用とレジャーや買い物など生活費としての利用の両方があり得ます。税務署がその内訳を正しく把握するには無理があります。経費の算定に恣意性が残ると、課税所得も真の所得とは乖離するでしょう。また、安定的な所得と変動する所得を同じとみなせるかも疑問ですし、資産所得の捕捉・算定にも限界があります。

そもそも、マイナンバー制度などが十分に機能していない現状では、国民の正確な所得・資産情報を政府が把握できないので、誰が弱者かを特定するのは難しいのも問題です。生活保護をもらうべき人が漏れたり、もらうべきでない人がもらったりする弊害もあります。

ＢＩのように広く薄くばらまくと、課税所得が少なくても資産や真の所得が多い（＝弱者でない）人にも給付することになるので、政策の効果が弱くなります。また、ＢＩでは、給付が権利となるので、給付水準の引き上げを求める政治的圧力は強まります。さらに、現行の社会保障給付をＢＩに代替させるには、相当の調整コストを要するでしょう。ですから、弱者に給付対象を限定する方が財政的により効果的と考えられます。

「4」

5つの視点から再分配の限界を考える

国民の納得感が持続的な再分配のために必要

再分配の理念には2つの動機があります。1つは政府や有権者の多くが他人（特に、弱者）を思いやるという利他的、慈悲的動機。もう1つは、支配者や富裕層にとって弱者をいじめすぎると革命などで失脚しかねないので、弱者にもそれなりの持続可能な生活をしてもらうという利己的動機です。

いずれの動機にしても、再分配が効果を発揮するには、再分配政策による経済環境の改善が続くという持続性が重要です。1回限りのばらまきでは、弱者の改善も限定的であり、格差是正に有効な効果は長続きしません。利他的動機であっても、その元にある公平性の基準は本来微妙な概念であり、どの程度貧困者に配慮すべきかについて、国民や政治家の間でもいろんな考え方があります。国民の間で一致した公平性の価値判断を安定的に共有するのは難しいでしょう。

再分配には、経済活動をする前の「機会の平等」か、経済活動をした後での事後の「結果の平等」か、という論点も重要です。たとえば、事前に働ける機会を平等に与えることが重要であって、それを各人がどこまで利用するかは本人の自覚次第だと考えると、働いた後で所得格差があったとしても、それは自己責任の結果であり、それを是正する必要はないという議論もあります。一方で、実際に実現する事後の所得格差が大きければ、それを是正するのも重要だという議論もあるでしょう。

再分配には財源が必要なので、充実させるには納税者は重い税負担が避けられません。政府や政治の信頼が高いと、富裕層など税金を負担する納税者は、重い税負担でも社会全体として財源が有効に活用されていると納得できるので、再分配政策は持続可能になります。が、そうでないと、納税者は受益と負担の乖離を大きく感じ、見返りの乏しい税負担の重みに抵抗します。

政府や政治の信頼性は、徴税や受給の対象（真の弱者の抽出）が効率的で公平に把握できているのかどうかに関わってきます。徴税制度が効率的であれば、低い税率で多くの税収を確保でき、それを給付に充てることができます。しかし、徴税制度が非効率であれば、高い税率を狭い範囲の納税者（＝ごく少数の富裕層）に課すことになります。そうした納税者の負担感は急増するため、彼らの政治的抵抗も強くなり、脱税や節税が横行し、あまり税収を確保できません。

こうした効率性の程度は官僚や政治家の働きぶりの評価（＝信頼性）に直結するので、再分配政策が成功する試金石になります。この点で見ると、福祉国家の先進国である北欧諸国は、政府への信頼性も高いので、経済的な負荷をあまり掛けることなく重い再分配を実現できています。しかし、日本では政府や政治家への信頼性が低いため、たとえ北欧型の福祉国家が理想だとしても、そう簡単にはそうした福祉国家を実現できません。

再分配政策をうまく機能させるための5つの視点

では、具体的に再分配政策をうまく機能させるにはどうすればよいのでしょうか。そのためには、経済制約を考慮する必要があります。以下で示す5点は、公的な再分配＝格差是正が有効かを決める上で重要です。

ア．信頼性

政府が再分配政策にどの程度真剣に取り組んでいるのか、あるいは、国民一般がどの程度政府をそう見ているのかは、再分配政策の有効性を評価する上で重要な論点です。

2020年にコロナ対策で国民全員を対象とする10万円定額給付金が実施されました。この配分では、マイナンバーとの紐付けが十分でなかったため、多くの自治体で事務処理に混乱が見られました。また個人事業主を対象とした持続化給付金では、申請要件のチェックがずさんで、不正受給が多発。こうした混乱や不祥事に見られるように、再分配政策の事務処理がいい加減で非効率・不公平だと、政府や政治への信頼性も減退します。

どんな経済政策でも同様ですが、政府が再分配政策で成功するには、その政策への信頼性が不可欠です。政府の政策を信頼できてはじめて、国民はその政策に従うので、政策の効果も期待できます。再分配政策はその対象者が多く、真の弱者の特定もやっかいなので、特にこの点が重要となります。

ですから、政府がもっともらしい再分配政策を実施していると納税者が納得していれば、そのための税金を負担することにも応じやすくなります。特に、給付対象者が的確に特定され、「真の」弱者に必要な給付が実施されている状況を国民が納得すれば、そうした政策は支持され、持続可能性も高まります。逆に、せっかく自分が納税しても、その税金が浪費されたり、真の弱者でない人に給付されたりすると納税者が思っていれば、そうした再分配政策への政治的支持は弱くなり、納税者も税負担に抵抗するでしょう。

我が国で消費税率の引き上げに多くの国民が否定的なのも、税収がきちんと使われていないという不信感があるからです。増税よりも先に、まずは政治家の歳費を削減したり、議員定数を減らしたりすべきと多くの国民が考えているのは、政治家への信頼感が欠如しているからでしょう。マイナンバーで国民すべての所得と資産を政府が捕捉できれば、真の弱者への再分配も可能となりますが、政府への信頼がないと、プライバシー保護への懸念からマイナンバーの普及自体が進まないというジレンマに陥ります。

イ．公助と共助、自助

再分配政策とは公的な補助＝「公助」です。これが拡充すると、先述したように民間もこれに期待して、同様に弱者を助ける効果を持つ私的な補助（＝寄付、ＮＰＯ団体によるボランティア活動）や町内会など近隣住民での助け合い＝「共助」の活動が減退するかもしれません。公的な再分配を拡充すれば、それと同様の効果がある民間の援助は少なくなるでしょう。たとえば、恵まれない人への公的支援が増えれば、同じように恵まれない人を支える民間慈善団体への寄付が減るでしょう。全体としての再分配効果も少しは減殺されます。

さらに、弱者自身も公的補助が増えれば、自らの自助努力が減るかもしれません。たとえば、我が国の生活保護制度では、生活保護を受ける場合、生活保護費は受給者の生活に必要な金額で決まっているので、受給者が自前で稼いでいれば、その額だけ保護金額が差し引かれます。再分配政策がなければそれなりの所得を稼いで自立できていた人が、再分配政策を当てにしてあまり自分で稼がずに、弱者として給付をもらうことを選択するようになるでしょう。その結果、再分配政策の目的である自立を支援する効果は、受給者の行動によって相殺されます。

一方で累進制の強い所得税などで、かなり大規模な再分配政策が実施されるとき、税金を負担する納税者は努力して多くの所得を稼いでも、そのうちの多くが税金として徴収されるので、あまり努力をしなくなります。補助金を受ける受給者も、給付金を期待して、所得を稼ごうとしなくなります。努力すれば多くの所得を稼げる能力のある（潜在的な）高額所得者と、受給対象になりやすい低額所得者ほど、そうした傾向が強くなります。

こうした公助が共助や自助を押しのける効果（＝クラウディング・アウト効果と呼ばれる）は、再分配政策の有効性にも関係します。公助が共助と同じ内容であれば、押しのけ効果も強くなります。ですから、政府の再分配政策は公助しかできない援助に特化し、民間でもできる支援はなるべく民間の共助に任せるなど、官と民の得意分野で棲み分ける役割分担が重要です。

column

クラウディング・アウトの数値例

クラウディング・アウトは、政府の支援を見越して、そうでない場合よりもより少ない労働時間（自分で稼ぐのをやめる）、より少ない教育投資（自分でスキル蓄積の努力をするのをやめる）、そして、より多い子供への遺産（自分の子供に所得・資産を移転することで自分が低所得者になって税負担を免れようとする）というように、様々な形をとります。

所得の高いH氏と低いL氏の2人がいるとしましょう。再分配政策がなければ、Aは160の所得を稼ぎ、Bは40の所得を稼いでいるとします。ここでAからBへ30の所得を再分配する政策を政府が実施するとしましょう。この再分配政策をA、Bともに予想していなければ、再分配後の所得はAが130、Bが70となります。しかし、再分配政策を前もってA、Bともに予想していれば、無理して働かなくても良いと考えて、当初所得が減少します。たとえば、Aの所得は100に、また、Bの所得は10に減少するかもしれません。

このケースでは再分配後の所得はAが70に、Bが40になります。事後的なデータは（Aの当初所得100、Bの当初所得10）と（Aの再分配所得70、Bの再分配所得40）ですから、両方のケースを比較して、相対的な所得比が100／10＝10から70／40＝1・75に低下しているので、格差是正効果は大きいように見えます。

しかし、本来比較すべきは、再分配政策がないときの当初所得と再分配政策後の所得です。再分配政策がない場合の当初所得はA＝160、B＝40ですので、相対所得比は160／40＝4から1・75へ低下したにすぎません。したがって、10から1・75の低下を格差是正効果とみなすと、これは格差是正効果を過大に推計することになります。

たとえば、再分配政策によってどれだけ所得格差が改善されるかを検証する場合、再分配政策前の所得（税負担や社会保障給付を考慮しない所得）と再分配政策実施後の所得（税負担や社会保障給付を考慮した所得）を単純に比較して、再分配政策によって相当規模の格差是正効果があるとみなすのは、正しくありません。再分配政策前の所得自体が再分配政策の存在で影響されるので、実際の格差是正効果は表面的な効果よりも小さくなります。

ウ．期待形成

人々の行動パターンは期待形成とも関係しています。たとえば、人々は短期的視点でその日暮らしを最優先して行動しているか、あるいはより長期的視点で将来のこともきちんと考慮して合理的に行動しているか、2つのタイプがあります。

人々が将来のことを真剣に考えて行動をしているのかどうかは、再分配政策の有効性にとって重要です。将来を見越した生活設計ができないと、たとえ幸運に恵まれて多額の所得があったとしても、それをすぐに散財してしまうので、将来は惨めな経済状態になります。その結果、貧困者となった将来は再分配政策の受給者になりやすく、政府による再分配政策の助けも必要になります。

給付期間がずるずる続くと期待する人々も、自分の生活習慣を変えようとしないで、政府の補助に安住してしまいます。職業訓練や教育投資の形でスキルを磨くなどの自助努力は短期的には成果が見えません。したがって、短期の損得しか考えないと、長期的メリットが大きいときでも、短期的には自助努力に消極的になりやすいのです。では、どうすればよいのでしょうか。

将来大きなリターンがあることを実感できない人が自助努力でスキルを蓄積させるように仕向けるには、政府の給付に期限を設定して、長期的視点で行動させることが有効です。再分配政策では期限を設定することが、給付対象者の自助努力を引き出す上で重要というわけです。

たとえば、わが国の雇用保険の受給期間は原則1年間です。生活保護に期限はありませんが、それ以外の給付には期限付きのものが多いです。雇用保険制度に見られるように、期間を切って給付することがやる気を喚起します。ただ、政治的に考えると、期限付きという原則が事後的に維持されるかどうかは、不透明です。もし、現実に経済状態の悪いままの人が存在するときに、それでもその人の社会保障給付を打ち切るのは、政治の世界では困難になるからです。そうであれば、事後的に社会的弱者にある人は、すべて救済対象にせざるを得ません。

こうした対応は事後的にはやむを得ないかもしれませんが、弊害もあります。なぜなら、それを見越して、本来就職や求職活動をすればそれなりの職に就けていた人でも、失業保険給付を受け続けようとするかもしれないからです。生活保護でも同様の問題があります。いったん受給が認められると、なかなかそこから抜け出せません。

さらに、再分配政策は給付金の一括的な支給でなく、給付の条件としてスキルの蓄積を義務づける（職業訓練、各種学校などでの技能習得、企業に入ってインターンシップでの実地学習など）紐付き支給がポイントです。政府は金を出す際に、口を出すことで給付期間内に長期的な視点で生活スタイルを改善させる必要があります。

なお、政府の再分配政策を人々が予想しているのかどうかも論点です。受給者が再分配政策を予想していれば、給付に期待する度合いが強くなるので、前述のクラウディング・アウト効果も大きくなります。逆に、政府の再分配政策に無関心であれば、自助努力をせざるを得ないので、クラウディング・アウト効果はありません。

もちろん、政府の給付があることで、弱者が困窮な経済状態から抜け出せる希望を持てることも大切です。厳しい経済状況に絶望して、自暴自棄になると、人生そのものが破綻します。ですから再分配政策に対する適切な情報を提供することも重要となります。

エ．情報の非対称性

公平性の観点から、真の弱者に対してある程度の支援が重要なことは誰もが賛同するでしょう。が、誰が真の社会的弱者なのか、本人以外は容易にわかりません。社会保障給付を充実させようとすると、本来の弱者でない人に不必要な給付が行われるかもしれません。一方で、社会保障給付を今よりスリム化しようとすると、真の弱者に対する救済がおろそかになるかもしれません。弱者や富裕者について正しい情報を政府が把握できるかどうかは、公平で効率的な再分配を実施するための試金石です。

現実には、我が国の政府は人々の経済力を判定できる情報を正しく持っているわけではありません。本人は自分の経済力をわかっていますが、政府は所得や資産の正確な情報がわからないという意味で、

「情報の非対称性」があります。

２０２０年のコロナ危機の際に、弱者の世帯に30万円を給付する案が政府で決まりかけましたが、それでは弱者の定義が曖昧で不公平だと多くの国民が反対し、結局、全国民への10万円給付に変更されました。これは弱者の正しい情報を政府が把握し切れていないことからくる混乱だったといえます。

この問題を克服するには、政府は客観的な情報で各個人の経済力（資産や所得状態）を包括的に把握する必要があります。たとえば、全国民に付与されているマイナンバーカードを納税者番号や社会保障番号、健康保険証と包括的に連動して用います。こうすることで、所得獲得、資産蓄積、保険料納付、年金や医療、生活保護などの給付実態、それぞれの履歴を一括して管理することができます。そうした総合的な個人情報を一元的に政府が持っていれば、誰がどの程度生活に困窮しているのか、あるいは、弱者を支える家族や地域社会のネットワークがどの程度あるのかを、客観的に判定できます。コロナ危機でも、どの程度経済的に困窮したかが客観的にかつ迅速に把握できていると、対象を絞った手厚く手早い給付も可能になるでしょう。

また、社会保障制度でも、「情報の非対称性」は問題です。少子高齢化社会が今後も進行すると、支える側の勤労世代の人口が減少する一方で、支えられる側の高齢世代の人口は増加します。したがって、勤労世代が高齢世代を支える現行の賦課《ふか》方式の公的年金や医療保険制度は、長期的に維持できなくなります。現状では、保険料や給付水準、あるいは給付対象などについて、何度も制度の微調整が行われています。しかし、制度が複雑になり不透明感も増すので、若い世代が将来を見越した人生設計を立てにくくなります。

この懸念を回避するには、個人ベースで受益と負担のリンクが見えて、制度の骨幹が長期的に維持可能になるような透明性の高い制度を確立することが求められます。財源を負担する勤労世代の人にとって、将来高齢になって社会保障の受給世代になる場合、過去の自分の負担額と比較が可能になるので、生涯を通じて受益と負担のリンクを感じることも可能になります。

column

主要国における納税者番号制度の概要

北欧諸国では納税者番号制度が完備されており、政府は全国民の所得や資産の情報を把握できています。たとえば、ドイツでは２００９年から納税者番号制度が導入されています。すべての納税者を11ケタの数字で管理し、毎年の所得と税額をデータベース化する仕組みで、税務処理を簡素化するとともに所得把握を円滑にすることを目的としています。これに対して、我が国のマイナンバーカードでは、所得や資産の捕捉が不十分です。表３‐２は諸外国での納税者番号制度の概要を示しています。多くの国（特に欧米諸国）で１９７０年代までにこうした番号制度が導入されています。

表３‐３は主要国における法定資料制度（所得税法や相続税法上など、税務当局に提出することが義務付けられている資料）の概要を示しています。こうした資料はお金のやりとりを税務当局が

表3-2　主要国における納税者番号制度の概要

国名	番号の種類	適用業務	付番者(数)	人口(1998年現在)	付番維持管理機関	付番の根拠法	実施年
アメリカ	社会保障番号(9桁)	税務、社会保険、年金等	約3億8,100万人(累積数)(1997年現在)	2億7,056万人	社会保障庁	社会保障法	1962年
カナダ	社会保険番号(9桁)	税務、失業保険、年金等	約3,153万人(累積数)(1997年現在)	3,030万人	人的資源開発省	失業保険法	1967年
デンマーク	統一コード(10桁)	税務、年金、住民管理、諸統計、教育等	全住民	530万人	内務省中央個人登録局	個人登録に関する法律	1968年
スウェーデン	統一コード(10桁)	税務、社会保険、住民管理、諸統計、教育等	全住民	885万人	国税庁	人口登録制度に関する勅令・政令	1968年
ノルウェー	統一コード(11桁)	税務、社会保険、諸統計、教育、選挙等	全住民	443万人	登録庁	人口登録制度に関する法律	1970年
韓国	住民登録番号(13桁)	税務、社会保障、旅券の発給等	全住民	4,643万人	内務部	住民登録法	1993年
シンガポール	統一コード(1文字8数字)	税務、年金、車両登録等	全住民	387万人	内務省国家登録局	国家登録法	1995年
イタリア	統一コード(文字及び数字の組合せ)	税務、諸許認可等	約5,000万人(1997年現在)	5,852万人	財政省	納税者登録及び納税義務者の納税番号に関する大統領令	1977年
オーストラリア	統一コード(9桁)	税務、所得保障等	約1,250万人(1996年現在)	1,875万人	国税庁	1988年度税制改正法	1989年

出所：内閣府ウェブサイト「わが国税制の現状と課題 －21世紀に向けた国民の参加と選択－」(資料2)主要国における納税者番号制度の概要(未定稿)

把握する際に用いられます。日本も多くの書類が法定資料となっていますが、一元的管理という点ではまだ十分ではありません。ただし、個人情報を保護する立場からは、政府が個人情報を持ちすぎると、悪用される危険性を心配する声もあります。この点は政府や政治家の信頼性の問題でもあるでしょう。

受給者の生活の細々した点までモニタリング（監視）することは、プライバシーの観点から懸念を感じる人も多いでしょう。当然、人権には配慮する必要があります。しかし、給付を受ける受給者がどのように経済生活をしているのかも、きちんと把握できることは望ましいです。政府から給付を受けている以上、その使い方に一定の制限があるのはやむを得ません。無駄に給付金を使っていないかどうか、将来のスキルの蓄積に役立つ形で使われているのかどうか、定期的にチェックするとともに、将来に役

表3-3　主要国における法定資料制度の概要（個人）

（2021年1月現在）

		日本	アメリカ	イギリス	フランス
フロー	金融所得				
	・利子	×（注3）（源泉分離課税）	○	○	○
	・配当	○	○	○	○
	・株式譲渡	○（注4）	○	○	○
	事業所得	×	×	×	×
	給与所得	○	○	○	○
	不動産譲渡	○	○	○	○
	国内送金、預金の入出金	×	○	○	×
	海外送金	○	○	○	×（但し、記録保存義務あり）
ストック	金融資産（注1）				
	・預貯金口座開設	×	×	×	○
	・株式保有	○（注5）	×	×	×
	不動産	○（注5）	×	×	×
	貴金属	○（注5）	×	×	×
	海外資産（注2）	○	○	○	○

（備考）1.「法定資料」とは、基本的には金銭等の支払を行う第三者が取引の内容・支払金額等を記載して、税務当局に提出することが義務付けられている資料をいう。

2.上記資料情報の有無は、主なものについて記載しており、一定の提出省略基準があることに留意。

3.ドイツにおいては、番号制度（税務番号）が 2009 年から導入されており、税務目的に利用されているところ。給与や年金等の基本的な事項に関する報告義務以外に法定資料類似の制度はないが、情報収集を補完する制度として、関係者及びその他の者の情報提供義務、公的機関による情報開示に関する一般的義務がある。また、マネーロンダリング法及び租税通則法上、預貯金口座開設及び株式保有に関し、記録保存義務がある。

（注）1.ストックの金融資産については、基本的にマネロン対策のための法律に基づき、口座開設時に本人確認及び同記録保存義務が金融機関に課されており、その情報を税務当局も利用することができる。また、各国とも、口座残高情報については法定資料の対象外。

2.海外資産に関する資料は原則として納税者本人が提出。日本においては合計５千万円超の国外財産を有する者（国外財産調書制度）、アメリカにおいては一定金額以上の外国金融口座を有する者、フランスにおいては外国金融口座・外国生命保険契約を有する者が対象。

3.平成 28 年１月１日以後に支払うべき特定公社債等の利子等については、利子等の支払調書等の提出を要する。

4.平成 28 年１月１日以後に支払うべき特定公社債等の譲渡の対価等については、株式等の譲渡の対価等と同様に支払調書等の提出を要する。

5.日本においては、平成 28 年１月以降、提出基準（「所得 2,000 万円超」かつ「総資産３億円以上または有価証券等１億円以上」）に該当する者は、保有する財産・債務の明細を時価で記載した「財産債務調書」を提出する必要。

6.イギリスにおいては、法定資料の提出義務者は、税務当局の求めに応じて、法定資料を提出しなければならない。

出所：財務省ウェブサイト「主要国における法定資料制度の概要（個人）」

立つ使い方をすれば、受給者当人にもメリットが感じられる誘因設計を工夫することが有益でしょう。

オ．信認

給付を受けることを「恥」とする文化・社会慣習があると、真の弱者もなかなか給付を受けようとしません。再分配の規模が過小となって、小さすぎる政府になりやすくなります。これに対して、政府から何でももらうことを是とする文化・社会的慣習のある地域、国では、給付は当然の「権利」であるとみなされ、過度な給付が蔓延して、再分配の規模が大きすぎる政府になりやすくなります。つまり、当該再分配政策をその社会、特に、その地域が信認しているのかどうかという社会規範のあり方が重要になります。

「恥の文化」と「権利の文化」では給付の実態も異なるでしょう。誰が本当の弱者か政府がわからない場合、給付申請者が相当多い「権利の文化」の地域では、弱者でない（給付すべきでない）人にも給付が行われます。逆に、給付申請が相当少ない「恥の文化」の地域では、弱者の人の中でも給付を申請しない人が出てくるため、給付が過小となります。特に、給付を受けていることが他人にもわかる給付制度であれば、余計に他人の目が気になります。

日本の場合、北陸3県では人口比で生活保護世帯の割合が小さく、北海道や大阪、福岡などでは逆に生活保護世帯の割合が大きくなっています。これは、それぞれの地域での経済環境や年齢構成などの相違も影響していますが、生活保護に対する地域での社会的規範の相違も関係しているでしょう。

こうした信認の問題点を改善するために、客観的基準で弱者の経済力の判定を地方政府が行える体制を構築すべきです。また、申請基準を透明化して、行政の裁量で給付対象が左右されにくく設計することも重要です。

マイナス効果を織り込んでも、ある程度は効果がある

ここまで議論したように、経済的な制約を考えると、再分配政策には限界があることがわかるでしょう。このように、再分配政策による弊害（自助努力を阻害したり、本人の本来稼げる所得を減少させたりするクラウディング・アウト効果など）は無視できません。けれども、そうしたマイナス効果が100％もあって、完全に政府の効果を相殺するほど大きいともいえません。マイナス効果を織り込んでも、再分配政策はある程度は効果があるのです。

情報の非対称性、信頼性、クラウディング・アウト効果、コミットメントなどの経済的制約のために、再分配政策の有効性は額面よりも小さくなるとしても、累進的な税制や社会保障政策などの再分配政策は、弱者救済、格差是正に有効というわけです。たとえば、受給者の中には、雇用先を探す求職行動やスキルを蓄積する職業訓練、教育投資など何らかの自助努力を行っている人も多いでしょう。給付を受けることが恥であるとみなす人やそういう文化・風土の地域では、特に、過小給付のデメリットには留意すべきです。

ただし、政府への信頼感が欠如したり、政治が非効率に運営されていたりすると、こうした弊害は大

きくなります。格差是正するのが非効率で、大きすぎる政府になってしまうと、納税者の負担も過大になります。ですから効率的で公平な再分配政策が実施できそうにないときは、あまり大きな政府は望ましくありません。逆に、こうした制約、問題点が少ないのであれば、ある程度大きな政府でしっかりとした格差支援も是認されます。その意味で、政治的要因に留意することは再分配政策のあり方にとって重要です。

このように、格差是正政策の有効性は民間の人々の行動や、再分配政策のやり方や仕組みという経済的要因に加えて、政府に対する信頼性など政治的要因にも依存することがわかります。したがって、再分配政策は法律を制定して、法律上で対象者を明確に規定して、その対象者に給付を実施すれば「それで良し」と単純に考えることはできません。上述の諸制約がもたらす政治・経済的要因を無視して再分配政策を実施すれば、想定していた効果が期待できずに、大きな弊害（コスト）を伴います。

「5」

既得権を見直して格差是正するには

強固な既得権が再分配政策を拡大させる

ここまで再分配政策のあり方を考えてきました。以下では、再分配政策を見直す際の政治的障害となる既得権について考えてみましょう。政治的に考えると、いったん採用された再分配政策は既得権化しやすく、見直し（特に給付を削減したり、廃止したりする制度改革）はなかなか困難です。

再分配政策は、税金の徴収と補助金の給付から成り立つものです。税金は多くの納税者が負担します。一方で、補助金は弱者など特定の対象に限定されますが、1人当たりではそれなりの額が給付されます。そのため、補助金の給付を受ける人はその補助金に大きく依存している場合が多いです。

補助金が削減されると、受給者は既得権が侵されたと感じ、死活問題と考えます。したがって、補助金（たとえば、年金給付額や生活保護費など）の削減に強く抵抗します。一方で税金の支払っている多くの納税者は、特定の再分配政策に関する限り、1人当たりでの負担感はあまりありません。もちろん、増税には多くの国民が反対しますが、その使い道について納税者はあまり関心がないのが現実です。その結果、政治的に見ると受給者の既得権を削減するのは困難であり、むしろ政治的には再分配政策の規模は拡大しやすくなります。

各利益団体は自らの懐を痛めることを避ける

では既得権の見直しは無理なのでしょうか。補助金の受給に関わる各利益団体は、自らの利益となる補助金や税制上の優遇措置、自らのみの便益となる特定の公共事業など、差別的な利益を求めてさまざまなロビー活動を行っています。したがって、既得権の見直しが成功するかどうかは、各利益団体がどの程度それぞれの固有の利益（＝既得権益）をあきらめて、政府に協力するかという問題でもあります。

それぞれの既得権の見直しは、当該関係団体にとっては利得の減少になるので、負担増になります。たとえば、政府（＝財政当局）は各利益団体（労働組合、農業団体、弁護士や医師会などの職業団体、業界団体、公益団体など、あるいはそうした利害を代表する各省庁の概算要求など）にどのように負担を配分するかに関しては非力であるとしましょう。利益団体も一般的な既得権の見直しという大義名分には合意していますが、具体的にどの既得権をどれだけ削減するかについては合意できません。いわば、「総論賛成、各論反対」の状態です。既得権の見直しにおいて、それぞれの利益団体にとってもっとも都合が良いのは、他の利益団体の既得権の整理縮小です。自らは懐を痛めることなく、既得権の見直しという大義名分を実現できるからです。しかし、これでは「総論賛成、各論反対」を各利益団体が唱えてはいるものの、具体的な既得権の見直しは進展しません。

その結果、政府与党は既得権の削減に消極的であり、財政当局も指導力を発揮できません。特に、連立政権では少数与党（＝日本の場合は公明党）がそれなりの政治的交渉力を持っているため、無駄な給付でもその見直しが実現しにくいです。与党内での少数政党は次の選挙の結果次第では与党に加われないかもしれないため、当面の選挙対策に熱心になります。往々にして、高齢者を意識したばらまき政策に偏りがちです。

国民・政治家の視野が短期化して問題を先送りに

受益と負担が乖離する再分配政策では、給付は政治的支持も得られやすいですが、負担は敬遠されがちになります。その結果、財政赤字が累増。この再分配政策の持続可能性が危うくなり、いずれは給付の効率化、無駄な給付の削減と負担の適正化、税や保険料の引き上げなど、見直しの改革が必要となります。ただ、実際にはこうした痛みを伴う再分配政策の改革は先送りされてしまいます。なぜでしょうか。その理由の1つは、有権者や政治家の視野が短期化することによります。

見直しを先延ばしにすれば、ますます問題が深刻化することがわかっている。そして、いずれは見直しを実施せざるを得ないこともわかっていながら、困難な処理をするのをいやがるために、見直しが先送りされてしまうのです。政策当局や国民にこのような非合理性があるのは、たしかでしょう。

人の脳の働きは医学の守備範囲でありますが、最近では経済学でも注目されるようになりました。人は感情と理性を持っています。たとえば、健康のために運動が良いことは、理性の上で理解できます。

ですから、将来（たとえば、1年後に）運動すべきかどうかを、今の時点で問われると、多くの人は運動すべきだと答えるでしょう。しかし、今日これから運動するかしないかという間近の選択の場合、運動しないで横になっている人が多いのも事実です。あるいは、1年後にTVで娯楽番組を見るべきか、教養番組を見るべきかという選択で後者を取る（理性的な）人が、今日のTVでは娯楽番組ばかり見ています（感情に甘える）。これは感情面からの判断が短期の選択で支配的であることを意味します。人は長期的に理性重視であっても、短期的には感情重視で行動しがちです。

再分配政策に対する政治的な反応にもこうした傾向が見られます。再分配政策の見直しには長い期間が経ってはじめて実現可能なメリットを実感できることが多いです。本来は、将来世代に過大なつけを回さないように、無駄な給付を削減して、対象と期間を限定した再分配政策に見直すべきでしょう。こうした見直しには、多くの国民が理性で判断をする必要があります。

ところが、政治の世界では、直近の選挙が最大の関心事なので、今日明日の損得にこだわってしまいます。今無理に給付の削減をしなくても良いのではないか。あるいは、財源の手当を後回しにして、社会保障給付の充実などを優先すべきであると、考え始めるのです。

直近の総選挙を意識した予算編成でも同様です。理性よりも感情を重視する政治家や有権者の声が大きくなります。その結果、選挙公約でも、現在の受給者の負担増となる給付削減は先送りされ、その分だけ将来世代の負担増に回されます。なかなか、抜本的な見直しは進みません。

このように、再分配政策の見直しが先送りされる理由の1つは、短期の意思決定で感情による判断が支配的になるからです。政治家にはこうした傾向が顕著です。見直しを先延ばしにすれば、問題が深刻化することがわかっていながら、そして、いずれは見直しを実施せざるを得ないこともわかっていながら、今から困難な処理をするのをいやがります。政治家や政策当局、ひいては現在の有権者にこのような懸案先送りの傾向があるのは、たしかでしょう。将来世代が現在の政治的イベント＝選挙に参加できない弊害でもあります。

さらに、見直ししないといずれは問題が解決しないことは認識していても、現在の経済環境が抜本的見直しするには適さないという甘い判断も働きます。これは、たとえば、容態が次第に悪化している患者が、危険のある手術をするかどうかの決定と似たところがあります。手術を遅らせるほど、患者が手術に成功する確率は小さくなりますが、手術にリスクが予想される場合は、患者はできるだけ手術を遅らせて、手術以外に回復の手段がないという段階（手術によるネットの便益が大きくなる段階）になってはじめて、その手術を受け入れます。

最後に、関係者の間で政治的な意思決定の疎通がうまくいかないために、再分配政策が実施されないこともあります。たとえば、政府の不祥事で弱者への給付がうまくいかなくなったことが強調される限り、有権者は感情的に政府や政治家、官僚への不信感を持つため、政策当局の提示する再分配政策を信用しません。

２０１９年には「公的年金だけでは老後の生活を維持できず、自助努力で２０００万円程度の準備が必要だ」という金融審議会での有識者のもっともらしい指摘が、政治的に評判が悪いとなると棚上げされ、財務大臣や与党政治家が火消しする事態となったのは記憶に新しいでしょう。

高齢化社会で年金給付も含めた社会保障財源確保のため、中長期的に消費税の増税が必要だという主張がもっともらしいとしても、それを政府与党が国民に説得することは難しいです。

政治家は短期的な損得勘定に流されず、見直しの長期的なメリット・デメリットを判断すべきですが、我が国の現状では期待薄です。有権者が将来世代のことも考慮して、賢い政治家を選出すべく政治に関心を持つことが重要です。

第3章のまとめ

高齢者の政治的発言力が強い高齢化社会では、高齢者への年金給付、医療サービス、介護保険サービスの維持拡充に多額の社会保障予算が配分されます。それと比較すると、若い世代の貧困対策に政治の手が伸びてきません。

政府や政治の信頼が高いと、重い税負担でも納税者は納得できるので、再分配政策は持続可能になります。したがって政府は客観的な情報で各個人の経済力（資産や所得状態）を包括的に把握すべきです。

格差是正政策の有効性は民間の人々の反応や再分配政策のやり方という経済的要因に加えて、政府に対する信頼性など政治的要因にも依存します。また、政治家は短期的な損得勘定に流されず、再分配政策の長期的メリットを重視すべきです。有権者も将来世代のことを考慮して、賢い政治家を選出すべく、政治に関心を持つことが望まれます。

4

第４章

財政政策を経済学で読む！

「1」

政治経済学における財政赤字の基本を知る

財政赤字の穴埋めに借金をすると将来世代の負担が増える

財政赤字とは、税収と歳出の差額です。本来であれば、政府の歳出はすべて税金で賄うのが予算の基本原則です。これは、家計が所得（=国の場合は税金）を消費（=国の場合は歳出）に使うときと同じ制約です。政府もない袖は振れません。ところが、公債を発行して借金をすると、さしあたっては、税収以上に歳出を増やすことができます。家計が借金をして収入以上に使うのと同じです。

ですから政府は財政赤字の穴埋めに公債を発行することで、歳出の財源（=税金）に不足が生じても、増税しないで予算編成ができます。その赤字を賄うために発行される公債は、将来に金利をつけて返済（=償還）します。将来時点で公債を返済するためには、増税するか歳出を減らすか、どちらかを選択するしかありません。つまり、財政赤字で公債を発行すると、現在必要とされる増税（あるいは歳出削減）という負担を将来に先送りすることになります。公債を返済する財源は将来世代への増税や歳出削減で賄われるので、将来世代はその分だけ負担が増えます。

もちろん、財政赤字で調達したお金で将来に有用な社会資本が整備されるなら、将来の人々にその恩恵が及びます。ですから財政赤字の使い道では、将来世代に配慮した使い方（＝通常は将来に有用な公共投資）が望ましいです。ただし、無駄な公共事業であれば、公共資本設備が活用されず、むしろその維持費用が将来の人々の重荷になります。

財源の不足を補うために借金をすると述べましたが、その借金には投資的目的と消費的目的がありま す。日本では１９６０年代に外国から資金を借りて、東海道新幹線を建設しました。めざましい経済成長を遂げている東アジア諸国でも、外国からの資金で社会インフラなどの公共資本ストックを蓄積しています。投資目的の財源調達で財政赤字が発生するのは、その投資が有益であり、将来きちんと返済できる見通しがあり、かつ、現在、他に財源がないときには、むしろ望ましいです。こうした考え方に立って、我が国でも公共事業のための借金（＝建設公債の発行）は法律で認められています。

他方で、経常的目的の借金（＝赤字公債の発行）は禁止されています。すなわち、我が国では財政法によって、公債発行に制限があります。公共投資の財源となる建設公債は発行できますが、経常的経費の財源のために赤字公債の発行は認められていません。「建設公債原則」です。実際には、毎年特例法を成立させるという「脱法行為」で赤字公債も発行していますが、背に腹は代えられないという事情です。もちろん、消費的目的のための借金であっても、将来それを返済するだけの経済成長が見込めるのであれば、無理に全額を税収で調達する必要はありません。なお、地方自治体が発行する地方債についても、総務省の制限があります。

ここで考えたいのは、財政法などで財政運営の自由度を縛っているのはナンセンスなのかという点です。政府の行動や目的には政治的バイアスという弊害があります。すなわち、政治家は不人気な増税や歳出削減をいやがり、過度に財政赤字（＝公債発行）に頼りすぎる懸念があります。そうなれば、悪い財政赤字が累増して、歳出は拡大する一方で、増税は先送りになります。

column

建設国債と特例国債

財政法第４条第１項は、「国の歳出は原則として国債又は借入金以外の歳入をもって賄うこと」と規定しています。一方で、ただし書きにより、公共事業費、出資金及び貸付金の財源については、例外的に国債発行又は借入金により調達することを認めています。この財政法第４条第１項ただし書きに基づいて発行される国債は、「建設国債」と呼ばれます。

建設国債を発行しても、なお歳入が不足すると見込まれる場合には、政府は公共事業費以外の歳出に充てる資金を調達することを目的として、特別の法律（２０２１年度予算を例に取れば、「財政運営に必要な財源の確保を図るための公債の発行の特例に関する法律」）によって国債を発行できます。これらの国債は「特例国債」と呼ばれますが、その性質から「赤字国債」と呼ばれることもあります。特例国債は、建設国債と同様に国会の議決を経た金額の範囲内で発行できることとされ、一般会計予算総則にその発行限度額が計上されています。

借金の基本は必要なときに必要な額の借金をすること

経済学では、政府の借金であろうと、民間の家計や企業の借金であろうと、借金それ自体は必ずしも悪いともいえません。自分の懐が今は豊かでないけれども、まとまった金額の資金が必要な場合に、他人から借金できればそれは助けとなります。

たとえば、事故や病気など大きな出費がかさむとします。これは一時的な出費であり、他方で、所得は毎年安定的に期待できるとします。一時的な大きな出費のために借金をするのは望ましいことです。借金の返済は将来の所得から少しずつ充てれば良いからです。住宅や自動車など大きな金額の買い物をする場合も、同様です。

一方で借金をしない場合はどうでしょうか。たとえば高額の耐久消費財を購入するため、長期にわたって貯蓄をする必要があるとします。しかし、ある家計が40年かけて貯蓄をして、そのお金でマイホームを購入しても、その時期に70歳を超えているなら、せっかく手に入れたマイホームを十分楽しめないうちに死んでしまうかもしれません。若いときに住宅ローンを組んで早めにマイホームを手に入れる方が望ましいといえます。

このように、今必要な事情があり、将来きちんと返せる見込みがあれば、借金をするメリットは大きいです。人々は一生の間を無借金で通すよりは、必要なときに必要な借金をすることで、より豊かな生活を享受できるのです。

これに対して、借金のデメリットは将来の返済がうまくいかなくなった場合に表れます。将来大きな所得が得られると甘く期待して、必要以上に多額の借金をすると、破産に直面します。無理に借金をすれば、利息の返済で首が回らなくなります。コロナ危機などで収入が想定外に落ち込めば、住宅ローンの返済が不可能になり、マイホームを手放す事態もあり得ます。

国と民間の借金の違いとは？

家計の借金を例に取りましたが、国の借金も基本的には同じです。現在必要な政府支出（家計にたとえれば生活費）が税収（家計にたとえれば所得）よりも多く、将来に必要な支出よりも税収が多く期待できるなら、現在借金をすることは望ましいです。

ただし、国の場合、民間の借金との相違もあります。民間の借金は他人との貸し借りで、国の借金は、国民の間での借金です。政府も国民の代表であると考えれば、自分で自分と貸し借りしていることになります。

これについて、家計にたとえると、夫が妻から借金をしているようなものなので、何ら問題はないという議論もあります。ただし、国債を保有する国民は、政府を手助けするために国債を持つのではなく、国債の利回りを期待して、貯蓄の手段として国債を保有しています。

政府が国債を償還（＝払い戻し）するために増税するときに、国債を保有している人を狙い撃ちして増税することはできません。国債の償還を国債保有者に限定して増税で賄うのは、事実上借金の返済をやめること、つまりデフォルトを意味します。もしデフォルトを選択すると、国債は紙くず同然になるので、金融市場は大混乱して、政府の信認は失われます。したがって、途上国でデフォルトに追い込まれる国もありますが、先進諸国の政府がデフォルト＝借金を棒引きすることは、あり得ない選択肢です。

国の借金特有の現象もあります。民間の場合は、自分の借金は自分で返さなければならないし、また、自分が借金するかどうかは自分の問題です。しかし国の場合は、その中に１億人以上の国民が生活しているので、全体としての国の借金であっても、借りる人が誰でそれを使う人が誰であるかを特定するのが困難です。一人一人からみれば、自分で借金をしているわけでもなく、また、自分で返済しているわけでもありません。そうした曖昧な状況も、民間の借金とは異なります。

民間の借金と異なるもう１つの点は、借金の規模です。一人一人の企業や家計が借金をする場合は、金額も小さいのでマクロ経済に与える効果は無視できます。他方で、国が景気対策として財政赤字を出す場合は、マクロ変数であるＧＤＰや景気に影響を与える目的で借金をしています。したがって、コロナ危機で３回も補正予算を編成した２０２０年度のように、１００兆円規模の途方もなく巨大な金額を１年間に借金することもあります。

借金以外に財源を確保する手段はあるのか？

そもそも、なぜ日本は借金をしなければいけないのでしょうか。その他の手段で財源を確保する手段はないのでしょうか。税金以外の収入源としては、国債発行の他に政府資産の運用益、売却益がありま

図4-1　資産と負債（令和元年度末）

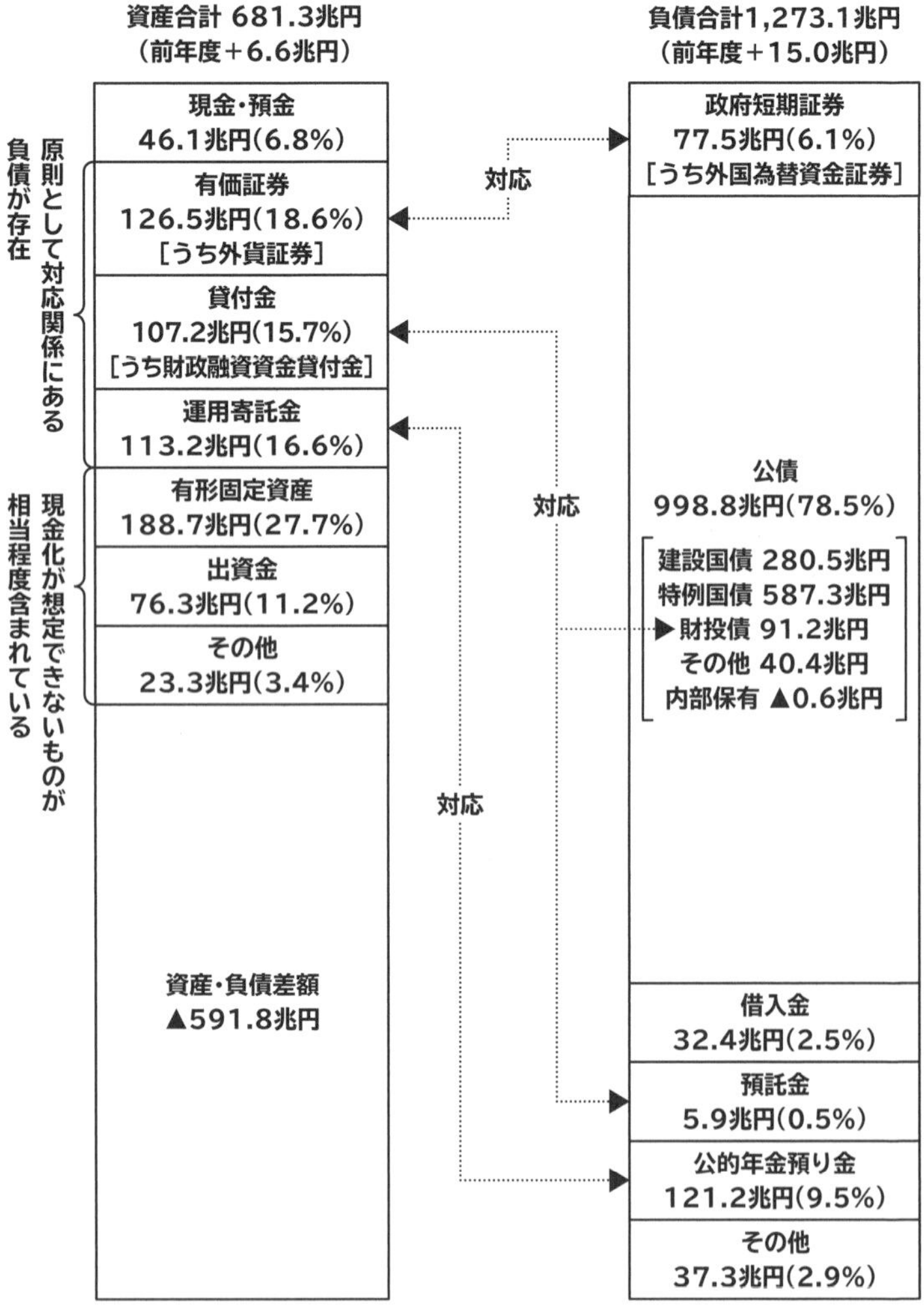
資産合計 681.3兆円
（前年度+6.6兆円）
負債合計1,273.1兆円
（前年度+15.0兆円）
現金・預金
46.1兆円（6.8%）
有価証券
126.5兆円（18.6%）
［うち外貨証券］
貸付金
107.2兆円（15.7%）
［うち財政融資資金貸付金］
運用寄託金
113.2兆円（16.6%）
有形固定資産
188.7兆円（27.7%）
出資金
76.3兆円（11.2%）
その他
23.3兆円（3.4%）
資産・負債差額
▲591.8兆円
原則として対応関係にある負債が存在
現金化が想定できないものが相当程度含まれている
対応
対応
対応
政府短期証券
77.5兆円（6.1%）
［うち外国為替資金証券］
公債
998.8兆円（78.5%）
建設国債 280.5兆円
特例国債 587.3兆円
財投債 91.2兆円
その他 40.4兆円
内部保有 ▲0.6兆円
借入金
32.4兆円（2.5%）
預託金
5.9兆円（0.5%）
公的年金預り金
121.2兆円（9.5%）
その他
37.3兆円（2.9%）

出所：財務省「令和元年度「国の財務書類」の骨子」

す。一時期のアラブ原油国のように、政府企業の収益が多額であれば、税金を徴収しなくても、必要な政府サービスを行うことができます。しかし、日本ではそうした天然資源は利用できません。また、政府保有の建物や土地を売却することも可能ですが、これにも限度があります。図4－1は、2019年度末での日本政府の貸借対照表を示したものです。たしかに、政府は多額の金融資産や実物資産を保有していますが、借金の大きさはこうした資産を上回る額であり、正味の負債金額は600兆円程度になっています。

他に、政府は民間からの自発的な寄付金を受け取ることもあります。これは民間の自主的な意向を尊重する点でも、また、寄付を受ける側でも競争圧力が働く点でも、有益です。寄付者は国だけでなく、複数の地方自治体の中から寄付先を選択できます。しかし、自主的な寄付金は大きな金額にはなりません。日本の寄付金総額は8000億円程度であり、国際的にも低い水準です。民間の寄付金は政府の財源としてではなく、NPO（非営利団体）の活動資金として位置付けるべきでしょう。

ですから、政府の主要な収入源は税金か借金です。しかし、毎年政府の財源をすべて税金だけで賄うことには制約が大きいです。個人で考えても、毎年の所得と支出を常に均等させて、いつも貯蓄（財政黒字）や借金（財政赤字）をゼロにするのが最適とはいえないのと同じ理屈です。短期的には税収以上に支出する時期もあっていいし、逆に、税収以下の支出しかしない時期もあっていいのです。税収以上に政府支出する財政赤字＝借金財政は将来返す「あて」があり、かつ現在必要な支出が大きい場合に正当化されます。

連立政権では財政赤字が累増しやすい傾向に

政府は過度に財政赤字に頼りすぎる懸念があると述べましたが、悪い財政赤字が累増しやすいのは、政治家が近い将来のことしか考えていないときです。政治的に政権基盤が不安定なとき、与党は次の選挙で敗北する可能性が高くなるので、近い将来の選挙で勝利することが与党の最大の関心事になります。そのため、現在の有権者の歓心を引くべく、減税や補助金給付などの「ばらまき」に走りやすくなります。中でも、複数の少数政党が与党を形成する連立政権では、安定多数の与党が存在しないので、政権の基盤は不安定になりやすく、政治家の視野も短くなります。

現実にも我が国で財政赤字が拡大してきたのは、90年代以降の連立政権の時期です。国際的にも連立政権で政権基盤が不安定な国では、財政赤字が累増しやすい傾向が見られます。

ただし、不況期で税収が低迷し、財政赤字が累増しやすい時期には、経済環境が不透明となり、政治も不安定化します。どんな政党が与党であっても、選挙時の景気が悪ければ、与党が選挙で勝利することは難しくなります。また、政治不信が高まると、与党にとって選挙は厳しいでしょう。そして、選挙後は連立政権が誕生する可能性も高くなります。

したがって、連立政権と財政赤字には相関があることはたしかですが、連立政権を生む悪い経済環境が財政赤字も生み出しているかもしれません。不況になれば、財政赤字も累増しやすいですが、同時に、経済環境が良くないので、与党が信任される可能性も低くなります。そのため、不況期には連立政権が誕生しやすくなります。財政赤字の発生が政治的不安定をもたらすという逆の因果関係にも注意する必要があります。

財政赤字はじわじわと大きな影響を及ぼす

財政赤字が累増することが問題だといっても、今の日本経済では説得力がないかもしれません。実際、財政赤字は拡大し続けていますが、直接私たちの生活には影響がないように思えます。90年代以降、財政危機が叫ばれ続けていますが、財政健全化目標は先送りされ、財政健全化の動きが一向に本格化しないのは、多くの国民がその必要性を感じていないからといえるでしょう。

財政赤字は人の病気にたとえれば、発熱の現象です。人は体調が多少悪くても、日常生活にすぐに支障が出ることは希です。しかし、放置しておくと、取り返しのつかない状態になることが予想されます。累増的に財政赤字が拡大すると、そうしたリスクが大きくなるというわけです。

現状は超低金利状態で、日銀が事実上国債を無制限で購入しているので、国債は安定的に消化されており、財政破綻も生じず、財政赤字の弊害は目に見えていません。しかし、環境破壊がじわじわ進行するのと同じように、財政赤字の弊害も中長期的に大きな影響をもたらします。現在のように、財政状況の悪化を取り繕う金融政策を日銀がいつまでも続けるわけにもいきません。すなわち、日銀が永遠に国債を購入し続けることはできないため、将来大幅な増税をしないと財政は持続可能でなくなります。将来に負担が先送りされ、しかも将来の経済成長があまり見込めないとすれば、所得の増加が期待できな

図4-2　普通国債残高の累増

○普通国債残高は、累増の一途をたどり、令和3年度末には990兆円に上ると見込まれています。

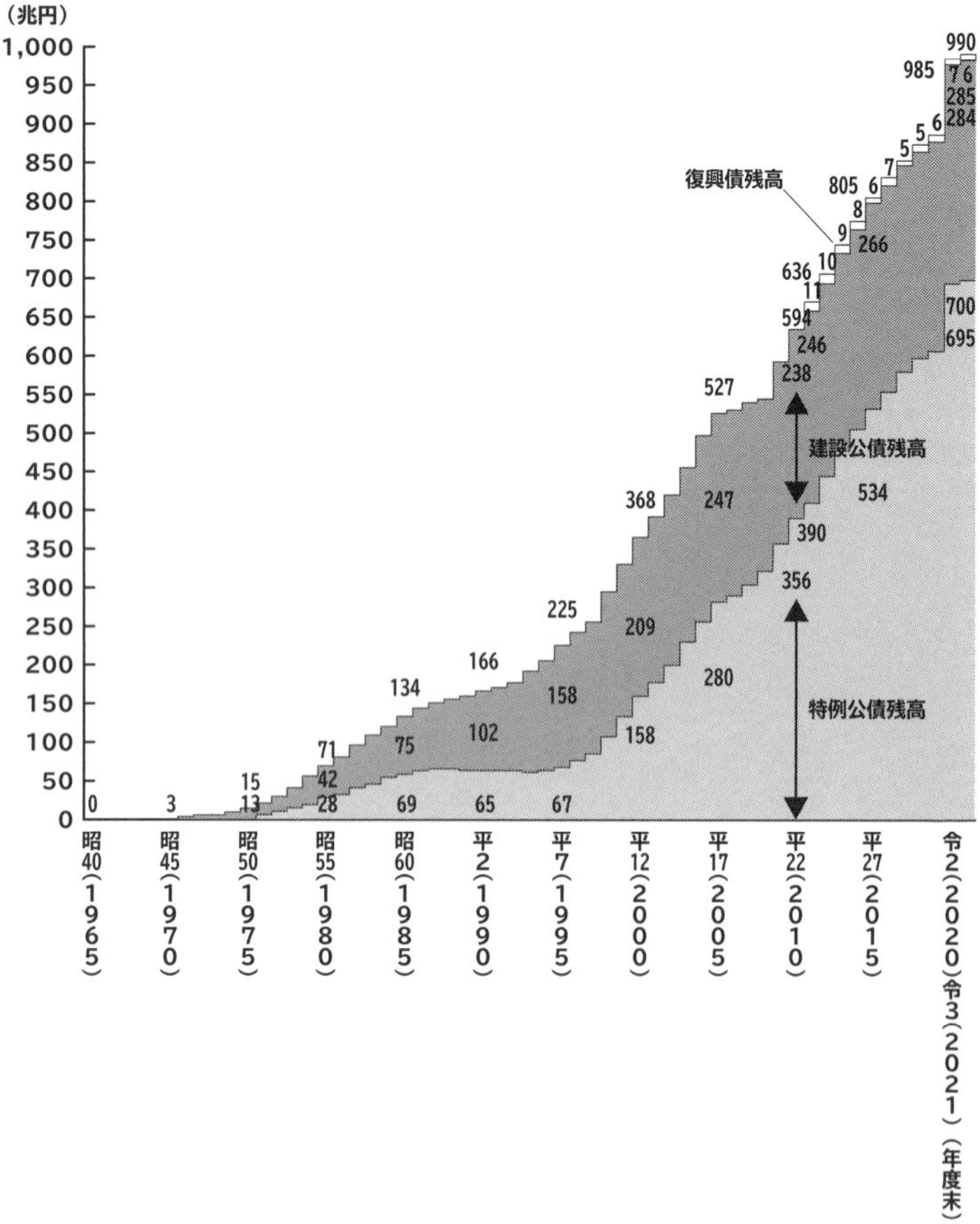

（注1）令和元年度末までは実績。令和2年度末は第3次補正後予算、令和3年度末は予算に基づく見込み。
（注2）普通国債残高は、建設公債残高、特例公債残高及び復興債残高。特例公債残高は、国鉄長期債務、国有林野累積債務等の一般会計承継による借換債、臨時特別公債、減税特例公債及び年金特例公債を含む。
（注3）令和3年度末の翌年度借換のための前倒債限度額を除いた見込み額は970兆円。

出所：財務省「普通国債残高の累増」

い将来世代に多大の負担を負わせるのは、望ましいことではありません。

１９９０年代以降、公債を財源として実施された一連の景気対策にしても、景気対策上必要だという大義名分で甘い査定が行われ、歳出の無駄が増大して、財政放漫化の要因になりました。財政の放漫化は、無駄な支出を助長させるので、本来必要な支出がそのしわ寄せを受けます。

財政破綻と、サラ金からの借金を返せなくなった家計は似ています。国債を発行するほど金利が高くなり、それが国債費の増加につながるため、また、国債を発行せざるを得なくなります。これは、国債償還のための借換債（＝過去に発行した国債の償還のためにまた発行される国債）の発行を意味します。借金の返済のためにまた借金をする状態は、「サラ金財政」といえます。現在の金利が低いことで、安易に国債残高を累増させると、いずれは金利が上昇し始めて、財政破綻の危険が高まります。

図４－２を見て下さい。これまでの国債発行と残高累増の推移を示しています。１９９０年代後半から、特に赤字国債が累増しているのがわかります。

赤字国債と建設国債は区別すべきか

建設国債原則は、財政赤字累増の１つの歯止めとして設定されたと先述しました。ですが、実際には、特例法という抜け道を作って、赤字国債も普通に発行されています。では、建設国債と赤字国債を区別することは、どのくらい有益なのでしょうか。

公共事業が将来有効に利用されるなら、この区別は有益かもしれません。それでも、社会資本の整備で将来世代が現在世代と比較してどれだけ便益を受けるのかは、単に公共事業の便益だけで判断すべき問題ではありません。たとえ建設国債原則がもっともらしいとしても、便益と負担をきちんと厳密に対応させることは、無理です。公共資本の耐用年数はプロジェクトごとに異なるのに対して、国債はプロジェクトごとに区別されて発行されていません。

たとえば、100年間有効な公共投資の国債償還に要する税負担が10年間で処理される場合もありますし、逆に、10年間有効な公共投資の国債償還に要する税負担が100年間で処理される場合もあります。将来世代といっても、何年先の世代を想定するのかで、その中身は同一ではないのです。

さらに、赤字国債の削減を最優先する財政運営は、結果として、建設国債であればいくらでも国債を発行してかまわないという政治的バイアスを生みます。建設国債なら発行してよく、赤字国債なら発行すべきではないという議論は、経済学的には成立しません。こうしたバイアスは建設国債を安易に発行させて、無駄な公共事業の温床になります。

公共投資の中には将来世代にとって何ら便益とならず、むしろ維持費を捻出するのさえ重荷となる無駄なものもあります。逆に、赤字国債で調達された支出でも、研究開発や人的資本の形成に寄与して、将来世代に大きな便益をもたらすものもあります。2つの種類の公債を区別するよりは、歳出の内容をきちんと精査し、また、国債発行の大きさについてどの程度が望ましいかを議論すべきです。

伝統的に財政当局は財政収支の均衡を優先し、国債の発行や公共投資の拡大には、厳しい姿勢を示してきました。これは、景気刺激策の名の下に国債が発行されると、放漫な財政運営が行われ、将来の財政収支がきつくなることを懸念しているためです。たしかに我が国の政治状況を見ると、そうした危険性は無視できません。

１９９０年代前半に景気対策として大量に建設国債が発行されましたが、現在でも災害に強いインフラ整備、あるいは国土強靭化という名目で、整備新幹線の建設など大型プロジェクトが甘めの便益評価で着工されています。しかも、その財源見通しは楽観的で曖昧であり、費用負担が先送りされています。政治家が目先の選挙を意識しすぎると、国債発行のつけを将来に先送りする誘因も大きくなるのです。

財政赤字の現状には賢い政府が求められる

ここまでの議論をまとめると、マクロ経済に成長力があり、将来税収増が期待できるなら、現在借金をしても将来きちんと返済できるので、政府が借金をすることは「悪い」財政赤字を作らないということになります。将来に経済が成長し、所得増が期待できるなら、現在必要な金額を借金して、それを有効に使うことができます。こうした賢い政府の借金は「良い」財政赤字になります。したがって、政府の財政活動が効率的であり、政府の消費や投資が有益であれば、借金をして公共サービスを提供することは、無駄ではありません。

財政赤字を考える際には、マクロ経済がどれだけ成長するのか、民間の家計や企業が政府と比較して賢く行動しているのか、政府・政治の効率性はどうなのか、といった観点からの評価が不可欠です。特に、我が国では成長力に陰りが見えている以上、政府の賢さがますます重要になっています。

図4-3　我が国の財政再建目標の推移

〔財政構造改革の推進に関する特別措置法(1997年11月28日成立)〕

○2003年度の国・地方の財政赤字対GDP比３％以下、特例公債脱却等
○1998～2000年度の主要な経費の量的縮減目標を規定。
(例)社会保障：＋3,000億円未満、
公共投資：▲７％以下(いずれも1998年度)等

↓

〔骨太2006(2006年７月７日閣議決定)〕

○2011年度の国・地方のPBの黒字化等。
○2007～2011年度の主要な経費の削減の数値目標を規定。
(例)社会保障：自然増から５年間で▲1.1兆円程度(毎年▲2,200億円)
公共投資：▲３％

↓

〔財政運営戦略・中期財政フレーム(2010年６月22日閣議決定)〕

○国・地方及び国単独のPBについて、2015年度の赤字対GDP比半減(2010年度比)、2020年度の黒字化。国・地方の公債等残高の対GDP比の安定的な低下。
○2011～2013年度のPB対象経費の上限(「歳出の大枠」：71兆円)、新規国債発行額(44兆円)を規定。

↓

〔中期財政計画(2013年８月８日閣議了解)〕

○国・地方のPBについて、2015年度の赤字対GDP比半減(2010年度比)、2020年度の黒字化。債務残高対GDP比の安定的な引下げ。
○国の一般会計のPBについて、2014、2015年度での改善額(４兆円ずつ)を設定。

↓

〔骨太2015(2015年６月30日閣議決定)〕

○2020年度の国・地方のPB黒字化。債務残高対GDP比の安定的な引下げ等。
○2016～2018年度の歳出改革の目安を設定。
・一般歳出：３年間で＋1.6兆円程度うち社会保障関係費：３年間で＋1.5兆円程度非社会保障関係費：３年間で＋0.1兆円程度
・地方の歳出水準：一般財源総額の実質同水準確保。

↓

〔骨太2018(2018年６月15日閣議決定)〕

○2025年度の国・地方のPB黒字化。債務残高対GDP比の安定的な引下げ。
○2019～2021年度の歳出改革の目安を設定。
・社会保障関係費：高齢化による増加分におさめる。
・非社会保障関係費：歳出改革の取組を継続。
・地方の歳出水準：一般財源総額の実質同水準確保。

出所：財務省「財政制度審議会資料　I-3-2」

国際比較で見える財政規律の問題

日本の財政状況を見てみましょう。図４－３は我が国の財政再建目標の推移を示しています。周知の通り、我が国では財政赤字が累増しています。財政健全化目標は後退・修正を繰り返し、財政状況の悪化に歯止めがかかっていません。現在の財政健全化目標は、政策的経費と税収の差額である基礎的財政赤字を解消し、黒字化することです。その達成すべき目標年度が、２０１１年度、２０２０年度、さらには２０２５年度と次第に先送りされており、財政健全化への取り組みは後退しています。

次に国際比較のデータを図４－４に示しました。米国の財政事情が相対的に良いのは、共和党支持者を中心に、均衡財政や小さな政府を支持する有権者、政治家が多いことがその理由でしょう。共和党の支持者は自己責任論者なので、社会保障などでの再分配政策には否定的です。小さな政府を志向すると、財政赤字を出してでも歳出を増やすことには抵抗します。彼らが伝統的に法人税の増税に反対しているのは、大きな政府への嫌悪感でしょう。

ヨーロッパ諸国で財政状況があまり悪化してこなかったのは、１９９９年にユーロという統一通貨を導入したことが効いています。ユーロに参加する条件として、財政赤字対ＧＤＰ比率３％、公債残高対ＧＤＰ比率60％という財政規律の条件（マーストリヒト条約）が設定され、各国はこの条件を満たすように、財政健全化を進めてきました。外圧によって、財政規律を守っているということです。

これに対して、我が国の財政状況は先進諸国の中でも突出して厳しく映ります。公債残高の対ＧＤＰ

比率は200％を超えていて、継続的に上昇しているのがわかります。日本ではユーロ参加のような外圧はないし、また、与党である自民党にも自己責任論者は存在感がありません。高度成長期は相対的に財政規律が働いていましたが、高齢化が進むにつれて、また、経済が低迷するにつれて、自民党でも大きな政府（社会保障などでの再分配政策を重視する政府）に親和的になっています。

図4-4　債務残高の国際比較

(%)

暦年	2005	2006	2007	2008	2009	2010	2011	2012
日本	176.8	176.4	175.4	183.4	201.0	207.9	222.1	229.0
米国	65.4	64.2	64.6	73.7	86.7	95.4	99.7	103.2
英国	39.8	40.7	41.7	49.7	63.7	75.2	80.8	84.1
ドイツ	67.4	66.7	64.0	65.5	73.0	82.3	79.7	81.1
フランス	67.4	64.6	64.5	68.8	83.0	85.3	87.8	90.6
イタリア	101.9	102.6	99.8	102.4	112.5	115.4	116.5	123.4
カナダ	70.6	69.9	66.9	68.0	79.4	81.3	81.9	85.5

暦年	2013	2014	2015	2016	2017	2018	2019	2020
日本	232.5	236.1	231.6	236.3	235.0	237.1	237.7	237.6
米国	104.8	104.4	104.7	106.8	106.0	104.3	106.2	108.0
英国	85.2	87.0	87.9	87.9	87.1	86.8	85.6	84.8
ドイツ	78.6	75.6	72.0	69.1	65.2	61.7	58.6	55.7
フランス	93.4	94.9	95.6	98.0	98.4	98.4	99.3	99.2
イタリア	129.0	131.8	131.6	131.4	131.4	132.2	133.2	133.7
カナダ	86.2	85.7	91.3	91.8	90.1	89.9	87.5	85.0

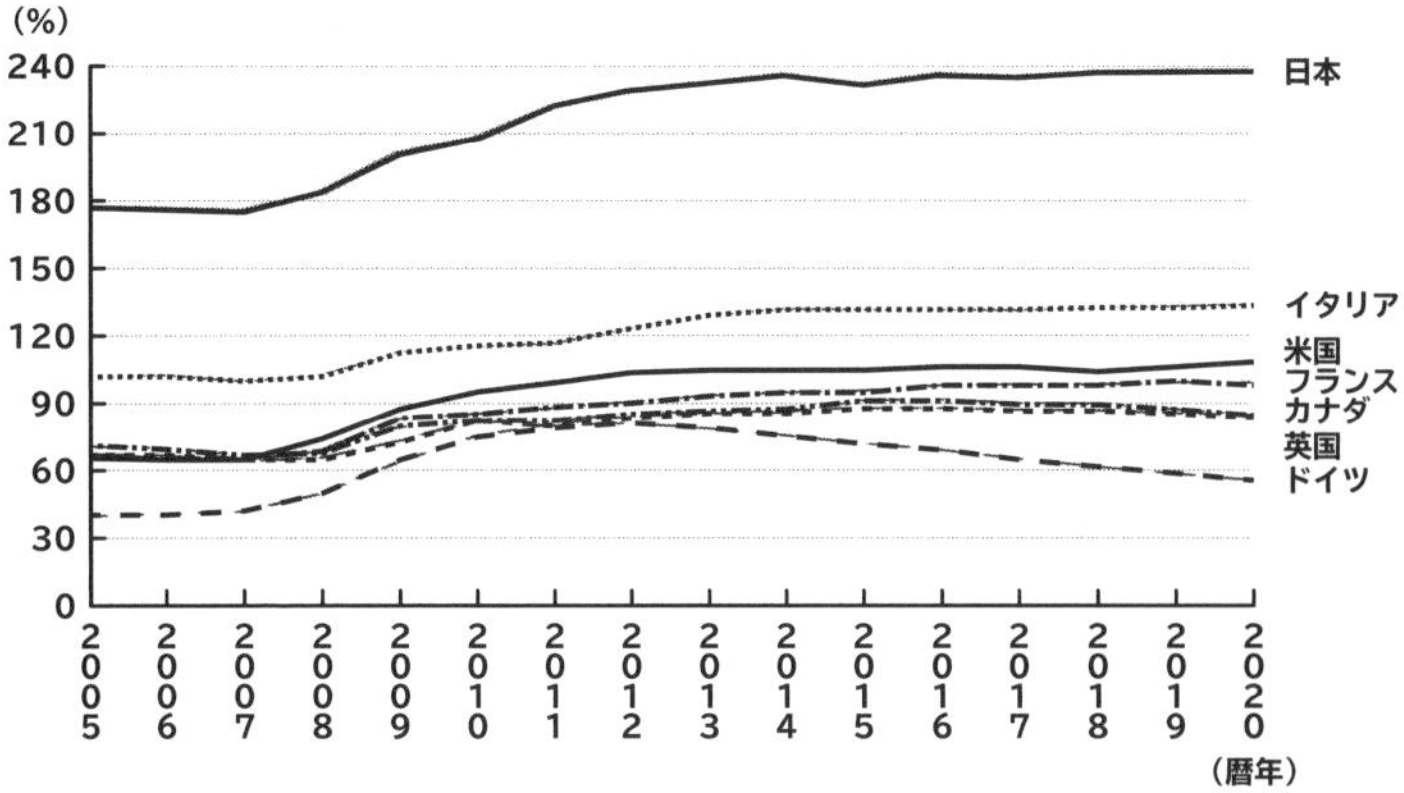

(注1)数値は一般政府(中央政府、地方政府、社会保障基金を合わせたもの)ベース。
(注2)日本は2018年から、それ以外の国々は2019年からが推計値。

出所：IMF "World Economic Outlook"(2019.10)

「2」

財政赤字が解決しない根本的な原因とは？

シルバー民主主義によって将来世代に「つけ」がまわる

財政再建では財源の手当が必要になります。しかし、現在の有権者への政治的な配慮があると、財政健全化手段として増税や歳出の削減は回避されます。増税や歳出削減には誰でも反対するからです。選挙権のある現在の有権者が増税や歳出削減に反対すると、選挙での当選を最優先する政治家は、こうした有権者の意向に配慮して、増税や歳出削減よりも財政赤字で財源を調達しようとします。そうなれば、増税や歳出削減は先送りされて、その分は選挙権のない将来の有権者が負担することになります。

特に、高齢化・少子化が進展し、高齢者の人口が増加し、かつ、高齢世代ほど選挙の投票率が高いことを考えると、中位投票者である60歳前後の世代（高齢予備軍の世代）やそれよりも年配の団塊の世代（70歳代前半）の利益を反映した政策が採用されやすくなります。「シルバー民主主義」と呼ばれる現象です。

国債や年金は、自然環境と同じく、これまでの現在世代の行動が将来世代の生活環境、経済環境に大きな影響を与えます。国債や年金の財政状況が悪化しているのは、いずれも過去に高齢化で給付総額の増加が見込まれるにもかかわらず、その財源の手当を準備してこなかった結果です。過去からの「つけ」が大きいと、短期的には処理しづらく、その後始末に長い時間がかかります。ともすれば、現在世代の短期的利益を優先して財政政策が決定されていると、将来世代に大きなデメリットを与えます。

たとえば親の世代が子供の世代を心配して、遺産や贈与で経済的に厳しい将来世代を援助するという利他的な行動は、そうした負担の先送りで将来世代が困窮する状況を緩和するという意味では、好ましい行為です。しかし、こうした民間の行為にあまり期待はできません。これは、放っておいても自然環境は悪化しないので、政府は何ら環境対策をしなくても良いと主張するのと同じ程度に、楽観的な議論だからです。そうした民間の人々の将来を考慮する知恵や活動は有益ですが、それだけでは不十分です。しかも、遺産や贈与で子供を経済的に支援できる親は裕福な親であり、そうでない親は子供に十分な経済的支援ができません。こうした私的な移転は世代を超えた格差を維持・増幅させる弊害もあります。

総じて、将来世代の便益をきちんと考慮した政府の行動が必要です。長期的な視点で政治家や政府が行動する政治的動機付けも求められます。

ぐうたら子供への移転に見る「モラル・ハザード」

現在の経済環境が悪くても、将来それが良くなるのであれば、あえて痛みの伴う増税を現在無理してやらなくてもいい。これが財政健全化の先送りを正当化する議論です。しかし、そうした先送りは、民間部門のゆるみを引き起こす可能性があります。

人は、経済環境が苦しくなれば、政府が何らかの対策（減税や補助金などの財政支援あるいは公共事業での経済下支えなど）を実施してくれると期待すると、自らが汗をかいて、懸案を処理する誘因（自助努力で経済を活性化しようとする意欲）をなくします。こうした弊害は「モラル・ハザード」と呼ばれます。

「モラル・ハザード」を親子の関係で考えてみます。親は、子供のことをかわいいと思って、できるだけ援助したい「利他的な」選好を持つとしましょう。そして、子供がある年齢に達したときに、親は子供に所得を移転するとしましょう。そのときの子供の経済状態が悪くなっていれば、親は子供を助けるため、その子供により多くの金額を支援します。もし、子供がこうした親の利他的行動を事前に予想しているなら、親からの支援をあてにして、まじめに勉強したり仕事をしたりしないで、遊びほうけるかもしれません。

仮に子供がまじめに勉強・仕事をすれば、自助努力で自分の所得を稼ぎます。しかし、そうすれば子供が経済的に自立するので、親からの支援は減少します。子供が経済的に成功すれば、利他的な親が子供を支援するメリットは小さくなります。ですから、子供はあまり自助努力をしないで、ぐうたら息子（娘）になる方が得というわけです。たとえば、中小企業のオーナー経営で親が経済的に成功し、かつ、利他的な選好をもっている場合、2代目がしばしば放漫経営になるのは、こうした理由があるのでしょう。

お互いに相手の譲歩を期待して財政悪化の原因に

先送りする要因には、モラル・ハザードの他にも様々な理由があります。その1つは「消耗戦のゲーム」です。これは、負担を誰がするかに関して関係者の利害調整が難航し、お互いに相手の譲歩を期待して、にらみ合っている状態を表しています。

たとえば、2頭のライオンの間に「えさ」となる肉があるとしましょう。2頭のライオンはえさを独り占めしたいのですが、先に食べようとすると、相手に隙を見せるので、逆にやられて、えさにありつけなくなってしまいます。こうした状況では、先に動いた方が結局は負けることがわかっているので、ライオンはお互いににらみ合ったままで、2頭ともにえさを食べられません。ですが、えさの質は時間とともに劣化していきます（腐っていく）。こうした膠着状態に我慢しきれなくなったライオンが先にえさに食いつこうとして動くと、結局相手にえさを取られてしまいます。

この消耗戦ゲームは政治の場面でも見られます。財政健全化では、税制や歳出の既得権を削減することが求められます。それぞれの既得権には、それぞれに依存する利益団体が存在します。したがって、各利益団体はお互いに自分以外の既得権の削減には賛成しますが、自分の既得権は擁護しようとします。我慢比べの状態です。しかし財政状況が悪化するにつれて、既得権を擁護するすべての利益団体への世論の圧力も強くなります。そして、最初に既得権をあきらめる団体が大きな譲歩を迫られます。それがいやな利益団体はじっと我慢をするので、ほとんどの利益団体が既得権を手放そうしません。そうなれば、ますます財政状況は悪化していきます。すなわち、「総論賛成、各論反対」の状況です。

また、将来世代を思いやる程度が民間の有権者よりも政府（＝政治家）が乏しい場合にも、先送り現象が起きます。多くの利他的な有権者が子供や孫のことを心配して、将来への先送りをほどほどにとどめておきたいと考えたとしても、政治家は現在の高齢世代が利己的だとみなして、その意向を気にして、社会保障給付を削減しません。本来は将来世代の利益もきちんと考慮すべき政府が、直近の選挙や高齢者世代の利害を最優先させると財政の健全化は遅れるのです。

ネット上にあふれるフェイクニュースも障害に

財政健全化の問題にはフェイクニュースも関わっています。どういうことなのか考えてみましょう。まず、政府への不信感があると、政府＝財務省からの情報が正しくても、それが国民に伝わりません。たとえ、政府や政治家、官僚が発する財政健全化の重要性が正しいとしても、国民がそれを真剣に受け取らない限り、国民の政治的支持が得られないため、財政健全化は進展しないのです。

インターネット上では、財政状況が本当は厳しくないとか、政府には隠れ埋蔵金があるから大丈夫だとか、政治家や官僚の報酬や人数を削減すれば、増税や社会保障給付の削減はしなくても良いとか、日銀が国債を購入する限り、国の借金は問題がないとか、国民に都合の良い情報があふれています。その中に多少の真実が含まれているかもしれませんが、多くの国民は都合の良い内容ばかりを受け取ろうとします。

　こうした都合の良い情報は、たとえフェイクであっても、その誤りを正すことはなかなか難しいです。特に、政治に不信感を持っている人ほど、政府や財務省からの情報をまともに受け取ろうとしません。ネット社会は誰もがもっともらしい情報を拡散できる世界です。政府に不信感を持つ人へ正しく情報を発信するのは困難になっています。

　その中で、我が国の財政事情の厳しさを国民が再認識する良い機会になったのが次の出来事でしょう。民主党は２００９年に政権交代を果たした衆議院選挙で、特別会計を精査すれば数十兆円の無駄が削減できるので、消費税の引き上げは不要だと、選挙公約で主張しました。しかし、実際には事業仕分けで無駄を発掘する努力をしても、削減できた金額は数兆円に及ばないことが発覚。財政状況が想定以上に悪化したことが認識されて、２０１２年の3党合意で消費税率の引き上げに追い込まれました。公約違反を批判された民主党政権は崩壊するに至ったのです。

column

3党合意

　２０１２年６月に、消費税の増税を柱とする「一体改革」で民主、自民、公明の3党合意ができ、消費税率を２０１４年４月に８％に引き上げました。与野党間で増税に合意したのは、画期的な出来事でした。この一体改革の工程表では税率を再度引き上げる時期（＝17年４月に10％に再度引き上げ）も明示されました。しかし、実際に2回目の引き上げが実施されたのは２０１９年10月でした。３党協議の結果では、消費増税の際に「名目３％、実質２％」の経済成長率を目標とする景気条項を法案の付則に残しました。消費増税時の低所得者対策では、税率を８％に引き上げる条件に現金給付の実施を明記した他、軽減税率を導入することも検討することとなりました。

3 日本経済の低迷に影響したケインズ政策と政治的バイアス

不況でも好況でも財政赤字は累増する!?

景気対策は不況期に実施されます。この政策自体はもっともらしいものです。不況期は経済環境が厳しいので、政府は財政面から何らかの手当をすべきです。しかし、現状が不況かどうか。不況だとしてもその深刻さがどの程度かの判断は難しいものです。景気対策ほど政治的な配慮で実施される財政政策は他にないでしょう。

有権者の多くは、実際の景気動向にかかわらず、常に減税や公共事業の拡大などの景気対策を求めていますし、政治家も直近の選挙を意識して、そうした声に応えようとします。その結果、政治的にはいつも積極的な景気対策が議論され、実行されるようになります。たとえば、経済の悪化を過大にみなして、普通の景気後退でも大不況、恐慌だとして（あるいは実際には不況でないときにも景気対策が必要だとして）、大幅な減税や公共事業の拡大などを要求。逆に、好況期に景気が過熱していても、まだ景気対策が必要だとして、抑制的な財政政策（増税や歳出削減）は政治的に実行されにくいです。結果として、不況期のみならず、好況期にも公債が発行されて、財政赤字が累増するという構図が生まれます。

90年代に起きた財政構造改革の失敗

日本で90年代の前半に公共事業が増加したのも、こうした政治的背景があります。すなわち、1998年度に画期的な財政健全化法案である「財政構造改革法」に基づく予算編成が行われました。具体的には、科学振興費について4・9%、社会保障費について2・05%の増額をする一方で、防衛関係費を0・3%、公共事業費を7・8%、ODA（政府開発援助）を10・4%縮減するなどの歳出抑制で、財政赤字の削減を進めようとしました。

しかし、1997年の後半に発生した東アジアの金融危機をきっかけに、アジア経済が混乱。そのマイナスショックで日本の金融システムが機能不全になったため、景気が後退しました。それが深刻化するにつれて、財政運営は構造改革から景気刺激策へと軸足を変化させます。同年5月には早くも公共事業の増額と所得税減税を織り込んだ補正予算が成立し、7月に誕生した小渕政権のもとで、財政構造改革法は事実上凍結され、より積極的な財政刺激政策が採用されたのです。1997年4月の消費税率の引き上げや11月の金融不安の最中に成立した財政構造改革法は、当時の橋本内閣の財政政策が失敗した象徴であると批判されました。それ以来消費税率の引き上げは政治的に鬼門となったのです。

その後も景気対策の名目で公共事業が増大し、所得税が減税され、逆に、消費税率の引き上げは先送りされ、財政赤字は累増していきました。図4－5は、2008年度と比較した2021年度当初予算

図4-5　当初予算額の伸びの要因分解

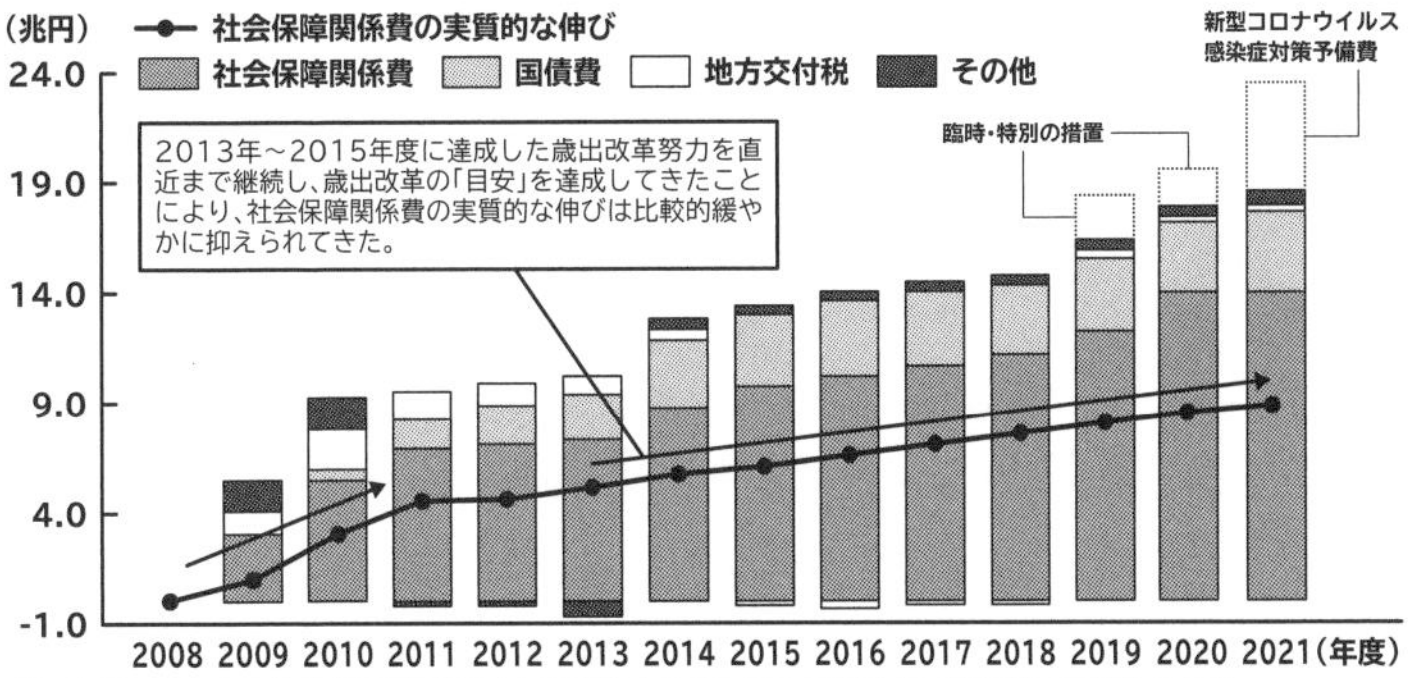

(注1)2012年度の社会保障関係費には、基礎年金負担1/2に係る交付国債分(2.5兆円)を含む。
(注2)2019.2020年度からは臨時・特別の措置に係る係数(2019年度:2.0兆円、2020年度:1.8兆円)、2021年度からは新型コロナウイルス感染対策予備費を除く。

出所:財務省「財政制度審議会資料　I-3-5」

の伸びを見たものです。社会保障関係費と国債費が大宗を占めています。２０２０年度は新型コロナ対応の臨時・特別の措置、２０２１年度は新型コロナ予備費による増加も大きいです。また、社会保障関係費の伸びは、消費税率の引き上げに伴う基礎年金国庫負担の１／２への引き上げや社会保障の充実など、財源を確保した上での制度改正による部分も大きいです。この間、税収はそれほど増えなかったので、財政赤字は増大しました。財政再建目標も基礎的財政収支均衡化の目標期限が２０１１年、２０２０年、２０２５年とずるずると先送りされる事態になっています。

長期にわたる日本経済の低迷の原因とは？

　１９９０年代以降の長期に及ぶ日本経済の低迷は、景気循環の一局面としての景気後退である以上に、構造的な低迷と理解すべきです。第５章でも説明するように、1990年代に経済低迷のきっかけとなった金融システム不安の原因は、金融産業の構造転換を遅らせてきた護送船団方式の破綻によるところが大きいのです。

それまで、金融業界は効率性の悪い銀行でも存続できるように、参入規制を維持し、各金融機関の守備範囲を厳格に規制するなどして、競争相手に顧客を奪われないように保護してきました。その結果、技術革新が進まず、人件費も高止まりし、殿様商売に安住するなど非効率な経営形態が続きました。他方で、世界では金融市場の規制緩和、自由化、IT化が進展し、異業種からの参入も活発になり、新しい金融商品や決済システムが登場します。日本では、こうした国際的な大競争の時代に見合った金融革新への対応を先送りして、その場しのぎで辻褄合わせをしてきた結果、日本の金融産業が非効率な産業に沈没してしまいました。先送りをしてきた分だけ、2000年代以降に不良債権の破綻処理をする際に大手術（＝大規模な公的資金投入や金融機関の統合・再編）が必要になり、社会に与えるショックも大きくなりました。それが心理的にも家計や企業の経済行動を萎縮させました。

金融産業以外の分野でも、グローバル世界での大競争に立ち向かえるだけの生産性の向上、イノベーション、新しい人や企業の参入などで後れを取ってしまいました。1980年代にバブル景気で好調だったことが、結果として、90年代以降に産業構造を再編する際の足かせとなったと考えられます。

景気循環と経済成長の興味深い関係とは？

構造的な要因で現在の経済活動が低迷しているならば、果たしてこれまでの景気対策は有効なのでしょうか。この点について、景気循環と経済成長の関係によって説明していきます。

まず、労働者が完全雇用されて普通に働くとします。また、工場などの資本設備も通常のレベルで操業されるとします。こうして平常時に資源を活用して得られるＧＤＰが潜在的なＧＤＰです。不況期にはこの平均的なＧＤＰよりも実際のＧＤＰは小さくなりますが、逆に、好況期にはフル残業や目一杯の設備稼働で無理をして平均的なＧＤＰよりも大きなＧＤＰが生まれます。本来であれば、平均的なＧＤＰの水準を毎年維持するのが望ましいですが、実際には好況と不況を数年おきに繰り返します（＝循環する）。この変動の波を景気変動といいます。したがって、平均的な（＝潜在）ＧＤＰという基準値からの乖離が景気循環です。

経済学では景気循環と経済成長を区別して考えます。経済成長は基準値である平均的なＧＤＰそれ自体が増加することです。したがって、基準値である実力ベースのＧＤＰそれ自体が成長しないとき、いくら好況が続いたとしても実現するＧＤＰはそれほど大きくなりません。経済低迷が長く続いている場合、実力ベースのＧＤＰが低迷しているのであって、それからの乖離幅である波が多少上下に振れたとしても、ＧＤＰの水準はそれほど大きいものではありません。ＧＤＰが低迷している状況が長く続けば、それは景気循環における一局面としての不況と見なすべきではなく、実力ベースのＧＤＰが低迷している成長の低迷とみなすべきなのです。

図４－６を見てください。潜在ＧＤＰは実力ベースのＧＤＰであり、この水準が時間とともに増加すると、経済成長になります。実際のＧＤＰは潜在ＧＤＰの上下で変動します。Ａ点は実際のＧＤＰが潜在ＧＤＰよりも高いので、好況の状態にあります。逆に、Ｂ点は実際のＧＤＰが潜在ＧＤＰよりも低い

図4-6　景気循環と経済成長

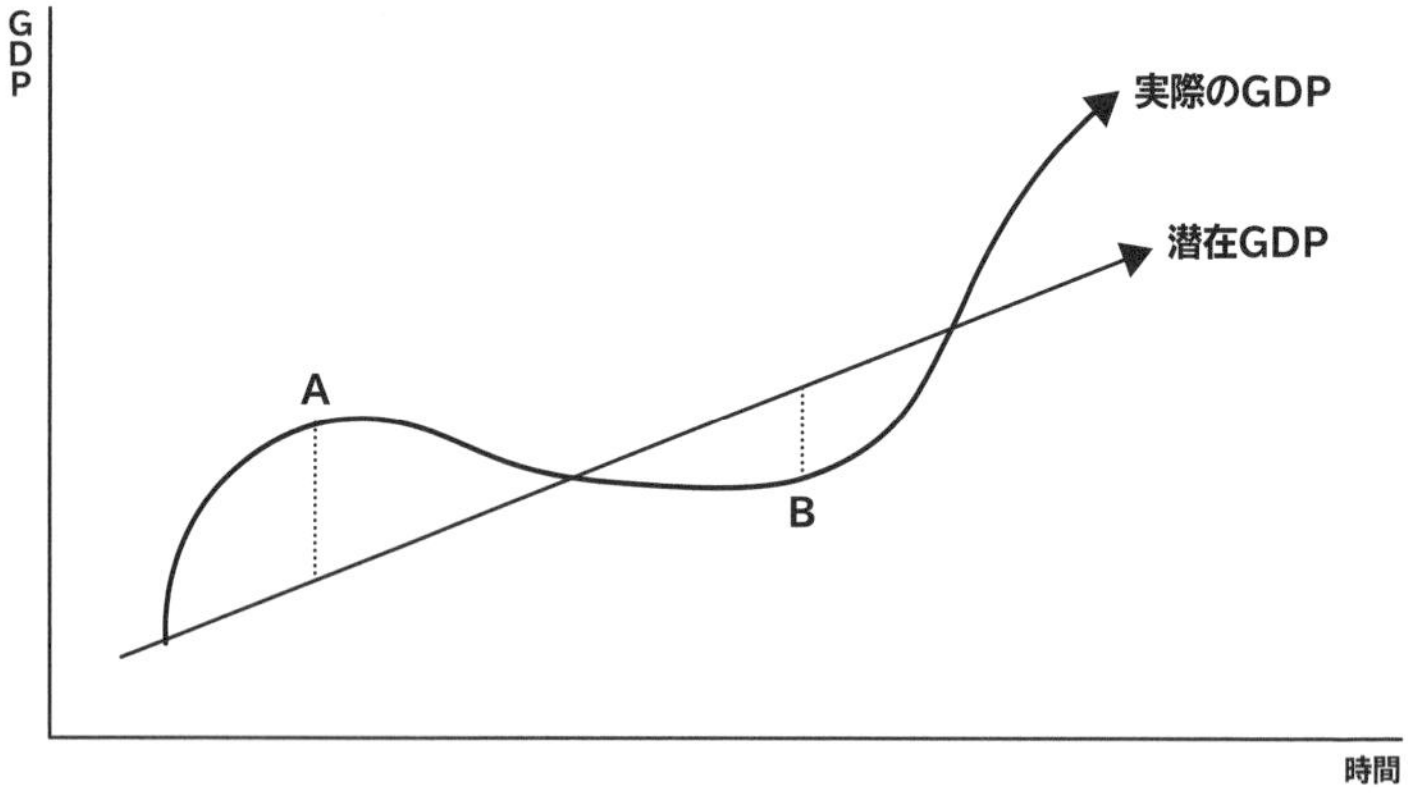

ので、不況の状態にあります。

言い換えると、循環するＧＤＰの動きが景気循環です。これはＧＤＰの実力ベースからの一時的な乖離＝変動であり、一時的に落ち込む時期が不況、一時的に上回る時期が好況となります。現在を不況と判断するのは、近い将来に景気が回復し、現在よりも経済状況は改善されると想定しています。これに対して、ずっと経済活動の低水準が続いているなら、それは景気循環の一局面での不況ではなくて、平均的なＧＤＰ＝実力ベースのＧＤＰが低迷している結果です。

もし景気循環の一局面としての不況期であれば、マクロ的に超過供給の状態にあり、人々は所得がないために消費したくてもできないので、公共投資の拡大や減税などの総需要刺激策は景気対策として有効です。しかし、構造的な要因で現在の経済活動が低迷しているとすれば、経済の実力水準が低迷している結果であり、むしろ、現在よりも将来の方が悪くなる可能性が高いです。実際にも１９９０年代以降の「失われた数十年」で我が国の消費意欲は低下しており、人々は消費ではなくて貯蓄を増加させています。これは、家計が現在よりも将来の方がより経済環境が厳しくなると、将来を悲観的に見ているからだと解釈できます。

さて、表４－１を見てください。内閣府が判定している日本の景気循環の推移です。１９９０年代以降も、景気循環は５つのサイクルで生じています。景気の山（好況期）も２０００年11月、２００８年２月、２０１２年３月、２０１８年10月と４回生じたとみなされています。こうした最近の好況期ではＧＤＰ成長率はそれほど高くありませんでした。それは、潜在的な成長率が低迷していたためです。

財政面からのマクロ景気刺激策は長期的な有害も

総需要を刺激する景気対策は、政治的には人気のある政策であり、有権者の支持も得られやすいです。しかし、景気対策が景気の後退から生じる痛みを緩和させる効果を持っているとしても、日本経済の構造的改革には無力であるばかりか、構造改革を進める意欲を阻害するという副作用（＝マイナスの効果）をもたらします。経済が低迷している原因が構造的な生産性の劣化にあるなら、規制改革などで生産性の低い分野での参入退出を盛んにして、異業種から能力のある人材や企業の参入を促すなどで、生産性を高める努力をして、経済を活性化させる政策が必要です。

たとえば、担い手が高齢化して生産性が落ちている農業分野では、異業種から若い世代の人材と企業の資金を大胆に注入して、また、農地の売買を流動化させ、農地を大規模化させる必要があります。し

表4-1　景気基準日付

循環	谷	山	谷	期間			（参考）四半期基準日付	
				拡張	後退	全循環	山	谷
第1循環		1951年6月	1951年10月		4か月		1951年4-6月	1951年10-12月
第2循環	1951年10月	1954年1月	1954年11月	27か月	10か月	37か月	1954年1-3月	1954年10-12月
第3循環	1954年11月	1957年6月	1958年6月	31か月	12か月	43か月	1957年4-6月	1958年4-6月
第4循環	1958年6月	1961年12月	1962年10月	42か月	10か月	52か月	1961年10-12月	1962年10-12月
第5循環	1962年10月	1964年10月	1965年10月	24か月	12か月	36か月	1964年10-12月	1965年10-12月
第6循環	1965年10月	1970年7月	1971年12月	57か月	17か月	74か月	1970年7-9月	1971年10-12月
第7循環	1971年12月	1973年11月	1975年3月	23か月	16か月	39か月	1973年10-12月	1975年1-3月
第8循環	1975年3月	1977年1月	1977年10月	22か月	9か月	31か月	1977年1-3月	1977年10-12月
第9循環	1977年10月	1980年2月	1983年2月	28か月	36か月	64か月	1980年1-3月	1983年1-3月
第10循環	1983年2月	1985年6月	1986年11月	28か月	17か月	45か月	1985年4-6月	1986年10-12月
第11循環	1986年11月	1991年2月	1993年10月	51か月	32か月	83か月	1991年1-3月	1993年10-12月
第12循環	1993年10月	1997年5月	1999年1月	43か月	20か月	63か月	1997年4-6月	1999年1-3月
第13循環	1999年1月	2000年11月	2002年1月	22か月	14か月	36か月	2000年10-12月	2002年1-3月
第14循環	2002年1月	2008年2月	2009年3月	73か月	13か月	86か月	2008年1-3月	2009年1-3月
第15循環	2009年3月	2012年3月	2012年11月	36か月	8か月	44か月	2012年1-3月	2012年10-12月
第16循環	2012年11月	（暫定）2018年10月		71か月			（暫定）2018年10-12月	

出典：出所：内閣府ウェブサイト「景気基準日付」より一部改

かし、それには既得権化している農協が政治的に抵抗します。ですから、農業分野での生産性を上昇させるには、農協も含めた抜本的な規制改革が不可欠です。

財政面からのマクロ景気刺激策は、短期的にしか効果がないばかりか、むしろ長期的には有害な副作用をもたらします。人々が現状よりも将来が厳しくなると想定していると、将来の経済環境、政府の長期的な財政状況を不安に思い、こうした悲観的な予想が現在の消費や投資を停滞させます。潜在成長率を引き上げるには、需要を増加させるのではなくて、長期的な視点で供給サイドの生産性を上昇させる必要があるのです。

消費税率の引き上げは、景気後退の主要因ではない

消費税率の引き上げは、日本の財政運営の大きな政治的争点です。これまでの消費税の引き上げが人々の消費意欲を冷やして、景気を後退させたという懸念は、有権者だけでなく多くの政治家が根強く持っています。先にも述べたように、国民はどんな増税でも反対するので、消費税率の引き上げには政治的なハードルが高くなります。

しかし、消費税の引き上げが景気後退の主要因であるかといえば、経済学的には疑問です。もちろん、消費税であれ所得税であれ、どんな税でも増税それ自体は家計の負担になるので、消費意欲を減退させます。しかし、消費税だから特別に負担が大きくなるわけでもありません。

消費税率の引き上げが現在の可処分所得を減少させるとしても、政府の歳出が一定であれば、現在の

増収で将来の政府財政は好転します。消費税を引き上げなかったケースと比較すると、将来の税負担は減少します。ですから、長期的に見たときの家計の可処分所得（＝現在の可処分所得と将来の可処分所得の両方でみた平均的な可処分所得）は必ずしも減少せず、そうであれば民間消費も減少しないはずです。我が国では高齢化社会における負担の平準化、経済社会の活力維持等の観点から、直間比率の是正という名目で、間接税である消費税が増税される一方で、直接税である所得税は減税されてきました。消費税は高齢世代もそれなりに負担しますが、所得税は勤労世代に負担が偏っています。広く薄く課税できる消費税があると、所得税を増税しなくて済むため、勤労意欲へのマイナス効果も軽減できます。

消費税の増税とセットで所得税が減税されれば、現在の可処分所得もそれほど減少しないので、消費を冷やす効果もあまりありません。

実際にも、１９９７年以降、２０１９年まで消費税率は何度か引き上げられましたが、こうした増税が消費を抑制した効果はそれほど実証されていません。これまでの引き上げの際は、消費増税の見返りに所得税が減税されたり、増税分が家計への補助金に使われたりした結果、実質的な増税はそれほどでもありませんでした。

もちろん、低所得の家計にとっては、その日暮らしで生計を立てているので、現在の可処分所得の大きさが現在の消費を決めます。したがって、増税で現在のふところが厳しくなれば、消費も抑制されるでしょう。所得の低い家計は消費税率の引き上げで消費を抑制せざるを得ず、増税の負担感は大きくなります。この点に配慮することは重要であり、貧困世帯への手当は消費増税に限らず、どんな増税政策でも不可欠になります。

しかし、マクロ経済全体で見れば、消費税の増税に特別の景気抑制の効果はありません。消費税の増税が、他の税の減税（特に所得税の減税）や社会保障給付の増加とセットで行われている以上、全体としての効果はそれほど景気を冷やさないというわけです。まして、財政状況が改善されれば、将来の増税要因が緩和されます。将来不安で消費を控えて貯蓄を増やしている家計にとっては、むしろ消費を刺激する効果もあり得るのです。

また、２０２１年現在、コロナ対策で消費税の引き下げを主張する議論もありますが、減税をしても将来不安が大きいままだと、むしろ貯蓄が増加する可能性が高いです。

図４－７は、消費税（国際的には付加価値税）の（標準）税率の推移を国際比較したものです。我が国で消費税（付加価値税に相当）が導入されたのは１９８９年であり、他の先進諸国と比較して遅いことがわかります。その後、税率は次第に引き上げられ、現在の標準税率10％はオーストラリア、韓国と同水準です。ヨーロッパ諸国の多くの標準税率は20％を超える水準です。なお、アメリカは付加価値税をまだ導入していません。

column

基金の創設

２０２０年度に実施されたコロナ対策の補正予算では、様々な準備金が用意されました。たとえ

図4-7　諸外国における付加価値税の標準税率の推移

（2021年1月現在）

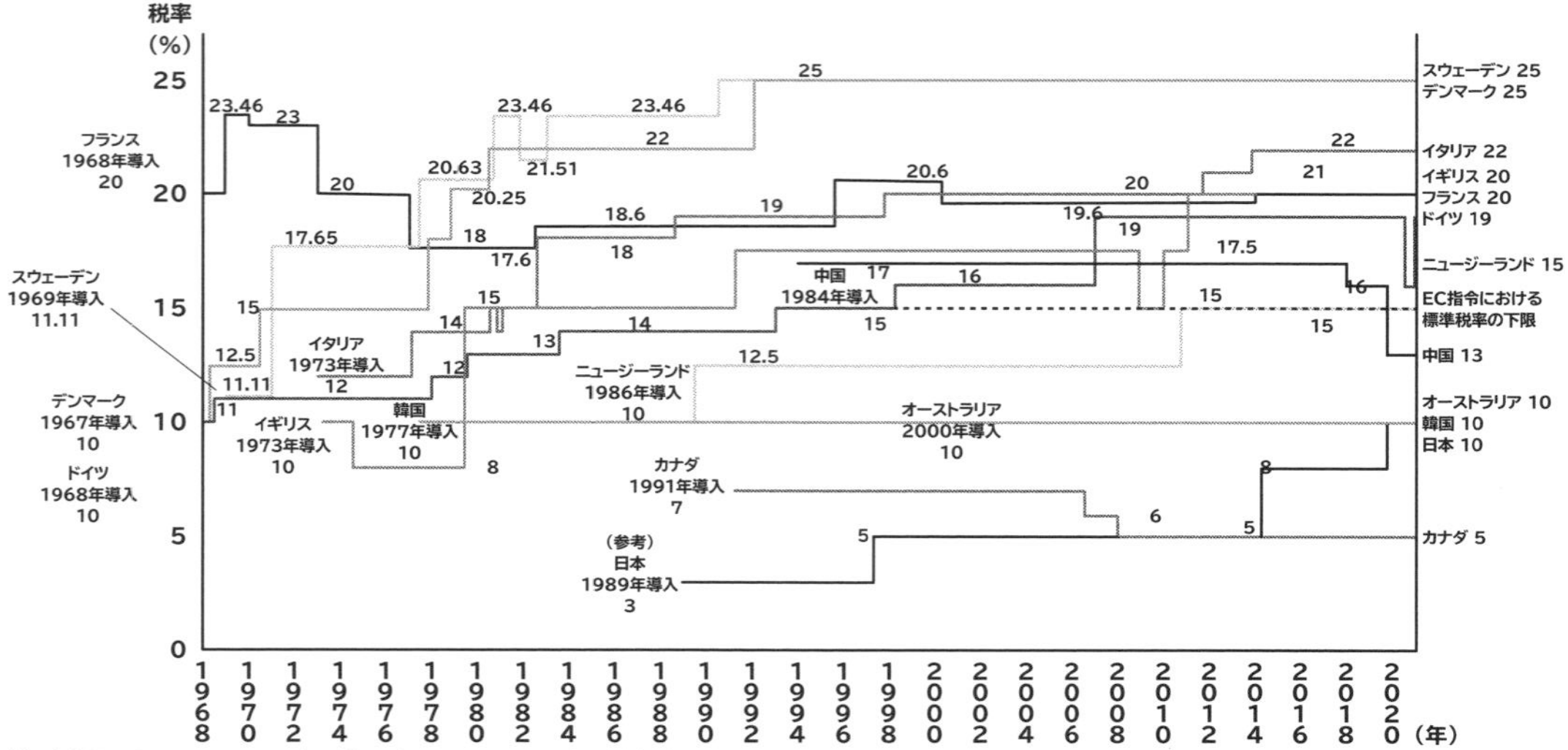

（注1）中国においては、1984年の導入時には品目により適用税率が異なっていたが（6～16%）、1994年に原則として17%の税率が適用されることとなった。
（注2）EUにおいては、1992年のEC指令の改正により、1993年以降付加価値税の標準税率を15%以上とすることが決められている。
（注3）日本の消費税率は地方消費税を含む。

出所：財務省「諸外国における付加価値税の標準税率の推移」

ば環境投資を支援する2兆円規模の基金を創設し、環境に優しいグリーン投資を成長戦略の柱に据える施策などです。そもそも、補正予算の景気対策の一環として基金を作る場合、その財源は公債発行となるので、借金をして基金を作ります。一方で資産（＝基金）を増やしながら、他方で借金（＝公債発行）も増やすのでは、相殺すると何もしていないことと同じであり、グリーン投資を支援するという将来の政策目標を単に表明しただけです。

むしろ、基金の創設は将来の増税を予想させるので、家計がこれを前もって予想すれば、将来の増税に備えて、今から消費を控えるかもしれません。そうすると、不況期の景気対策としては逆効果になりかねません。グリーン投資を援助するのが望ましいとすれば、借金をせずに、他の財源をやりくりして、資金を捻出して基金を創設し、その運用益で支援すべきでしょう。

「4」

政治と政府への信頼性が国民の納得感につながる

税金は、負担と受益が個人ベースで乖離しないことが重要

どんな税であれ、増税は民間の納税者にとって負担になります。たとえば所得税をかけすぎると、税負担の重みで勤労意欲が損なわれることが懸念されます。しかし、増税してもその使い道に納税者が納得していれば、実質的な負担感はあまりなく、勤労意欲は阻害されないでしょう。公的年金を例にとれば、年金保険料が引き上げられても、その財源が将来の自分の給付増にリンクしていると勤労世代が実感できれば、自分で貯蓄しているのと同じなので、実質な負担増は感じません。しかし、負担と受益が個人ベースで乖離して、負担の見返りが期待できないと、保険料は取られっぱなしと感じるので、保険料を支払う勤労世代の負担感も増加します。したがって、増税や保険料負担増の影響を考える際には、その使われ方、つまり政府の歳出とのリンクが問題となります。

なぜ税金は多数の国民のメリットがない方向へ？

ここで、歳出の大きな項目である公共事業を取り上げてみましょう。公共事業は社会インフラを整備することです。最近のように、特定の地域や特定の業種に偏った波及効果の少ない公共事業が多くなると、社会インフラが整備されても、その利用者はごく少数の地元住民に限定されます。工事を受注することで仕事にありつける人たちや、そのインフラを利用できる地元の人々は、熱心に陳情活動をするでしょうが、多くの国民はそうした公共事業にメリットを感じません。たとえば、過疎地の道路が整備されても、その道路を利用する人はごく少数にとどまります。

しかし、特定の利益団体が組織化されて強い政治力を持つ場合、政治的な力関係は特定の公共事業を推進する方向に働きやすくなります。その結果、社会全体から見れば不必要な整備新幹線が過疎地まで伸ばされたり、農業関連の公共事業（農道の整備など）が山間僻地まで実施されたりします。

これに対して、対象を限定した補助金でも、単発の一時的な政策であれば、それで恩恵を受ける人々があらかじめ特定されていないので、そうした人々は組織的なロビー活動をしづらいです。さらに、政治力を持たない人たちへの一時的な給付であれば、そうした政策は政治的にも支持されづらいです。

たとえば、コロナ危機が蔓延した２０２０年春に実施された家計への補助金の例を見ると、当初は弱者に限定した1世帯30万円の給付が実施されようとしましたが、そうした補助金への政治的な支持は強くありませんでした。結局、国民１人当たり10万円の給付を多くの国民が支持したため、後者のばらまき政策が政治的に選択されました。
これに対して、低所得層に限定した補助金でも、それが生活保護給付のように制度化されたものであるか、あるいは高齢世帯など政治力のある世代を給付対象とするものであれば、政治的な影響力は大きく、その削減は難しくなります。

税金が重すぎると感じるのは政府の問題

税金の負担と受益の問題において、「財政規模が大きくなると、政府は非効率になる」という批判があります。有権者が政府や政治家、政治に不信感を持つのは、税金が重すぎると感じるのと同時に、その使われ方に納得感がない場合です。政府規模が大きすぎる、政治家の報酬が高すぎる、公務員の給料が高すぎるなど、公的サービスが過大だという批判は、政府や政治家・官僚の働きぶりを評価していないときに生まれるのです。これは総じて政府への信頼の問題です。

北欧諸国ではマイナンバー（＝納税者番号制度）は政府の様々な政策の前提になっています。国民も政府を信頼し、政府は国民の個人情報をすべて把握できているので、負担能力に合った徴税や対象を適切に絞った給付も実施できます。

日本では、住民基本台帳カードが全く普及しませんでした。政府はマイナンバーカードにいろいろな付加的サービスを持たせて、このカードを普及させようと躍起になっています（表4－2参照）。菅政権ではデジタル庁の創設で、デジタル化を進めてマイナンバーを普及させようとしましたが、政治的な

表4-2　住民基本台帳とマイナンバーカードの比較

	住民基本台帳カード ➡	マイナンバーカード
1 券面の記載内容	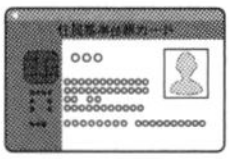 or 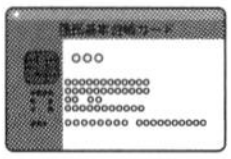 ○住民票コードの券面記載なし ○顔写真は選択制	表面 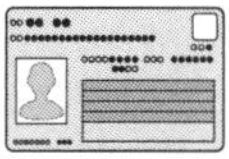 裏面 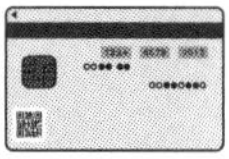 **○個人番号を券面に記載(裏面)** **○顔写真を券面に記載**
2 電子証明書	○署名用電子証明書(e-Taxでの確定申告等の電子申請に使用)	**○署名用電子証明書** **○利用者証明用電子証明書(新規)(コンビニ交付やマイナンバーポータルのログイン等、本人であることの認証手段として使用)** **○民間利用可能**
3 手数料(電子証明書)	500円が主 (電子証明書を掲載した場合は1,000円)	**無料(電子証明書含む)**
4 有効期間	○発行日から10年 ※電子証明書(署名用)は3年	○発行日から申請者の10回目の誕生日まで (ただし、20歳未満の者は容姿の変化が大きいため、申請者の5回目の誕生日まで) ※電子証明書(署名用・利用者証明用)は発行日から5回目の誕生日まで
5 利便性	○身分証明書としての利用が中心 ○市町村による付加サービスの利用(コンビニ交付、図書館利用等)	**○身分証明書としての利用** **○個人番号を確認する場面での利用(就職、転職、出産育児、病気、年金受給、災害等)** **○市町村、都道府県、行政機関等による付加サービスの利用(図書館利用等の他、健康保険証、国家公務員身分証等)** **○コンビニ交付利用の拡大(利用者証明用電子証明書の活用による)** **○電子証明書による民間部門を含めた電子申請・取引等における利用)**

出所：総務省ウェブサイト(https://www.soumu.go.jp/kojinbango_card/03.html)

信頼がないと国民の協力も得られません。マイナンバーによる一元管理が想定通りに普及していないのも、この点を克服できないことにあります。

「5」

情報のデジタル化が財政運営にも大きく影響する

デジタル化は、政府だけではなく有権者にも利点がある

前項で菅政権によるデジタル庁の創設について触れました。政府は、２０２０年代後半に次世代の通信規格「６Ｇ」に関して、世界をリードできる研究開発を支援するとの方針を持っています。すなわち、２０２１年９月にデジタル政策の司令塔となるデジタル庁を創設して、民間から２００人規模の高度な専門人材を迎えます。このデジタル庁で情報システムを一元的に所管し、マイナンバーカードを普及させ、カードと健康保険証や運転免許証の一体化を進める方針です（表４－３参照）。

たしかに、各省庁でばらばらに管理していた情報を一元化できれば、給付と負担の関係が個人ベースでより明確になります。たとえば、コロナ対応で混乱が生じた給付金も、デジタル情報が一元的に管理できていれば、より迅速・公平に実施できたでしょう。コロナワクチン接種の実施でも、対象者の病歴などが一元的に管理できるメリットは大きいです。ある政策で本当に対象としたい人を漏れなく抽出するには、デジタル化が必須の要件です。

表4-3　デジタル社会の実現に向けた改革の基本方針の概要

▶デジタルの活用により、一人ひとりのニーズに合ったサービスを選ぶことができ、多様な幸せが実現できる社会 ~誰一人取り残さない、人に優しいデジタル化~

▶デジタル社会形成の基本原則(①オープン・透明、②公平・倫理、③安全・安心、④継続・安定・強靭、⑤社会課題の解決、⑥迅速・柔軟、⑦包摂・多様性、⑧浸透、⑨新たな価値の創造、⑩飛躍・国際貢献)

IT基本法の見直しの考え方

IT基本法施行後の状況の変化・法整備の必要性

✓データの多様化・大容量化が進展し、その活用が不可欠

✓新型コロナウイルス対応においてデジタル化の遅れ等が顕在化

⇒IT基本法の全面的な見直しを行い、デジタル社会の形成に関する司令塔としてデジタル庁(仮称)を設置

どのような社会を実現するか

✓国民の幸福な生活の実現:「人に優しいデジタル化」のため徹底した国民目線でユーザーの体験価値を創出

✓「誰一人取り残さない」デジタル社会の実現:アクセシビリティの確保、格差の是正、国民への丁寧な説明

✓国際競争力の強化、持続的・健全な経済発展:民間のDX推進、多様なサービス・事業・就業機会の創出、規制の見直し

デジタル社会の形成に向けた取組事項

✓ネットワークの整備・維持・充実、データ流通環境の整備

✓行政や公共分野におけるサービスの質の向上

✓人材の育成、教育・学習の振興

✓安心して参加できるデジタル社会の形成

役割分担

✓民間が主導的役割を担い、官はそのための環境整備を図る

✓国と地方が連携し情報システムの共同化・集約等を推進

国際的な協調と貢献、重点計画の策定

✓データ流通に係る国際的なルール形成への主体的な参画、貢献

✓デジタル社会形成のため、政府が「重点計画」を作成・公表

デジタル庁(仮称)設置の考え方

基本的考え方

✓強力な総合調整機能(勧告権等)を有する組織

✓基本方針策定などの企画立案、国等の情報システムの統括・監理、重要なシステムは自ら整備

デジタル庁(仮称)の業務

✓国の情報システム:基本的な方針を策定。予算を一括計上することで、統括・監理。重要なシステムは自ら整備・運用

✓地方共通のデジタル基盤:全国規模のクラウド移行に向けた標準化・共通化に関する企画と総合調整

✓マイナンバー:マイナンバー制度全般の企画立案を一元化、地方公共団体情報システム機構(J-LIS)を国と地方が共同で管理

✓民間・準公共部門のデジタル化支援:重点計画で具体化、準公共部門の情報システム整備を統括・監理

✓データ利活用: ID制度等の企画立案、ベース・レジストリ整備

✓サイバーセキュリティの実現:専門チームの設置、システム監査

✓デジタル人材の確保:国家公務員総合職試験にデジタル区分(仮称)の創設を検討要請

デジタル庁(仮称)の組織

✓内閣直属。組織の長を内閣総理大臣とし、大臣、副大臣、大臣政務官、特別職のデジタル監(仮称)、デジタル審議官(仮称)他を置く

✓各省の定員振替・新規増、非常勤採用により発足時は500人程度

✓CTO(最高技術責任者)やCDO(最高データ責任者)等を置き、官民問わず適材適所の人材配置

✓地方公共団体職員との対話の場「共創プラットフォーム」を設置

✓令和3年9月1日にデジタル庁(仮称)を発足

出所:総務省「デジタル社会の実現に向けた改革の基本方針の概要」

デジタル化を活用するメリットは、有権者にとっても大きいものです。デジタル化が進むと、情報公開のハードルも低くなるからです。政府の保有する様々な個人ベースのデータ（たとえば、各人の納税記録や医療レセプトなど）が利用可能になるだけでなく、政治家の金の流れも透明化されることが期待できます。有権者が様々な政治家の情報に容易にアクセスできると、政治家をしっかりと監視することも可能になり、財政の情報を把握して、財政運営をきちんと評価することもできます。デジタル化は、情報の包括的収集によって、日本の政治・財政システムが改善され、国民にもそれなりのメリットが期待されてはじめて意味を持つのです。

情報漏洩のリスクがポイントに

メリットがある一方でリスクもあります。デジタル化で情報収集が容易になることは、裏を返せば、そうした情報が漏洩したときのコストも巨大だということです。現状の制度のままで単にデジタル環境を整備しただけでは、デジタル化の成果はあまり期待できません。一方で、その漏洩リスクの懸念が大きくなります。情報が漏れたり、不正アクセスで第3者に利用されたりするリスクは深刻です。また、政府が必要以上に個人情報にアクセスできることで、情報統制や政治的監視などに使われる懸念もあります。中国のような独裁政治国家では、デジタル技術が国民の行動を監視する上で重要な道具として使われています。デジタル技術は使い方次第で、メリットとデメリットが大きく変化するのです。

地方分権を徹底してデジタル化のメリットを享受する

デジタル化を推進しているのは中央政府だけではありません。地方自治体においても進められようとしています。デジタル化によって住民サービスがより効率化、迅速化、公平化すれば、地域住民にもメリットがあります。また、自治体の財政状況、政策決定の透明化にも貢献するでしょう。デジタル化が進めば、地方自治体でも今後はその成果が問われるでしょう。

しかし現実は、自治体におけるデジタル化の動きは遅めです。弱小の町村まで含めた1800の地方自治体が行政サービスの責任を担っていますが、地方公務員にＩＴ人材が乏しい地方自治体も多く、全国横並びでデジタル化の施策を進めるのは困難でしょう。

地方分権とデジタル化の関係を考えると、一見無関係なように見えますが、そんなことはありません。デジタル化のメリットを住民がもっとも身近に感じられるのは、地方分権が進んで受益と負担の両方を住民が真剣に考えるときでしょう。

これまでも多くの自治体で、公務員のカラ出張、ヤミ給与、地方議員の政策助成費の不正使用など、公金の不正支出が明るみに出ています。しかし、こうした不祥事はなかなか根絶されません。これは、住民にとって、地方の公務員や政治家をしっかりと監視する経済的誘因があまりないからです。政治家の不正支出が情報公開によって明らかになったとしても、そうした無駄な支出が削減される分だけ、住民の税負担が軽くなるわけでもありません。別の無駄な支出に消えることも考えられます。ですから、より現実的な政治的圧力は、個々の無駄な支出を削減して、その分だけ税負担が軽くなることで生まれます。あるいは、固定資産税などの税負担が重くなっても、それに見合って地方政府の行政サービスも充実すれば、住民も増税に賛成するかもしれません。

ところが、受益と負担が分離している現在の制度では、住民にとって地方自治体の支出や経費の使い道を監視するメリットが少ないです。総務省が地方自治体の財源の手当をしている限り、住民にコスト意識が芽生えないため、監視は甘くなり、また、あえて、監視するメリットも小さいのです。逆にいえば、地方分権を徹底して国による財源補助がなくなり、地方自治体の中で受益と負担がリンクしてくると、住民が監視する役割は大きくなり、また、デジタル化のメリットも大きくなります。

国の財政に関して、デジタル化が進んで、国民が財政情報に容易にアクセスできたとしても、国民が監視するのは大変です。国の場合、税金を負担する国民も受益を受ける国民も数が膨大であり、受益と負担をリンクさせることが難しいです。ある歳出が無駄だと判明しても、だからといって国民の税負担がその分だけ軽減される効果は微々たるものです。これに対して、地方自治体の財政情報の場合、対象となる住民の数も限定されており、歳出の使われ方も実感しやすくなります。したがって、デジタル化で財政情報が明確になり、透明性が高くなれば、住民もそのメリットを感じやすくなります。

第４章のまとめ

財政赤字が累増しやすいのは、政治的に政権基盤が不安定で政治家が近い将来の選挙のことしか考えていないときです。将来の経済成長があまり見込めないとすれば、将来世代に多大の負担を負わせるのは、望ましいことではありません。長期的な視点で政治家や政府が行動する政治的動機付けが必要でしょう。

最近の日本経済の低迷は、景気循環の一局面としての不況期ではなく、構造的な要因で経済の実力水準が低迷している結果です。潜在成長率を引き上げるには、景気対策で需要を増加させるのではなくて、長期的視点で供給サイドの生産性を上昇させる必要があります。

デジタル化には政治的信頼が必要不可欠です。有権者が様々な政治・財政情報に容易にアクセスできると、政治家をしっかりと監視することも可能になり、財政運営をきちんと評価することもできます。情報の包括的収集と透明化によって、国民にメリットが実感できてはじめて、デジタル化は意味を持ちます。

5

第5章

金融政策を経済学で読む！

「1」

中央銀行は政治から独立した存在が望ましい

中央銀行は政治的に影響されずに金融政策を実施する

第1章でも述べたように、中央銀行はお金の量や金利をコントロールすることで、金融市場の安定を図っています。日本銀行は円という紙幣を発行し、市中の銀行にお金を供給しています。その際の金利は政策金利と呼ばれ、金融政策の重要な政策手段です。

中央銀行が実施する金融政策は、政策金利の調整やお金の量のコントロールを用いて、物価（＝いろいろな財サービスの価格水準をある指標でまとめて表した経済全体の「もの」の値段）が上がりすぎたり下がりすぎたりしないように、安定させることを目的とします。同時に、金融市場の安定化、信用秩序の維持というミクロ的な金融の機能を維持することと、雇用の確保やＧＤＰの拡大などマクロ経済活動を活発にさせることも重要な目標です。

金融政策ではきめ細かい政策調整が必要になります。金融市場では1日24時間分刻み、秒刻みで世界中で活発に資金が移動しており、金融に関わる情報も世界中を瞬時に駆け巡ります。金融市場に関わる

表5-1　日本銀行のオペレーション関連事務の１日の流れ

(2008年10月27日の例)

時刻	日本銀行の事務
9時30分	●先日付スタートの国債買現先オペ(1兆円)をオペ対象先に対してオファー。
10時10分	●先日付スタートの国債買入オペ(3,000億円)をオペ対象先に対してオファー。 ●先日付スタートの国債買現先オペの入札締め切り。
10時25分頃	●先日付スタートの国債買現先オペの落札決定を行い，その結果を入札先に連絡。また，日本銀行ホームページ等を通じて応札総額・落札額・落札平均レートなどを公表。
11時40分	●先日付スタートの国債買入オペの入札締め切り。
12時頃	●先日付スタートの国債買入オペの落札決定を行い，その結果を入札先に連絡。また，日本銀行ホームページ等を通じて応札総額・落札額・落札平均レートなどを公表。
12時50分	●即日スタートの共通担保資金供給オペ(本店貸付オペ，6,000億円)をオペ対象先に対してオファー。
13時20分	●即日スタートの共通担保資金供給オペ(本店貸付オペ)の入札締め切り。
13時35分頃	●即日スタートの共通担保資金供給オペ(本店貸付オペ)の落札決定を行い，その結果を入札先に連絡。また，日本銀行ホームページ等を通じて応札総額・落札額・落札平均レートなどを公表。
随時	●申込みがあった先に対して補完貸付(ネットで600億円)を実行。

(注)日本銀行のオペレーションは，2010年末現在，基本的にはその種類ごとに以下のような定例の時刻にオファーされている。

9時20分：即日スタートのオペレーション(国債買現先オペ，国債売現先オペ，共通担保資金供給オペ，手形売出オペ)

9時30分：先日付スタートのオペレーション(国債買現先オペ，国債売現先オペ，CP等買現先オペ)

10時10分：先日付スタートのオペレーション(国庫短期証券買入オペ，国庫短期証券売却オペ，国債買入オペ)

12時50分：即日スタートのオペレーション(国債買現先オペ，国債売現先オペ，共通担保資金供給オペ，手形売出オペ)

13時：先日付スタートのオペレーション(共通担保資金供給オペ，手形売出オペ)

14時：国債補完供給

出所：日本銀行金融研究所「日本銀行の機能と業務」P.128

投資家や市中金融機関の行動も素早く、政策対応にも迅速さと専門性が要求されます。表5－1は日々のオペレーション関連の業務を示していますが、これは日銀の業務の一例にすぎません。こうした業務は分刻みで動いています。

日々の金融市場の動向をチェックして、市場の動きに機敏に対応するため、中央銀行は金融政策に関する専門的なスキルを持つ人材を用い、また、迅速に対処できる政策決定機関であることが望ましいです。他方で、政治に関わる国会議員などの政治家は、金融の専門家でもないですし、政治家の最大の関心は政権の維持であって、物価の安定ではありません。目先の選挙での当選を最優先する与党の政治家は、当面の景気動向により関心があり、金融市場の安定を必ずしも重視していません。往々にして、政治家は直近の景気対策に過度に重点を置きがちであり、インフレのコストを過小評価しがちです。また、国会での意思決定は法案の策定や審議、制定など政治的な調整を必要としますので、政策決定までの時間も長いです。

したがって、当面の選挙を気にする与党政治家の政治的な影響に左右されずに、専門的に意思決定できることが金融政策には重要です。それを担保するものとして、中央銀行は政治的に独立することが望ましいです。我が国でも、日銀総裁は5年という長めの任期が保障されており、選挙での有権者の意向を気にせずに、落ち着いて政策目標を決定できる環境にあります。金融市場が巨大化、精緻化するほど、政治的に影響されない機関として中央銀行の役割は重大になります。

近年は日銀の政治的独立性が不安定に

前述のように、日銀の政治的独立性は法的に担保されており、実際にも独立した政策当局として行動してきました。その結果、日銀のインフレ目標は、従来は政府の目標よりも保守的でした。日銀総裁は政府が任命することになっていますが、政府の意中の人物が必ずしも日銀総裁に任命されてきたわけでもありません。通常は、慣例として、日銀が内部の人材からふさわしいと想定される（暗黙のうちに推薦する）人物が総裁になるか、あるいは、外部から登用する場合でも日銀の独立性を重視する人事が行われてきたのです。

しかし、最近の日本の現状を見ると、日銀の政治的独立性は危ういです。中でも、2012年の政権獲得直後から当時の安倍政権は、当時の白川日銀総裁の金融政策に政治的圧力をかけ、積極的な金融緩和（＝マネタイゼーション＝通貨供給の拡大）を志向させました。2013年に安倍政権が次の日銀総裁として黒田総裁を決めた人選では、安倍政権の異次元（＝極端に積極的な）金融緩和政策を遂行する人物であることが決め手となり、それ以降、日銀と政府は政策的に一体化しました。2021年現在、異次元の金融緩和政策を実施すべく、黒田総裁の日銀と政府は同じ政策目標を共有しています。

アベノミクスと日銀の異次元金融緩和の結果は?

２０１３年以降、日銀が掲げている目標が、２％のインフレです。安倍政権の経済政策＝アベノミクスを金融面から支える黒田総裁の「異次元金融政策」は、それまでの「ゼロ金利政策」と一線を画した未曾有の実験です。それは大量の長期国債を購入してベースマネー（日銀が供給する通貨の量）を積み上げ、金融を大規模に緩和させることで民間のインフレ予想への働きかけを意図します。財政出動のために発行される国債を中央銀行が事実上無制限に引き受けることで、資金（＝お金）を大量に市中に供給。金利をマイナスにまで引き下げることで、企業や家計の資金需要を刺激して、経済を活性化させるとともにデフレ心理をインフレ心理に転換させることを狙っています。

すなわち、中央銀行と民間銀行のお金のやりとりに関わる政策金利をマイナスにして、民間銀行が企業や家計とお金を貸し借りする際の市場金利をほとんどゼロにまで下げるのです。家計や企業にとっては、金利がほとんどゼロならお金を貯め込む（＝貯蓄する）よりも、投資や消費を増やしたり、住宅購入資金のために借入したりする方が得になります。こうした需要が増加すると、財サービスの価格は値上がるでしょう。企業や家計が近い将来物価がもっと上がるだろうと、インフレを予想すると、早めに購入した方が得だと考えます。購買意欲が刺激され、消費や投資の需要が増加するので、経済も低迷から脱却できて、成長も促進され、日本経済も再生できるというシナリオです。

また、日本の金利がアメリカの金利よりも低くなると、低い金利の円資産で運用するよりも相対的に高い金利で運用できるドル資産の方が得になります。そうなると、円資産に対する需要が減退して、為替レートは円安になります。円安になれば、アメリカでドルベースでの販売価格を引き下げることができて、アメリカへの輸出が有利になるので、輸出関連企業の業績も改善できる流れが生まれます。

実際、黒田総裁が主導した異次元金融緩和によって、当初は大幅な円安が進み、将来の景気回復を先取りして株価も急上昇しました。しかし、図５－１に示すように、２０２１年現在、２％のインフレ目標は未だ達成されないまま、異次元の金融緩和政策がだらだらと続いています。実体経済を見ると、金利がほとんどゼロでも経済活動はそれほど活発にならず、インフレ率も上昇していません。これでは、経済低迷から脱却の見込みも未だに不透明なままといわざるを得ないでしょう。

日銀の国債や株式の購入が増加の一途をたどる

金融当局が政治的に独立しているのが望ましいと先述しました。したがって政府（あるいは財政当局、政治家）の意向に中央銀行が全面的に協調・協力するのは、必ずしも良いことではありません。政府あるいは政治家は、好不況にかかわらず景気対策の拡充を求める利益団体の政治的圧力に迎合しやすい傾向があります。もちろん大不況であれば、積極的な金融緩和政策は正当化されます。しかし通常の景気循環の一局面での不況であれば、いずれ経済活動は回復するので、それを後押しする程度の金融政策で十分であり、極端な緩和政策はインフレを過熱させる懸念があるため、望ましくありません。

それでも、目先の経済状況を気にする有権者は、景気が良くなりそうな政策を支持するでしょう。こ

図5-1　消費者物価指数(前年比)

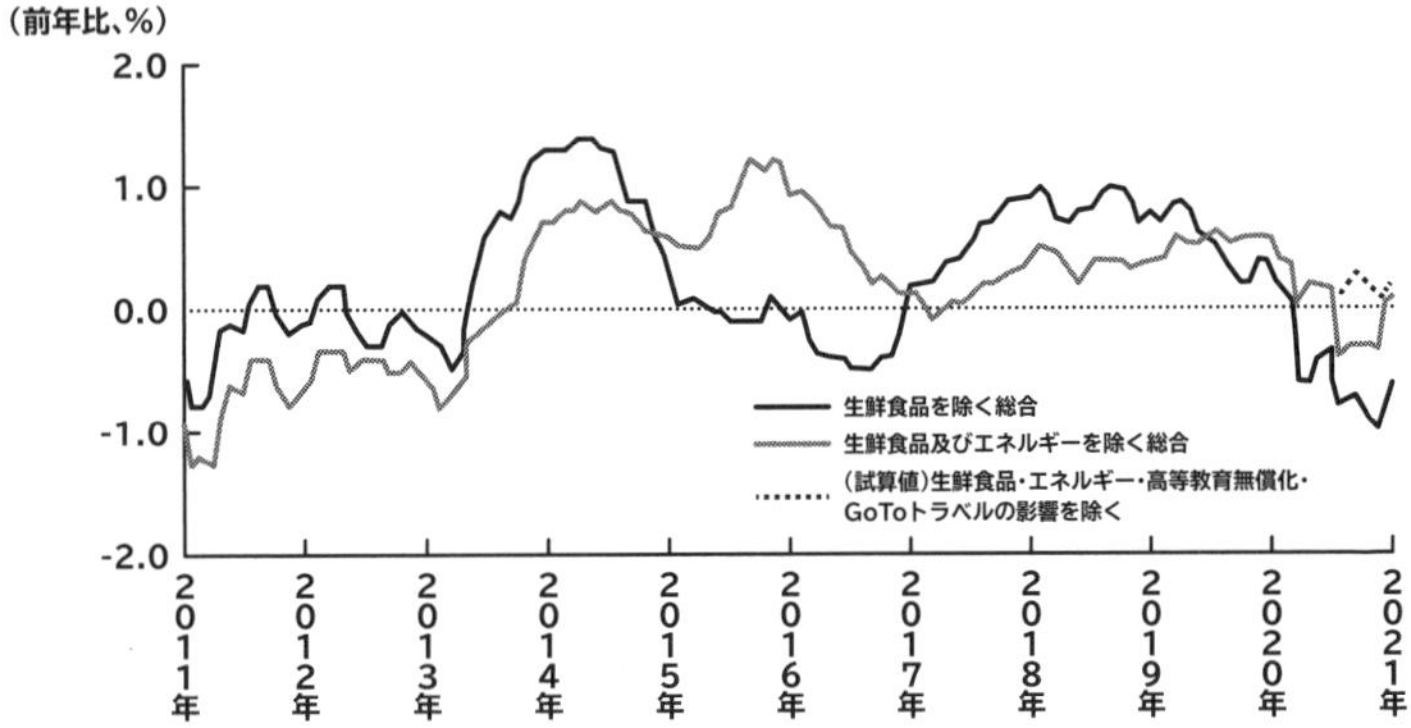

(注)消費税、幼児教育・保育無償化の影響を除く。

出所:総務省「消費者物価指数」

うした政治的な圧力に弱い政治家は、常に不況を過大に認識して、金融緩和や財政出動を求めがちです。特に、財政状況が厳しい日本では、大量に発行されている国債を日銀が購入することで、市中に出回る国債の量を増やさないようにして、国債の金利が上昇するのを避けています。そうなると、財政赤字が累増しても金利が上昇しないので、政府や政治家はますます財政出動に拍車をかけます。日銀が国債を購入する政策（＝国債ファイナンス）を続けさせようとする政治的圧力も強くなるのです。

　あるいは、日銀が株式市場で株を購入すると、株価が上昇する材料になります。株価が上がると、市中の投資家も値上がり益を期待できるので、喜ぶ人は多いです。また、公的年金も最近では国債などの債券よりも株式の運用を増やしているので、株価の上昇は喜ばしいものです。こうした政治的配慮もあって、日銀の国債や株式の購入は増加する一方です。

２０１０年から日銀は、金融緩和の一環として上場投資信託（ＥＴＦ）の買い入れを始めました。２０２０年度決算によると、日銀の総資産（21年3月末時点）は前年比18・2％増の７１４兆５５６億円と過去最高を記録。コロナ禍で打撃を受けた経済を支えるため、金融機関への貸出金なども増えました。ＥＴＦは35兆８７９６億円となり、株価上昇の含み益で見た時価ベースでは51兆５０９３億円となり、日銀は日本最大の株式保有者です。

株式市場は「官製相場」の様相を帯びており、株価のゆがみに対する懸念も強くなっています。日銀が無理に国債や株式を買い支える政策は、国債価格や株価の適正な値付けをゆがめる恐れがあり、本来あるべき政策ではありません。

企業や家計の投資や借り入れ意欲が高まらないと、いくら日銀が通貨を供給しても、それは預金として積み上がるだけで実際の経済活動に回りません。金利がほとんどゼロでも、有望な投資期待がなければ、企業の投資は刺激されず、借入金利がゼロ近くまで低下しても、将来の所得に不安のある家計は住宅ローンの積み増しに慎重になります。インフレ期待が乏しく、近い将来も物価が上昇しそうにないと思うと、今無理をして物を買うこともありません。２０２１年現在、２％のインフレ率で経済活動を活性化させるというアベノミクスの楽観的なシナリオは、実現していません。異次元金融政策は中央銀行の政治的独立性を損ないましたが、その代償としての経済活性化効果は十分に発揮されていないのです。

アベノミクスが実物経済に与えた影響

金融当局が2％までインフレ率を引き上げることにこだわるのは、標準的な金融政策からすれば、非伝統的で異端の理念です。本来、金融当局はインフレ抑制という保守的な理念を持つべきとされてきました。しかし日銀は、デフレが止まらない非常時だからという理屈で、政府（政治家）が主導する政策（＝アベノミクス）に従って、短期の利益を追求する異次元の金融政策を志向しています。マイナス金利という禁じ手も総動員して、2％のインフレを目指しています（図5－2参照）。

マイナス金利とは、民間の金融機関（市中銀行）が日銀に預けている預金金利がマイナスになることを意味します。この金利がプラスであれば、市中銀行は日銀預け金から金利収入を得ます。しかし、マイナス金利の場合、預金者である市中銀行は日銀に金利を支払います。したがって、日銀に資金を預けたままにしておくと不利になるため、市中銀行は企業への貸し出しに資金を回すようになって、経済の活性化も期待できるというシナリオです。なお、家計が銀行に預ける預金の金利や企業が銀行から融資を受ける貸出の金利までマイナスになることはありませんが、ほとんどゼロの低金利で運用（あるいは借入）することになります。

しかし、こうした極端な政策でお金が市中に出回っても、企業の投資意欲が好転しないと、投機的資金が土地や株などの資産に流れ、予想を上回る速度で地価や株価という資産価格が上昇して、バブル経済が止まらなくなる恐れもあります。資産価格に対する過度のインフレ心理が蔓延すると、投機は刺激

図5-2　マイナス金利政策下の長期金利

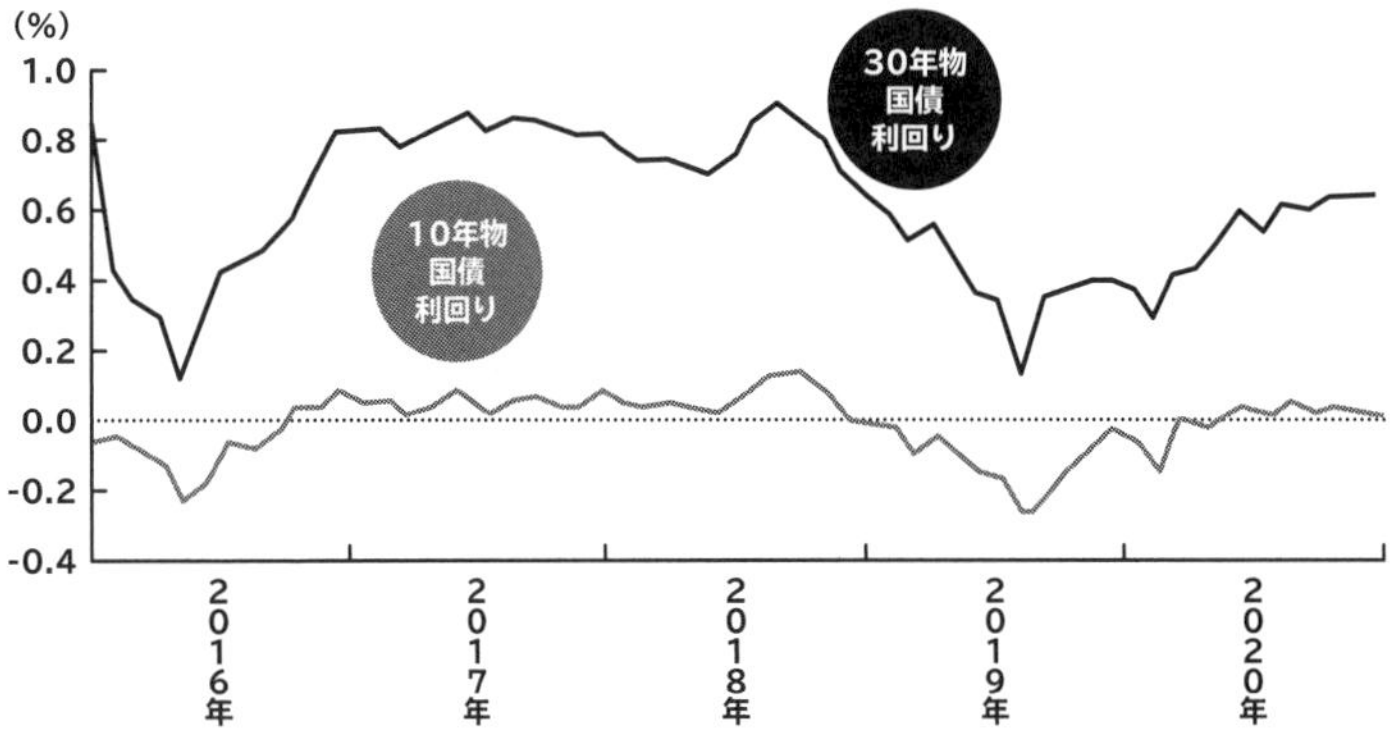

月次値、直近は20年12月

出所：日本経済新聞「マイナス金利、日銀の苦闘5年　見えた修正の方向性」(2021.01.16)

されますが、実物経済は停滞したままです。日本経済に成長エンジン（＝新規のイノベーション）が乏しいままだと、過度な金融緩和はその運用先が株や土地などの資産に集中し、資産価格の高騰という資産バブルだけで終わってしまう懸念があります。財政の放漫化とともに、いずれはバブルが崩壊して、日本経済に混乱・弊害をもたらしかねません。

　もし、非伝統的で大胆な金融緩和やマイナス金利という非常手段が当面成功したとしても、やがては普通の金融政策に戻る出口戦略が必要になります。入口で大幅な金融出動を実施すればするほど、出口での引き締め政策も強力なものになります。そうなると、金利上昇が実物経済、ひいては財政の持続可能性に与える悪影響もより大きくなります。たとえば、日銀が国債の購入を減らすと、新たな購入先が見つからない限り、国債価格は暴落し、日本国債の信認に大きな問題が出てきます。

財政規律を維持できていない状況で、金融政策で出口戦略をとり、日銀が国債買い入れ額を縮小し始めると、国債の引き受け手がいなくなり、国債価格の暴落という財政破綻が顕在化します。

ですから、経済低迷とデフレを脱却するには、金融政策に頼るのではなく、投資機会を増やして、実物の経済活動を活性化させることが重要です。規制改革などで生産性を上昇させて、実力ベースのGDPを引き上げるには、金融緩和政策は効きません。

財政ファイナンスが極端なインフレを引き起こす恐れも

日銀は大量の国債を購入していますが、事実上の財政ファイナンス（＝マネタイゼーション）になっています。返済できる見込みがないほど膨大な長期債務を抱えた政府の財源調達を支えるために、金融当局は国債を購入せざるを得ないという受動的な金融運営を迫られているのです。そういった状況では、金融政策は財政政策のサポート役に回り、金融政策で物価やインフレは操作できず、実質的に物価水準やインフレ率は財政政策のあり方によって決まってきます。

第2次世界大戦時に日本は戦費を調達するために、大量の国債を発行しました。終戦直後のハイパー・インフレ（年率１００％を超える極端に高いインフレ）によって国債の名目価値はほとんどゼロになって、実質的に借金が帳消しになりました。この例に見られるように、今後も財政健全化が期待できないと、インフレでしか借金の帳消しができなくなります。人々がそうした期待を持つと、実際にインフレが生じます。なぜなら、国債を保有している民間の人々がインフレを予想すると、国債などの金融資産を保有し続けると損になると考えるため、彼らは国債を早めに売って実物に変えようとします。物への需要が増加しますので、物価が上昇して、インフレになります。借金の返済先送りで将来の物価水準が上昇すると、もともと将来に返済義務のあった国債という名目負債の実質価値は減少します。

２０２１年現在日本では、長期国債の価格（＝国債の名目価値）が暴落する兆候はまだ見られません。これは債務返済を先送りしても、いずれは将来に増税や歳出削減努力で財政余剰を増やす財政健全化がとられると投資家が予想しているので、安心して日本国債を保有しているからと考えられます。

政府が高齢世代の政治力に配慮すると、社会保障給付の削減ではなく、所得税や社会保険料の引き上げなど現役世代や将来世代の負担増で財政の健全化、つまり、プライマリーバランスを改善しようとします。こうした対応で財政健全化が期待できる限り、インフレによる国債債務の帳消しという事態は回避できます。しかし、現役世代や将来世代が負担するにも限界があります。その限界が見えたとき、国債を保有している投資家の期待は悲観的になり、一気にインフレ予想が高まり、国債価格が暴落するリスクが生まれます。

「2」

中央銀行が対応する金融不安と事後的支援

金融機関への不安は、「取り付け騒ぎ」を引き起こす

中央銀行にとって、異次元金融緩和政策のようなマクロ金融政策とは別に、民間の金融機関が健全に業務しているかどうかという個々の金融機関の信用を監視する役割も、円滑な信用秩序の維持に不可欠であり、ミクロ金融政策として重要です。民間金融機関が安定的に金融活動を行うことは、家計や企業など預金者や借り手にとっても大切だからです。表5－2に示すように、日銀は金融庁とともに市中銀行へのモニタリング（考査あるいは検査）を行っています。

金融とは、そもそも貸し手と借り手が、信用を前提に資金を貸し借りすることで成り立っています。家計が預金を銀行に預けるのも、銀行を信用して将来金利とともに元本が引き出せると信じているからです。借り手の企業もその資金を有効に使って将来きちんと返済できるという見込みがあって、銀行から資金を借ります。銀行は借り手と貸し手の仲介をすることで、お金が余っている人からお金を必要としている人へ資金を融通します。

表５-２　日本銀行による考査と金融庁による検査の比較（銀行の場合）

日本銀行による考査は，考査契約に基づくものであり，行政権限の行使として金融庁が行う検査とは異なっている。

	日本銀行による考査	金融庁による検査
法的根拠	日本銀行法（第44条）を根拠とした考査契約	銀行法（第25条等）
目的・内容	最後の貸し手機能等の適切な発揮に備えるため、業務および財産の状況を調査し、その結果に基づき助言等を行うこと。	金融機関の業務の健全かつ適切な運営を確保するため、法令等遵守態勢、各種リスク管理態勢等を検証し、問題点の指摘やそれに対する認識を確認すること。
適切な実施を確保する仕組み	正当な理由なく考査や情報提供を拒絶した場合、その事実を公表することがある。また、そのことは当該先との当座預金取引等を解約することを妨げない旨の定めがある。	立入検査権や資料提出請求権を付与された行政権限の行使として実施され、これに従わない場合には罰則が課されることもある。

出所：日本銀行金融研究所「日本銀行の機能と業務」

このとき、銀行は預金量の数倍多い資金を貸し付けます。通常は預金者が全額の預金を一斉に引き出すことはないので、銀行は預金の何倍かの貸し付けを行うことができます。こうした金融活動で余剰家計から不足企業へ資金が有効に使われることで、お金も経済もうまく循環し、経済活動が活性化します。

しかし、何らかのもっともらしい理由で、ある金融機関の経営が危ないという情報が流布し、その金融機関に対する信用が崩れると、その金融機関の預金者が一斉に預金を引き出そうとする「取り付け騒ぎ」が起きます。そして、その金融機関が本当に経営危機に陥っていたとすれば、取り付け騒ぎは現実の危機になります。たとえば、金融機関の不祥事として、過剰融資で多額の不良債権が表面化したり、無理に高い金利で預金を集めて、運転資金に流用する自転車経営が発覚したりする場合があります。そして、不安に感じた預金者が預金引き出しに殺到して、当該銀行がこうした引き出しに応じることができないと、信用不安が表面化します。

民間銀行のモニタリングを行って信用秩序を保つ

たとえば、90年代の住宅関連の不良債権や2000年代のリーマンショックなどでは、一部の金融機関が破綻し、それがきっかけで広く金融不安が生じました。金融機関への信用がなくなり、取り付け騒ぎが蔓延すると、金融市場全体が機能しなくなります。中央銀行はこうしたリスクを回避すべく、金融市場全体の信用秩序を維持するように努めています。

金融危機への対処では、起きてからの処理とともに、起きる前に事前にそうした危機を避ける取り組みが重要です。そのために、中央銀行は、平時から個別金融機関の財務状況を監視して、放漫経営で不良債権が積み上がったり、手持ちの資金が枯渇し、無理な金利設定で預金をかき集めたりしないように、民間金融機関の経営を監視（＝モニタリング）することが求められます。しかし、不幸にして危機が表面化した非常時には、預金者・債権者がパニックになって当該金融機関に押しかけます。このとき中央銀行は、預金を全額引き出そうとする取り付け騒ぎという最悪の事態を回避するために、経営に行き詰まった銀行への最後の貸し手としても登場します。

その際に、経営者の法的責任を追及するとともに、公的資金投入で当該金融機関を支援します。ですが、これは政治的には厳しい選択です。なぜなら金融機関が法的に擁護された一流企業であり、その従業員が優雅な生活をしていると感じている多くの国民は、そうした銀行への公的資金投入（＝税金での支援）に反対するからです。こうした政治的雰囲気に配慮して、破綻処理への公的支援が遅れると、信用秩序が混乱して、傷口はますます悪化します。

逆に、政治家の中には必要以上の公的資金援助を求める声もあり得ます。信用秩序を安定的に維持することは大切ですが、日銀がすべてを取り仕切ることはできません。それぞれの市中金融機関が日頃からしっかりと自らの経営の持続可能性をチェックして、不良債権を累積させないことが最も重要です。

大きい金融機関ほど経営が行き詰まってもつぶせない

仮に、ある金融機関の不良債権が拡大しすぎて、経営が行き詰まったとしましょう。破綻に直面した金融機関の処理は政治的案件になります。考えられる選択肢の1つは、当該金融機関を破綻処理させる（＝倒産して法的に精算する）方法です。しかし、こうした法的処理が予想されると、預金者はそれを見越して早めに預金を引き出そうとします。先述した、取り付け騒ぎです。こうした預金者が膨大な人数になれば、取り付け騒ぎは金融機関全体への不安心理を増幅。他の金融機関の経営にも悪影響を及ぼします。大きな金融機関の破綻処理は民間企業の破綻処理よりも、周りに与える波及効果が大きいため、簡単には破綻させづらくなります。

その結果、政治的には大きい金融機関ほどつぶせなくなり、その処理に公的資金や税金が投入されます。金融機関はそれを見越して規模を拡大しようと、無理に預金を集めたり、リスクのある危ない投資・融資に走ったりします。

column

ゲーム理論での分析

先ほどのロジックを簡単なゲーム理論で説明しましょう。簡単化のため、銀行が健全経営を行えば必ず経営は維持できますが、放漫経営を行えば経営が行き詰まるとします。銀行が困窮したとき、政府は救済するかしないかを決断します。

銀行が健全経営を行ったときの銀行の利得は「中」くらい、政府および国民の利得も「中」くらいとします。銀行が放漫経営を行っても政府が救済しなかったときの銀行の利得は「負」になり、政府および国民の利得も「負」になりますが、銀行が放漫経営を行って政府が救済したときの銀行の利得は「大」と大きく、政府および国民の利得は「小」と小さいとします（図5－3参照）。

銀行は、健全経営をすることにコストがかかるため、放漫経営をして政府に救済してもらう方が、健全経営をするよりも銀行の利得が高いと想定します。このとき、もし政府が「銀行はつぶさない」と宣言すれば、銀行は放漫経営を行っても必ず救済されるので、銀行は放漫経営を行います。なぜならば、放漫経営をして救済されれば銀行の利得は「大」で、健全経営をすれば利得は「中」だからです。

しかし、政府は銀行に放漫経営をしてもらいたいために、「銀行はつぶさない」と宣言しているわけではありません。やはり、健全経営をしてもらいたいのです。そのためには、政府は銀行が放漫経営をしてつぶれても、救済しないという姿勢を示さなければなりません。そうすれば銀行が放漫経営をしてつぶれたときに、銀行の利得は「負」となり、健全経営をしていれば利得が「中」となります。つまり、政府は銀行に健全経営を強いるために、あらかじめ「放漫経営をして行き詰まっても、救済しない」と宣言しなければなりません。

しかし、本当に政府は「銀行が放漫経営を困窮しても、救済しない」のでしょうか。もし、銀行が放漫経営をしてつぶれそうになったときに、その時点で政府が意思決定するなら、救済しないなら政府および国民の利得は「負」、救済すれば利得は「小」です。銀行が放漫経営をして困窮した後で意思決定するなら、政府および国民にとっては、救済した方が望ましいです。政治がその場限りの損得で政策を見直せるとすると、国民の利益を確保するために、銀行を救済する方が望ましいです。したがって、「銀行が放漫経営をして行き詰まっても、救済しない」というのは、信用できない脅しということになります。

90年代の不良債権は護送船団方式で対応

これまでにも述べてきたように、我が国では1990年代に入って、バブルの崩壊とともに多くの金融機関で不良債権が表面化しました。しかし、不良債権の処理は先送りされ、1997年11月に山一証

図5-3　銀行を救済するかしないかのゲーム

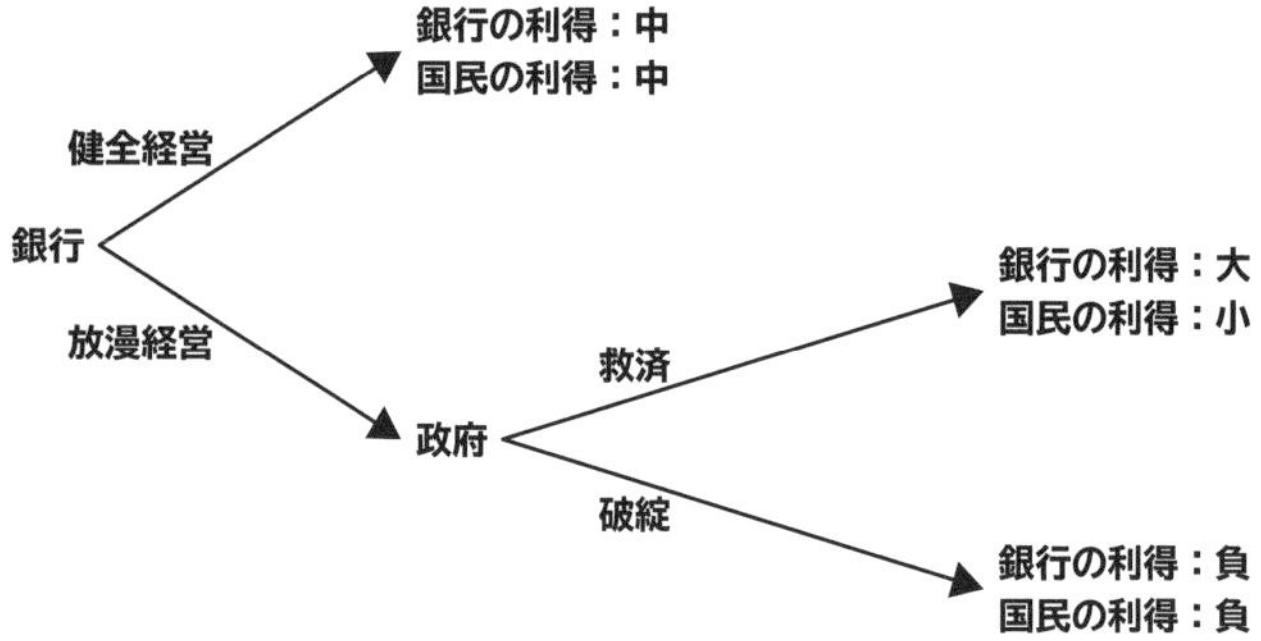

券や北海道拓殖銀行が破綻。金融混乱が生じました。それまで抜本的な対応のないままに、処理を先送りしてきた分だけ、いったん金融不安で金融市場が混乱すると、その傷口は大きくなりました。

　不良債権が大量に発生した直接的な理由は、バブルの崩壊による地価や株価の低下で、銀行の担保資産価値が減少したことにありました。しかし、その背後には、金融機関が放漫経営で、１９８０年代後半のバブル時代にきちんとした審査なしで、バブル景気に便乗して融資を拡大したことがあります。

　護送船団方式といわれたように、効率の悪い金融機関もみんなで保護し、「銀行は一行たりともつぶさない」という方針だったことが、銀行が放漫経営をする誘因になっていました。放漫経営でバブル期に無理な融資を増大させた結果、バブル崩壊後１９９０年代前半に大量の不良債権が表面化したのです。

1970年代前半までの高度成長期には、日本経済全体が拡大していたので、ある金融機関が不良債権を抱えて破綻の危機にあったときでも、その金融機関は別の金融機関に吸収合併されることで、破綻を処理することができました。これがもっとも弱い機関をみんなで守っていくという「護送船団方式」です。しかし、金融のグローバル化が進展し、国際的な金融大競争の時代になると、大手の金融機関も量的に預金を集めて貸し出す業務では生きていけなくなります。その結果、破綻した金融機関の面倒を見る余裕がなくなりました。従来の護送船団方式という救済合併の手法に限界が見え始めたのです。

ただ乗りの誘因によって不良債権の処理が遅れる

1990年代に金融機関の不良債権処理が遅れた理由は、他にもいくつか考えられます。1つは、銀行経営者や金融当局が、将来また地価や株価が上昇するだろうという甘い期待を持ったことです。これにより処理が先延ばしにされ、不動産取引や紛争処理にかかわる法律上の制約のために、処分しようとしても時間がかかってしまった面もあります。

我が国の法律では借り手の権利が過度に優遇されており、既得権化しています。明治時代の経済環境を前提とした法律が未だに有効であり、土地や中古住宅の流通市場の発展を妨げています。これは、不良債権の処理にはマイナスですが、一方で、弁護士などの法曹関係者の仕事を増大させて、彼らの利得＝レントを大きくしています。

さらに、不良債権の処理が遅れた背景には、財政再建におけるのと同様、ただ乗りの誘因による弊害もあります。すなわち、不良債権を処理して、円滑な信用秩序を維持するために、各金融機関がどれだけ負担をするかという問題です。信用秩序の維持は公共財という側面があり、各金融機関は安定的な信用システムによって大きなメリットを受けます。

ただ乗りの誘因について具体的に考えてみましょう。不良債権のために、ある金融機関が破綻したとします。他の金融機関が何らかの支援をしない限り、あるいは、公的資金が投入されない限り、金融不安が増幅されて、信用秩序の維持が困難になるとしましょう。

それぞれの金融機関にとってもっとも都合が良いのは、他の金融機関の負担（あるいは公的資金の投入）で破綻した金融機関の処理が行われることです。そうすれば、自らは懐を痛めることなく、信用秩序の維持というメリットを享受できます。

実際には我が国では1990年代まで、ある金融機関での破綻が表面化するたびに、破綻した金融機関に対して、他の金融機関がどれだけ支援するかを裁量的に決める「奉加帳《ほうかちょう》」が採用されてきました。その結果、金融システム全体としての不良債権の処理が遅れて、金融不安も長期化してしまいました。

改正しにくい法律で破綻時の政策を決めておく

ゲーム理論を使って説明したように、信用破綻の後で善後策を策定しようとすれば、「銀行が放漫経営をしてつぶれそうになっても、救済しない」というのは信用できない脅しになってしまいます。そうならないために、改正しにくい金融に関する基本法（あるいは、もっと極端にいえば、もっとも改正しにくい日本国憲法）で、破綻したときの金融政策を事前にかつ透明に決めておくことが必要です。

また、事前に日銀が各金融機関の経営状況を適切に監視し、放漫経営の兆しがあれば、早めに是正勧告を行うなど、事前のチェック体制を充実させることも有効です。そのためにも、各金融機関は財務情報を透明化して、第3者による外部の監査を適切に受けるべきでしょう。

「3」

注目される地方銀行再編の現状と将来

厳しい経営状況にさらされる地方銀行の数にメスが入る

2020年になって地方銀行の再編がにわかに注目を集めました。菅首相（当時）は、2020年の就任早々地方銀行再編の必要性に言及し、地銀を整理統合して、その数を減らす方針を示しました。1980年代まで13あった大手銀行は、金融のグローバル化と自由化の波を受けて、最終的に5つに再編されましたが、地銀の数はほとんど減っていません。2021年現在、地銀の数は比較的規模の大きい「第一地銀」と規模の小さい「第二地銀」で総計100程度あります（表5－3参照）。

銀行は預金で集めたお金を企業などに融資し、その利ざや（預金金利と貸出金利の差）で稼ぎます。長引く低金利で貸出金利は低下しましたが、預金金利はゼロ以下には低下できません。その結果、預金と融資の利ざや（貸出金利－預金金利）が縮小し、無理して預金を集めてもその有利な運用先がなくなりました。特に、地銀はこれまで集めた預金を都銀に貸したり、国債や地方債などの債券で運用したりしてきました。しかし大手都銀も資金需要は減退しており、また国債はほとんどゼロ金利であり、さら

表5-3　預金保険対象金融機関数の推移

年度末	銀行						信金	信組	労金	連合会	その他	合計都銀
	都銀	地銀	地銀Ⅱ	信託銀	長信銀	その他共計						
昭和52年度	13	63	71	7	3	157	468	490	-	-	-	1,115
昭和53年度	13	63	71	7	3	157	466	486	-	-	-	1,109
昭和54年度	13	63	71	7	3	157	462	484	-	-	-	1,103
昭和55年度	13	63	71	7	3	157	461	476	-	-	-	1,094
昭和56年度	13	63	71	7	3	157	456	474	-	-	-	1,087
昭和57年度	13	63	71	7	3	157	456	469	-	-	-	1,082
昭和58年度	13	63	71	7	3	157	456	469	-	-	-	1,082
昭和59年度	13	64	69	7	3	156	456	462	-	-	-	1,074
昭和60年度	13	64	69	11	3	160	456	449	-	-	-	1,065
昭和61年度	13	64	68	16	3	164	455	447	47	-	-	1,113
昭和62年度	13	64	68	16	3	164	455	440	47	-	-	1,106
平成7年度	11	64	65	30	3	174	416	370	47	-	-	1,007
平成8年度	10	64	65	33	3	176	410	364	47	-	-	997
平成9年度	10	64	64	33	3	176	401	352	47	-	-	976
平成10年度	9	64	61	34	3	173	396	323	41	-	-	933
平成11年度	9	64	60	33	3	171	386	292	41	-	-	890
平成12年度	9	64	57	31	3	167	372	281	40	3	-	863
平成13年度	7	64	56	29	3	165	349	247	21	3	-	785
平成14年度	7	64	53	27	2	159	326	191	21	3	-	700
平成15年度	7	64	50	27	2	155	306	181	13	3	-	658
平成16年度	7	64	48	25	1	154	298	175	13	3	-	643
平成17年度	6	64	47	21	1	148	292	172	13	3	-	628
平成18年度	6	64	46	21	0	147	287	168	13	3	-	618
平成19年度	6	64	45	20	0	149	281	164	13	3	-	610
平成20年度	6	64	44	20	0	149	279	162	13	3	1	607
平成21年度	6	64	42	19	0	147	272	159	13	3	1	595
平成22年度	6	63	42	18	0	145	271	158	13	3	1	591
平成23年度	6	64	42	18	0	146	271	158	13	3	1	592
平成24年度	6	64	41	16	0	142	270	157	13	3	1	586
平成25年度	5	64	41	16	0	141	267	155	13	3	1	580
平成26年度	5	64	41	16	0	141	267	154	13	3	1	579
平成27年度	5	64	41	16	0	141	265	153	13	3	1	576
平成28年度	5	64	41	16	0	140	264	151	13	3	1	572
平成29年度	5	64	41	15	0	139	261	148	13	3	1	565
平成30年度	5	64	40	14	0	138	259	146	13	3	1	560
令和元年度	5	64	38	14	0	136	255	145	13	3	1	553

出所：預金保険機構ウェブサイトより一部改（https://www.dic.go.jp/kikotoha/page_000814.html）

に、資金需要が旺盛な地元企業も少なくなっているため、有利な運用先がありません。

他方で、地銀は地方自治体が主要な顧客であり、地方行政の金融面（＝地方自治体のサービスを資金面で面倒を見ること）をコスト意識の乏しいままに「殿様商売」で支えてきましたが、そうした余力もなくなってきました。地方では人口減少が進み、地場企業の廃業・倒産も多く、地銀を取り巻く経営環境は厳しい状況です。さらに、そこに新型コロナウイルスが追い打ちをかけました。

地銀の数を削減する再編だけでは不十分

こういった状況の中で地銀の再編は進むのか考えてみましょう。２０２０年に独占禁止法の特例法が施行されました。地方銀行や路線バス事業者が経営統合する際、仮にある地域でのシェアが高くなったとしても、一定の条件を満たせば、独占禁止法の適用を除外することになったのです。

この法律の背景に、「ふくおかフィナンシャルグループ」と長崎県の「十八銀行」の経営統合がありました。この地銀同士の統合が実現すると、統合銀行は長崎県の貸し出しシェアの7割を占めることになり、独占禁止法に抵触する懸念がありました。地銀の再編を進めたい金融庁と私的独占を排除したい公正取引委員会は対立しましたが、結局、独禁法の特例法が制定され、地銀の再編が進むきっかけとなりました。

今後は政府や金融庁の圧力もあって、地銀の再編が加速するでしょう。それでも、地銀再編の政治的ハードルは高そうです。地銀は地元では安定的な優良企業として、就職先の人気も高く、地元の地方自治体の主要な取引先として半ば公的な性格を持っています。その分だけ、地方自治体の関係者や地方議員などからの政治的圧力にもさらされており、地元政治家との結びつきも強く、一方でコスト意識には乏しいのが特徴です。地銀に厳しい経営努力を課すことは、国民経済全体から見て望ましいですが、地元にとっては既得権を削減されることへの政治的抵抗があるでしょう。

しかし、これまで地方の政治と持ちつ持たれつで既得権化してきた地銀の「殿様経営」では、急速にグローバル化、デジタル化している金融や経済の動きに対応しきれません。地銀を効率化するには、地銀の数を削減する再編だけでは不十分です。既得権を享受してきた地銀経営者、地方の政治家など当事者の甘えの意識を克服することが課題です。地方の金融業界は、護送船団方式で守られてきた既得権の最後の砦ともいえます。地銀再編の推進には、こうした地元の既得権に踏み込む政治の覚悟が試されます。

column

金融のデジタル化

金融は、デジタル化にもっともふさわしい業界です。金融業界では、デジタル化とともにキャッシュレス決済の利用が増えており、それに合わせてＡＴＭや店舗の削減が進んでいます。経済社会全体でのデジタル化の進展に伴い、従来の金融機関ではなくても、新興のＩＴ企業は決済サービスや預金、融資などの金融サービスを提供する技術的な課題をほとんどクリアしてきました。実際にも、多くのIT企業が決済サービスを提供しており、また、銀行と組んで金融本来の業務にも進出してきています。伝統的に金融業界は自民党の大口献金先であり、政治的影響力も強かったです。政治的しがらみの少ない新たなIT企業が大挙して金融業務に進出すると、既存の銀行は金融市場で仕事が奪われるばかりか、その政治的影響力も小さくなります。

デジタル化の流れは、我が国のみならず世界中で確認できますが、日本は世界標準から見て相当遅れています。今後は日本の金融業界でもデジタル化対応に迫られますが、対面業務をリモート化して、店舗を大幅に整理統合するだけでは、対応しきれないでしょう。仮想通貨の利用など、この分野での技術革新はめざましく、異業種からのさらなる参入も予想されます。人口減少が深刻な地方における金融機関の経営環境は厳しくなっています。

「4」

民営化と不祥事に揺れるゆうちょの現状と将来

郵政が民営化し、日本郵政グループが発足

１９８０年代以降、金融自由化、国際化、規制改革が進展するなか、公的機関である郵政３事業（郵便・郵貯・簡保）の民営化は大きな懸案となりました。中でも、国の信用を背景に定額預金（半年複利で満期まで１０年で、半年経てば解約自由）という有利な商品で資金を集めていた郵貯は、民間金融機関から民業圧迫という批判を受けていました。また、郵貯・簡保の資金は国債の購入に充てられていましたが、その運用利回りが低下していくなかで、経営基盤の悪化も懸念されていました。

そうした流れで、郵政民営化は２０００年代前半に小泉改革で最大の目玉となった政策であり、政治的にも大きな争点でした。当時の自民党には郵政の民営化に反対する政治家（＝地域の郵便局長などの支持を受けた郵政族）が数多くいましたが、当時の小泉総理は持ち前のパフォーマンスと政治感覚の巧みさで、２００５年の郵政選挙に圧勝。郵政民営化が実現しました。

郵政民営化については、郵政事業（郵便・郵便貯金・簡易保険）の株式全部を段階的に処分する完全

図5-4　郵政民営化までの各社の動き

2005年10月　郵政民営化法の公布

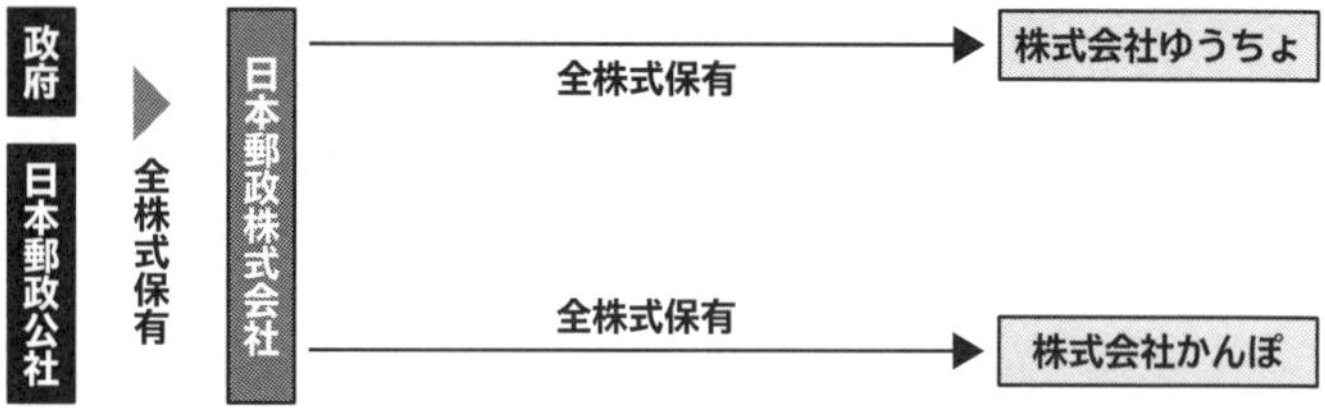

■2006年(平成18年)1月、民営化後の持株会社となる準備企画会社として、日本郵政株式会社が設立されました。
■日本郵政公社による国際物流事業への進出が可能となりました。
■2006年(平成18年)9月、民営化後の「株式会社ゆうちょ銀行」「株式会社かんぽ生命保険」となる準備会社として、「株式会社ゆうちょ」「株式会社かんぽ」が設立されました。

2007年10月　郵政民営化

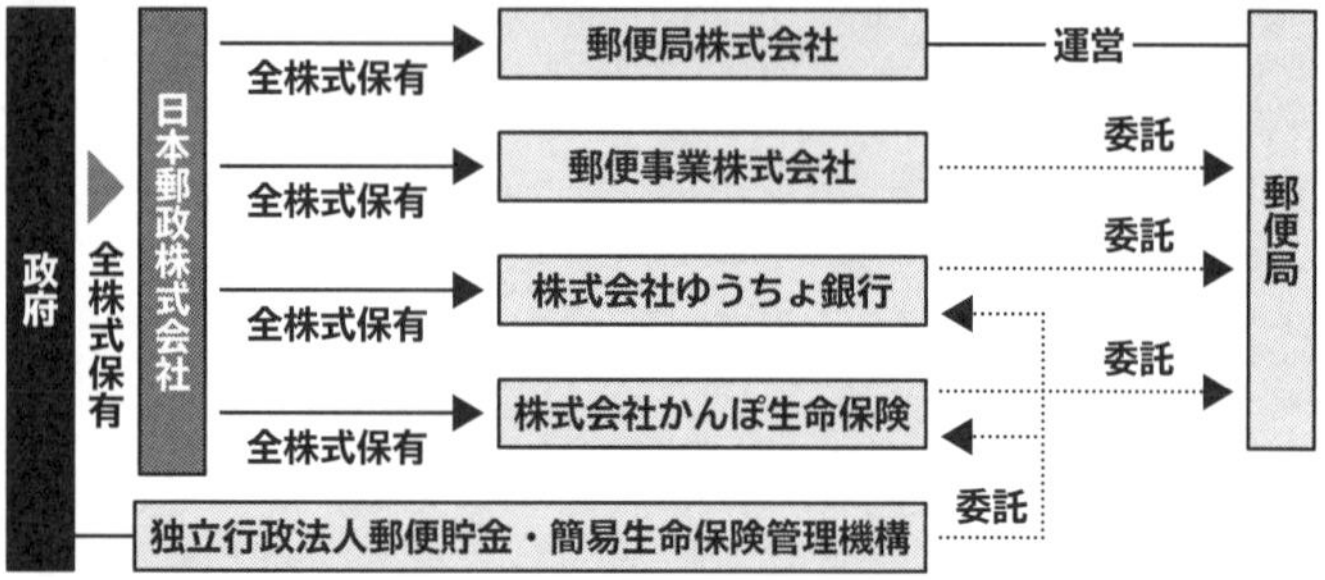

■「郵便局株式会社」および「郵便事業株式会社」が設立されました。
■「株式会社ゆうちょ銀行」に銀行業の免許、「株式会社かんぽ生命保険」に生命保険業の免許が与えられました。
■民営化前の貯金、保険契約を承継する「独立行政法人郵便貯金・簡易生命保険管理機構」が設立されました。

出所：日本郵政ウェブサイト(https://www.japanpost.jp/corporate/milestone/privatization/index03.html)

図5-5　郵政民営化法の改正前と後

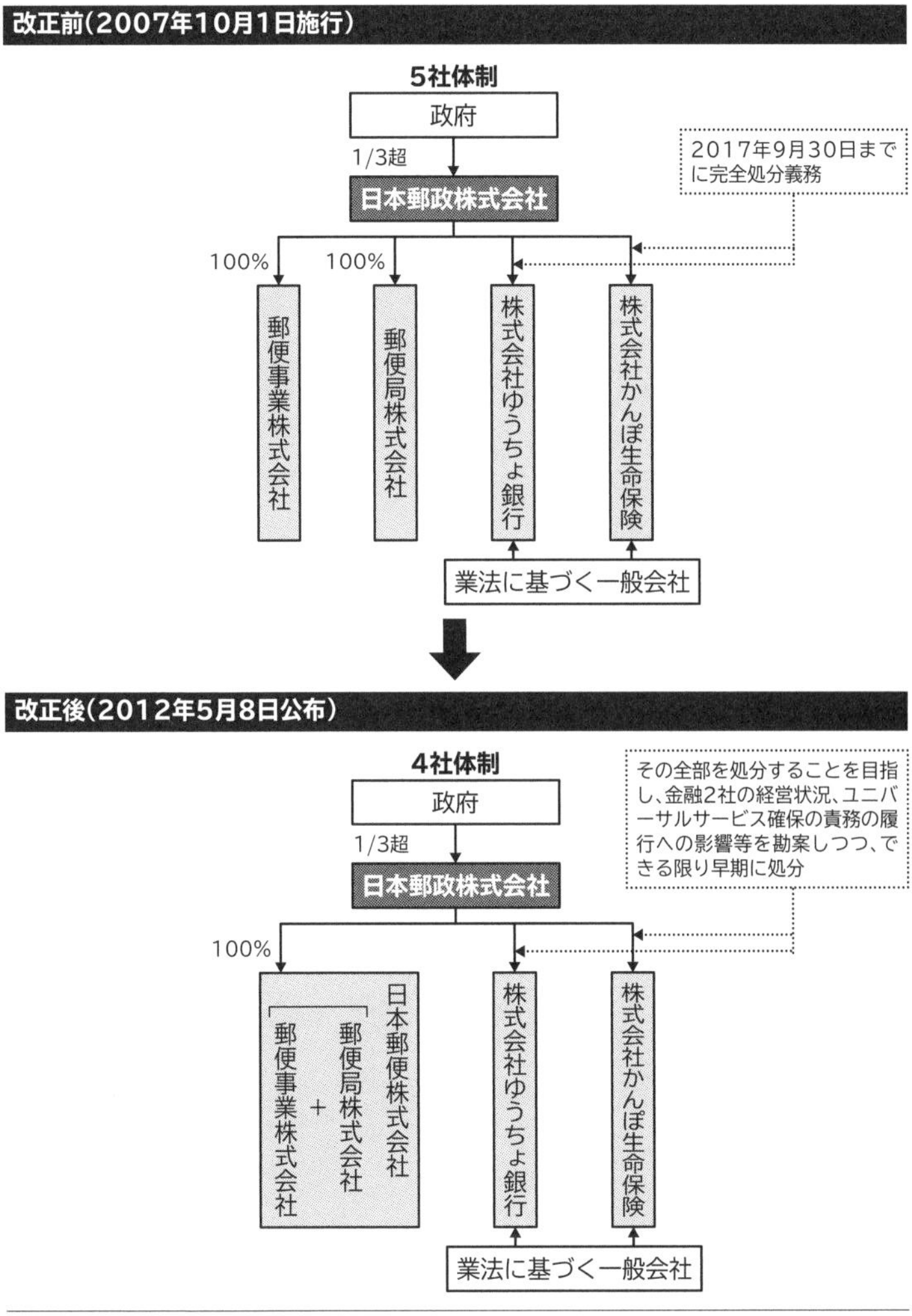

出所：日本郵政ウェブサイト（https://www.japanpost.jp/corporate/milestone/privatization/index02.html）

民営化が当初の路線でした。しかし、2010年代前半の民主党政権時代にこの規定方針が見直しされ、日本郵政株式会社を持株会社とする日本郵政グループが発足しました。

その後も、郵政民営化の定義を見直すことで、株式処分等に関する民営化が留保され、さらに、日本郵政および日本郵便には全国あまねくサービスを提供すべきという「金融ユニバーサル・サービス提供」が義務化されました。過疎地で民間企業が撤退している地域でも、採算を度外視して金融サービスを維持するにはコストが発生しますが、その穴埋めには都市部での収益が充てられる仕組みです（図5－4、図5－5参照）。

200兆円余りの巨額の資金を運用するゆうちょ銀行

ゆうちょ銀行は、日本郵政グループの一員で、2007年10月に誕生しました。伝統的に国営の郵便局で貯金を扱ってきた時代から、ゆうちょ銀行の顧客層は個人、中でも高齢者が主であり、若い勤労世代は少なかったです。ですから、全国津々浦々の郵便局ネットワークを最大の武器として、高齢の個人が必要とする預金、送金等の基本的な金融サービスを提供してきました。こうして預金を通じて集めた200兆円余りの巨額の資金は、国債を中心とした有価証券で運用されてきました（図5－6参照）。

国債など債券で運用する比重が高いと、資金運用面で国債の価格・金利変動の影響を受けやすくなります。一方でその保有規模が巨大であるがゆえに、短期間のうちに急激に資産の内訳（ポートフォリオ）を組み替えると、金融市場に大きな影響を及ぼします。したがって、短期的に小回りがきかず、金融市場が大きく変動する際に迅速に対応しにくい特徴がありました。

抵抗する政治力によって、完全民営化が実現せず

話が前後しますが、2005年の民営化以前、郵貯事業は採算を度外視して貯金を集めて肥大化したために、経営は悪化していました。本来、郵政民営化の目的は、この郵貯事業を段階的に縮小し、将来的な国民負担（＝赤字を税金で負担すること）の発生懸念を減ずることでした。それとともに市場原理を働かせて、民間金融機関と同じ土俵で競争すべく、集めた資金を民間市場で活用することで、国民経済の健全な発展を促すことにありました。

したがって、まずは、ゆうちょ銀行の資産規模を縮小すべきでしょう。しかし、地方の高齢者はゆうちょに依存しており、郵便局長も地元の名士なので、地方での郵便局関連の政治力は依然として根強く存在します。小泉改革で民営化への道筋が一旦は実現したものの、その後は郵政関係の政治力もあって、民営化の将来像は不透明になり、後退しているのが現実です。

2021年現在、ゆうちょ銀行の株式は日本郵政が保有。その日本郵政株式は政府が保有しています。ゆうちょ銀行は間接的に政府の影響下にあるというわけです。完全に民営化するには、政府保有株式をすべて売却しなければならないのですが、この方針が後退しています。したがって、ゆうちょ銀行が経営危機に陥ったとしても、政府が支援するだろうという「暗黙の政府保証」がゆうちょ銀行関係者のみならず政治家にも存在しています。そうであれば、ゆうちょ銀行の経営が最初から放漫化しかねず、預

図5-6　バランスシートの状況

（億円）

	2020年3月末	2020年12月末	増減
資産の部	2,109,051	2,240,895	+131,844
うち現金預け金	516,639	620,564	+103,925
うちコールローン	10,400	9,300	△1,100
うち買現先勘定	97,318	96,721	△597
うち金銭の信託	45,497	58,745	+13,248
うち有価証券	1,351,984	1,366,889	+14,904
うち貸出金	49,617	46,727	△2,890
負債の部	2,019,175	2,125,870	+106,695
うち貯金	1,830,047	1,897,530	+67,482
うち売現先勘定	148,556	152,681	+4,124
うち債券貸借取引受入担保金	22,193	15,071	△7,122
純資産の部	89,876	115,025	+25,148
株主資本合計	90,587	91,908	+1,320
評価・換算差額等合計	△710	23,117	+23,827

■総資産は、前年度末比13兆1,844億円増加の224兆895億円。
■有価証券は、前年度末比1兆4,904億円増加の136兆6,889億円。
■貸出金は、前年度末比2,890億円減少の4兆6,727億円。
■貯金は、前年度末比6兆7,482億円増加の189兆7,530億円。
■評価・換算差額等合計は、前年度末比2兆3,827億円増加の2兆3,117億円。

有価証券残高の推移

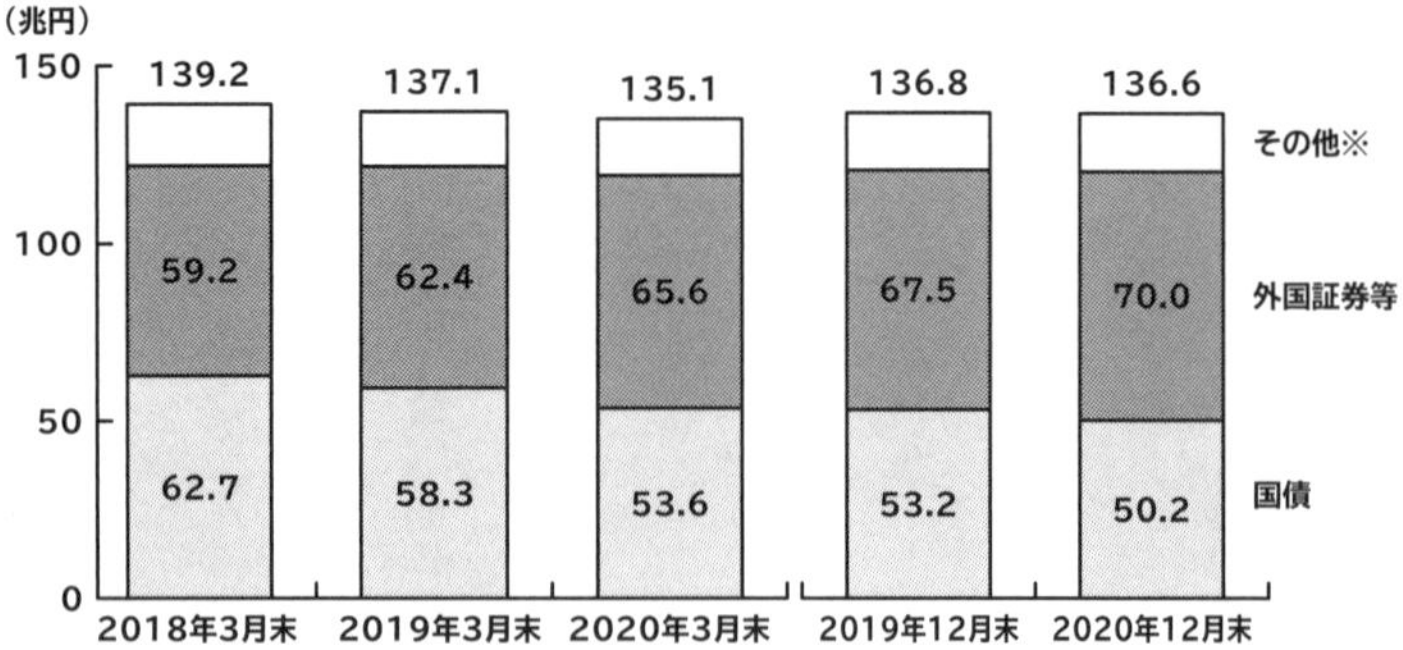

※「その他」は地方債、短期社債、社債、株式。

出所：ゆうちょ銀行「2021年3月期第3四半期決算説明資料」

金者や政治家もそれを頼みに、経営上無理な要求をしかねません。

完全民営化しても生き残るために必要なこと

２０１０年代前半の民主党政権時代以降、日本郵政および日本郵便は、政治的圧力を受けて、郵便局における金融ユニバーサル・サービスの提供義務が課されるようになりました。その結果、将来的に完全民営化が実現できるかどうか、不透明です。まずは、民営化しても、過疎の地方で基本的な金融サービスをなるべく提供できるように効率化を進めるべきでしょう。

そのためには、給与体系や人事構成などを柔軟に見直して、労働コストの既得権を削減。異業種との提携なども進めて、経営を抜本的に効率化するとともに、民間企業として採算を重視した内部管理体制を確立し、それを外部に公開する「見える化」を徹底することが不可欠です。それでも過疎地では採算を大幅に改善するのは厳しいでしょう。ですから、そうした山間僻地での金融サービスを安全網として維持するための補助金は、別途、国が用意すべきです。経済的な採算がとれなくても、公共の厚生や福祉のために支援することも、政治の大きな役割です。そして、そうした補助金の額を透明にし、有権者が把握できるようにします。要は、多くの国民が納得する限度内で、支援を行うことが望ましいのです。

また、ゆうちょ銀行は、全国津々浦々の郵便局ネットワークをメインチャネルとしていますので、このチャネルを生かし、金融ユニバーサル・サービスの担い手として、決済機能等の基本的金融サービスの提供に存在意義を見い出すべきでしょう。安心・安全・安価な金融サービスを提供することは、国民の利便性向上に資します。郵便局ネットワークを活かした決済サービスの強化で顧客や国民の信頼性を確保できれば、民営化後も生き残れるでしょうし、完全民営化への道筋も見えてきます。

運転資金を確保するために起きた不祥事

最後に、郵貯・かんぽに関する不祥事に触れておきたいと思います。2020年にゆうちょ銀行では、連携している電子決済サービスを通じて不正に貯金が引き出される不祥事が続きました。これは、セキュリティー対策の甘さをつかれたものです。さらに、かんぽ生命でも、高齢者が持つ郵便局への安心感を利用した不適切販売が発覚しました。たとえば、保険契約で、既に契約を結んでいる顧客を不利な条件で新たな別の保険商品に乗り換えさせたり、顧客の支払い能力を超える数の契約を結ばせたりしました。「孫の死亡保険契約」では、自分より先に亡くなるはずのない孫の死亡保険の受取人を高齢者にした生命保険を契約させたりしていました。

こうした不正行為が蔓延した背景には、かんぽ生命保険の厳しい経営環境があります。主要な顧客である高齢世帯は先細りしています。しかも、主な運用先である債券運用は低金利で収益を確保しにくくなっています。運用先が見当たらないにもかかわらず、当面の運転資金を確保するため、無理を承知で新規の預け入れ資金を確保する構図です。

こうした不祥事は、バブル崩壊後に破綻した民間金融機関と似ています。かんぽ生命保険の場合、国の暗黙の保障があると、経営危機は表面化せず、破綻を回避して再生する過程で今まで以上に政治に頼ることになります。現状では、民間の保険会社として民営化することは厳しい状況です。完全民営化の道筋を明確に示すとともに、民営化が実現した際にも市場で生き残れるように、スリム化と経営資源の効率化を進めるべきでしょう。苦しくなれば政治に頼る甘えの構造は、これからは通用しません。

第5章のまとめ

2％のインフレ期待で経済活動を活性化させるというアベノミクスの楽観的シナリオに従って、中央銀行の政治的独立性を損なっても強引に進めてきた異次元金融政策は、十分にその効果が発揮されていません。経済を活性化させるには、極端な金融緩和政策ではなく、規制改革などで生産性を上昇させて、実力ベースのＧＤＰを引き上げる必要があります。

中央銀行にとって個々の金融機関の信用を監視する役割も重要です。信用破綻の後で善後策を策定しようとすれば、「銀行が放漫経営をしても、救済しない」政策は信用されません。破綻したときの金融政策を事前にかつ透明に決めておくことが重要です。

地方の政治と持ちつ持たれつで既得権化している地銀の「殿様経営」では、急速にグローバル化、デジタル化している金融・経済の動きに対応しきれません。地銀の数を削減する再編だけでは不十分であり、地銀経営者、地方の政治家など当事者の甘えを見直すべきです。

ゆうちょ銀行に課せられた「金融サービスを安全網として維持する」コストを透明にして、有権者の納得を得ることが求められます。ゆうちょ銀行やかんぽ保険を完全民営化する道筋を明確に示すとともに、スリム化と経営資源の効率化を進めるべきです。

6

第6章

コロナ危機の政治経済学

「1」

コロナ危機と経済に与えた甚大な影響

新型コロナウイルスが発生し、世界的に拡大

2019年12月に中国の武漢で発生した新型肺炎コロナウイルスは、2020年になると世界中に蔓延し、多くの国々で未曾有の医療危機と政治経済危機をもたらしました。中国政府は2020年初頭に武漢で厳しいロックダウンを実施し、これが功を奏して武漢での感染は収束。しかし、2020年春頃から欧米で感染が急拡大し、夏に一時的に落ち着いたものの、2020年秋以降に再拡大しました。アジア、アフリカ、南米、オセアニアなど世界中で感染者と死者が予想を超えるペースで増加しました。日本でも2020年春以降感染の波は変動を繰り返し、2020年11月以降は拡大のペースが速くなりました。

2021年になると、イギリスや南アフリカ、ブラジル、インドで感染力の高い変異種が見つかり、世界中でさらなる感染拡大が続きました。コロナで亡くなる人も増加しました。一方で、2020年末から欧米を中心にワクチン接種が始まり、アメリカやイギリスなどでは広範囲の接種で感染拡大と死亡

者の数は抑えられました。

しかし、日本ではワクチン接種の開始が遅れたせいで、国民の大多数の接種が終わるには相当時間がかかりそうです。また、ワクチンの副作用や感染防止効果は不透明な上に、2021年夏からデルタ株という感染力の強いコロナウイルスが猛威を振るっており、2021年8月現在、ワクチン接種で世界的なコロナ危機パンデミックが本当に収束できるのかどうか、予断を許しません。

コロナは無症状でも感染力があるため、誰が感染しているかを識別するのが困難であり、感染を防止するハードルが高いです。また、高齢者と比較して若い世代は感染しても、無症状か軽症で回復することが多いため、無意識のうちに感染を広める可能性があります。これに対して、高齢者は感染すると重症化するリスクが高く、死亡率も年齢とともに上昇します。高齢者は他の病気を抱えている基礎疾患を持つ場合が大半なので、高齢者のコロナ患者の治療は難しいのが実態です。コロナから回復した後でも様々な後遺症に苦しむ人が多く、やっかいな感染症といえます。

コロナ危機が各国の経済に大きな影響を与える

コロナは経済活動にも大きなダメージを与えました。多くの業種で失業も増大し、国民経済全体での経済的損失も大きくなりました。日本では2020年4月に最初の緊急事態が宣言され、経済活動の多くが停止。この時期のGDPの落ち込みはリーマン・ショック時を上回る最大規模となりました。その後は多少の回復が見られましたが、冬に入ってコロナが猛威を振るい始め、2020年度のGDPの減

図6-1 コロナ禍でのGDPの変化

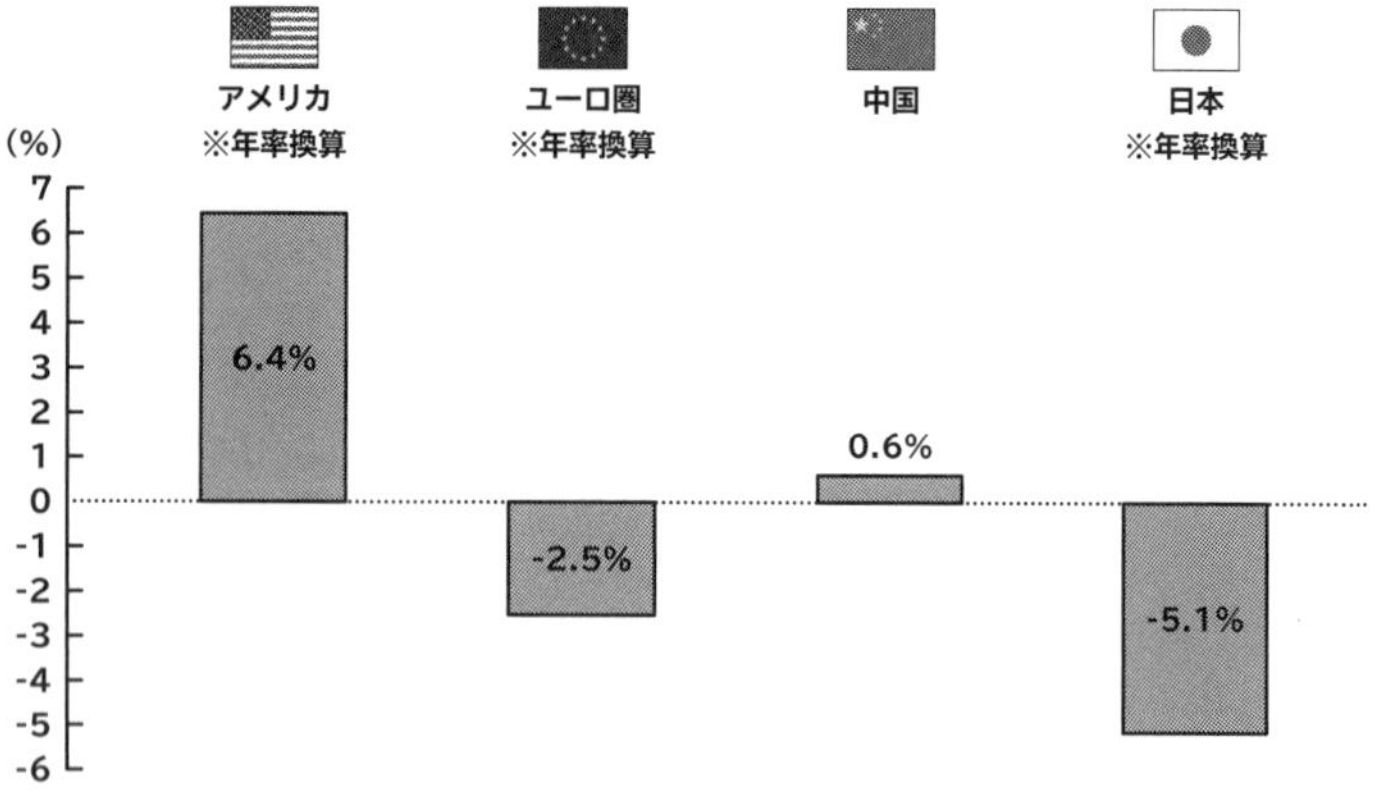

出所：NHK NEWS WEB「昨年度のGDP -4.6% リーマンショック超える最大の下落」(2021.05.18)

少幅は戦後最大規模となりました。2021年に入っても緊急事態宣言が何度も発出され、日本経済の先行きは明るくありません。

一方、世界経済を見ると、中国は早めにコロナ感染を終息させて、2020年にプラス成長を実現。アメリカは積極的なワクチン接種と手厚い財政出動でGDPが回復傾向ですが、その他の主要先進諸国は軒並みマイナス成長でした。その中で、日本は一番落ち込みが激しかったです。

図6－1を見てください。2021年1月から3月までの3カ月間のGDPをその前の3カ月(2020年10月から12月)と比べたものです。2021年1月から3月までの実質GDPの伸び率を見ると、アメリカは年率換算でプラス6・4%と、3期連続のプラスとなりました。中国もプラスでしたが、日本のGDPは大きく減少しました。

コロナの影響は産業別で異なっています。もっとも大きな影響を受けたのは、国際的な人の移動が止まったことで、莫大な損失を出している航空業界、観光業界、ホテル業界です。宿泊、観光、輸送、飲食など、人の往来でビジネスしてきた業種は、コロナ危機の直撃を受け、疲弊しました。また、外国人の雇用に依存してきた産業（農業でも）も打撃となりました。イベントの中止などで音楽、演劇、コンサート関連の業界もマイナスが大きくなりました。特に、２０２０年夏に東京オリンピックが開催されることを想定して設備投資してきた観光関連業界は、外国人観光客ばかりでなく国内の観光客も見込めなくなったため、想定外の損失でしょう。

一方で、コロナ特需で潤っている業界もあります。オンラインでの仕事や事業が増加したため、オンラインをサポートするＩＴ業界は大幅なプラスとなっています。自動車などの製造業も総じて回復傾向にあります。株価も２０２０年当初はコロナショックで下落しましたが、その後は急回復し、コロナ以前の水準を超えた高値をつけています。その背景には、将来のコロナ克服後の経済成長を先取りした期待もあります。株価は、ワクチン接種で近い将来に経済が回復できるというプラス材料に敏感に反応しています。また、ＩＴ業界自体がコロナで潤っていることも株高に寄与しています。政府による手厚いコロナ対応の財政金融政策も株高を支えた一因となりました。

コロナ対応でのコストの指標は死亡者数とＧＤＰ

コロナへの対応は各国で対策が分かれています。その際、コロナのコストを測る客観的で代表的な指標は、死亡者数です。また、感染対策として経済を止めるコストの指標は、ＧＤＰの落ち込みです。コロナ対応の医学的対策を優先し、死亡者数を大きく減少させるためには、ロックダウンなどで経済の動きを強制的に止める政策が一般的です。逆に、経済活動を最優先して、緩やかな感染症対策にとどめると、GDPはそれほど減少しませんが、死亡者数は増加するでしょう。図6－2に示すように、両者の間にはトレードオフの関係（片方の目標を追求すれば、もう片方の目標は犠牲になるというマイナスの関係）があります。図のような右下がりの線が描けます。

他方で、第1章でも説明したように、良い政策を実施すれば、死亡者を減らすと同時に、GDPの減少も抑えることができ、逆に、悪い政策を打てば、死亡者も増加し、GDPの減少幅も大きくなります。あるいは、運が良ければ医療も経済も良い成績になるし、運が悪ければ医療も経済も悪くなります。図6－2で、もう1つ右上がりの線も描けます。

良い政策の例とは、国民が政府や政治家を信頼して、自発的に感染回避の行動をとる場合です。国民のすべてが感染症の予防対策を遵守すれば、経済を回しても感染の蔓延を抑制できるでしょう。逆に、悪い政策とは、国民が政府や政治家を信頼していないケースで、強力なロックダウンを実施しても多くの国民がそれを遵守せずに勝手な行動をとります。その場合、経済活動が止まったとしても、感染拡大が止まらない最悪の事態も予想されます。

運が良い例とは、たとえば、元々の文化的・社会的規範がコロナ感染の抑制に効く社会であって、人との接触（握手やハグなど）をしない習慣や手洗い、きれい好きの慣習などです。2020年当初、東アジアの諸国で相対的にコロナ被害が小さくてGDPの落ち込みも小さかったのは、こうした習慣が背景にあるかもしれません。

図6-2　経済活動とコロナ対策のトレードオフ

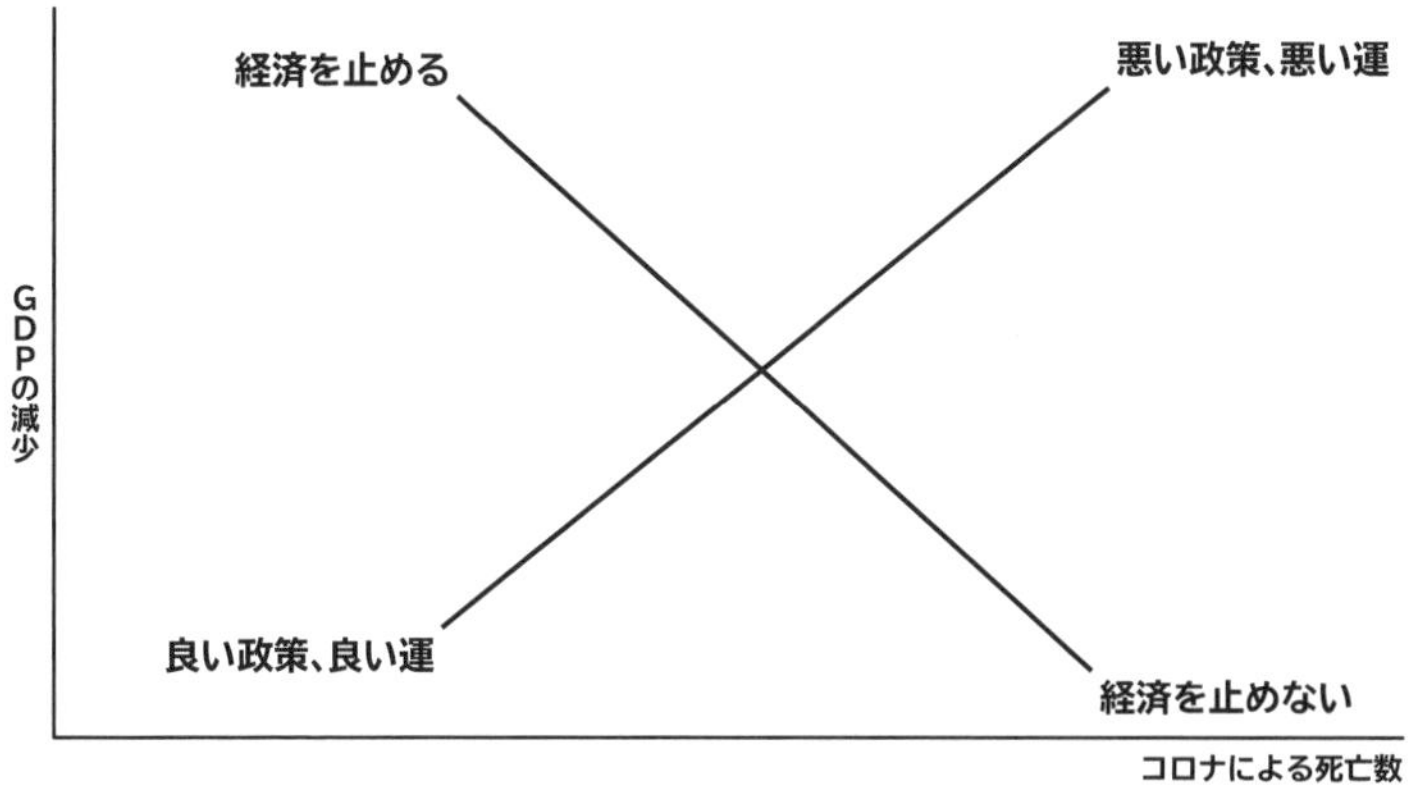

逆に、運が悪い例は、日頃から人的接触を慣習として、マスクをいやがる社会でしょう。マスクを犯罪者が顔を隠す手段としか見ていない場合、多くの人は犯罪者と誤解されるのを恐れてマスクをしません。また、個人的自由を過度に尊重する風土だと、政府がマスクを奨励しても、その個人的なメリットが実感できない限り、多くの人はマスクをしません。そういう社会では自分だけがマスクをしても無駄だと感じて、結局マスクをしない人ばかりになってしまいます。あるいは、社会習慣や宗教的理由で、他人との接触を好む社会だと、感染症のリスクも高くなります。

「2」

人命と経済の問題
コロナ危機への対策

ロックダウンで人流を抑制して人々の接触を回避

コロナ危機への政策的対応は多方面にわたっており、政治の役割が重要になります。感染を抑制するための基本は、やはり人々の接触行動をなるべく回避することです。コロナは飛沫感染や物理的な接触で感染するため、他人との接触を抑えると、感染しづらくなるからです。逆に、通常の経済社会活動を続けると、感染のリスクも高くなります。

コロナのような感染症では、誰が感染しているのかの情報が不可欠です。感染者を早めに隔離できれば、それ以上の感染拡大を抑制できます。しかし、コロナは無症状でも感染させてしまうため、自然体では感染抑制は難しいです。そこで考えられる1つの対策はロックダウンです。感染している、いないにかかわらず、無症状の人がお互いに接触する機会を減少させる政策です。ロックダウンが完璧に実行できれば、この政策は効果を持ちます。しかし、経済活動を強制的に止めてしまうので、経済的なコストも膨大になります。

多くの国ではロックダウンで人々の行動を抑制し、自宅にとどまるステイホームが最優先の選択肢となりました。また、外で行動する場合もマスクをつけることが推奨されました。さらに、会食の機会で感染リスクが高くなるため、レストランなどでは営業に対する規制（閉鎖や営業時間の短縮、人数制限、アルコール提供の制限、マスク会食）が実施されました。また、高齢者の感染リスクが高いために、老人のケア施設や訪問介護への規制も実施されました。学校も集団生活での感染リスクを懸念して、オンライン教育に移行し、対面での授業は敬遠されました。

こうした人流を抑制する方策は、法律などで強制力を使う諸外国での厳しい対応（ロックダウン）と、人々の自発的な協力に任せるしかない我が国の緩い対応（緊急事態宣言）に分かれます。日本で緩い対応が選択されたのは、法律の裏付けがなかったという面もありますが、人々が周りの目を気にする規範が強く、自粛がそれなりに機能しているからという面もあるでしょう。政府が強制しなくても、マスクの着用要請にほぼ１００％の国民が従っているのは、欧米諸国からは驚異に見えたでしょう。

経済に与える負荷が小さいＰＣＲ検査

もう1つの対応は、ＰＣＲ検査などで感染者をあぶり出して、無症状の感染者を早めに隔離することです。この場合はＰＣＲ検査の精度が問題になります。擬陽性と偽陰性という両方の誤りがあり得るからです。前者の場合は、必要ない人まで隔離するコストであり、後者の場合は、隔離すべき人を隔離しないリスクとなります。ただし、経済活動を厳しく制限しなくて済むため、経済に与える負荷は小さいです。

中国、韓国などはこうした検査を徹底しましたが、我が国の検査件数は少ないままでした。無作為の大規模検査よりも、感染者の濃厚接触者を洗い出すという我が国の方針は、感染者が少ない感染初期にはクラスターの追跡と感染防止に役立ちましたが、感染が蔓延し始めると、機能しなくなりました。

コロナ対策の切り札となっているワクチン接種

2020年後半になって、コロナの治療薬やワクチンの開発も急ピッチで進展しました。2020年12月に欧米各国はワクチン接種を開始。これがコロナ対策として有効で、世界の多くの人が接種できるようになれば、コロナ危機を克服する道筋が見えてきます。欧米先進諸国のワクチン接種効果を見ると、感染拡大は抑制されており、まれに重篤な副反応というコストはあるものの、また、変異種への効果に不透明性もあるものの、ワクチン接種はコロナ対策の切り札になっています。

ただし、ワクチン接種は国際的なばらつきが大きいです。イスラエルなど医療情報をデジタルで管理している国では、ワクチン接種が進んでいます。これに対して、先進諸国でも対象となる人口が多く、ワクチンの配送や対応できる医療従事者の制約が厳しい国では、想定通りには進んでいません。また、途上国はそもそも医療環境が悪く、またワクチンを自前で購入する資金も乏しいため、接種のハードルは高くなっています。中国が自国で開発したワクチンを途上国に提供していますが、これには自国の影響力を強めようとする政治的思惑があります。

また、アメリカではトランプ前大統領がコロナ被害を過小評価したこともあって、マスク着用もワクチン接種も共和党の支持者の多い州や地域では遅れています。自由と自己責任を強調する人は、ワクチン接種を強制されることもいやがります。宝くじなど高価な景品でワクチン接種を進める州も多く、ワクチン予約に高齢者が殺到した我が国とは対照的です。

日本では、G7でもっともワクチン開発と接種が遅れました。先進諸国の中で比較的コロナ感染が少なく済んできたという緊張感のなさが、日本政府の緩やかな対応を生みました。また、過去の経験から厚労省がワクチンの副反応リスクに過度に敏感になり、必要以上にワクチン承認に時間をとったことも、影響しました。国民の多くがワクチンの副反応リスクを気にすると、ワクチン接種のメリットは政治的に支持されなくなります。

金融緩和を強化して株価を上昇させて対応

繰り返し述べているように、コロナは経済に大きな打撃を与えました。コロナ対応の経済政策は、被害を受けている家計や企業への財政金融面からの支援が中心になります。まず、金融政策の支援から見ておきましょう。

金融当局はコロナ危機を受けて、金融緩和政策を強化しています。まずは、株価対策です。コロナ危機の発生は予想外のマイナスショックなので、2020年春にコロナ危機が顕在化したとき、投資家の心理は冷え込み、株価は大きく下落。株価の低迷は経済活動にもマイナスの影響をもたらすので、株価の維持が金融政策の目標になりました。

金利を下げれば、株価は上昇します。金利がほとんどゼロだと、預貯金や債券を購入しても利子収入はほとんどゼロなので、お金をそうした資産で運用する人は少なくなるからです。株で運用すれば、金利が低くても、配当を期待でき、株価が上昇すればキャピタルゲイン（株の売却での利益）も見込めます。さらに、日銀が積極的に投資信託を購入しているので、当面株価は下がりにくい状況です。投資家の多くがこのように期待すると、株式の需要は拡大するので、株価は上昇します。そうすると、さらに一般投資家の購入意欲が刺激されるという流れです。

政府も政治家も、コロナ禍で少しでも明るい経済指標を見い出したいので、株価の上昇を期待しがちになります。政治からのこうした暗黙の要請もあり、世界中の中央銀行、なかでも日銀は積極的な金融緩和政策を続けているのです。

もちろん、需要面からGDPを増加させる常套手段は、積極的な財政政策です。しかし、財政政策の発動には予算編成と国会での議決が必要になり、時間がかかります。まして、コロナ対策で経済活動の抑制が求められる状況では、積極的な財政政策にも限界があります。

したがって、株価対策としての金融政策には即効性も有効性もあるので、政治的にもこちらの期待が大きくなります。ただし、株価の上昇は将来の企業収益の拡大（＝配当の増大）を織り込んだものなので、いつまでもGDPの低迷が続くようだと、将来の楽観的展望が崩れて、いずれは暴落＝バブルの破裂という懸念もあります。

では、株価対策以外の金融支援としては何があるでしょうか。資金繰りが厳しくなった企業への金融支援が考えられます。一般に、業績が悪化した企業に無担保で融資すると、場合によっては不良債権化するので、コロナ危機に直面して、民間の金融機関は貸し渋りになります。そこで、無担保融資で焦げ付きが生じても、政府や日銀がそれを事実上肩代わりする支援を、民間金融機関に保障します。こうなると、民間金融機関も積極的に融資しやすくなります。これは、不良債権化して焦げ付いた損金を、結局は税金でカバーすることになるため、将来に財政負担を発生させますが、コロナ危機のような非常時にはやむを得ないでしょう。

3度の補正予算で、総額73兆円の財政支援を実施

コロナ危機では財政政策でも手厚い対応が実施されました。ただし、通常の景気対策と異なって、コロナ感染対策では経済活動を抑制することも求められるため、需要を刺激する公共事業の増額は適当ではありません。我が国の補正予算でも、2020年度に第1次・2次・3次補正合わせて3度の補正予算で総額73兆円に上る巨費を投じて、コロナ危機で生活に困窮した世帯へ財政面から支援、医療従事者への支援が実施されました。すなわち、新型コロナウイルスの感染拡大を受けた対策として、国民に一律10万円の給付や事業者への家賃補助などを実施しました。

1次補正では、企業への支援策として大幅減収になった事業者への持続化給付金を創設しました。しかし、与野党からさらなる支援を求める圧力が強くなり、2次補正では、売り上げが急減した事業者に家賃の3分の2を半年間支給することとなりました。また、休業手当を支払った企業への雇用調整助成

金を拡充し、助成率を最大10割、上限金額を1人1日当たり1万5000円に引き上げました。さらに、休業手当をもらえない労働者が直接申請できる給付金も設けました。

2次補正では、医療従事者への最大20万円の給付や医療機関への交付金の大幅拡充なども講じました。家計、企業・個人事業主、医療機関を幅広く下支えする財政支援はもっともらしいですが、給付をめぐってトラブルが続発しました。

2020年12月の3次補正では、追加の歳出を19兆1761億円とする財政支援を決定。新型コロナウイルスの感染拡大防止のため、病床や宿泊療養施設の確保など医療を提供する体制を強化する費用として1兆3011億円、各都道府県が飲食店に営業時間の短縮や休業を要請する際の協力金などの費用として1兆5000億円を盛り込みました。

さらに、ポストコロナに向けた経済構造の転換や好循環を実現するための予算も手厚く措置されました。たとえば、中堅・中小企業が事業転換を行うための設備投資などを補助する費用、行政サービスのデジタル化を進めるため、地方自治体のシステムを統一する費用、「脱炭素社会」の実現に向けて野心的なイノベーションに挑戦する企業を10年間継続して支援する費用などに3兆円程度が計上されました。また、インフラの老朽化対策などの費用として2兆円程度も盛り込まれました（表6－1－1参照）。

補正予算の多くの項目は政策目的が曖昧

意外に思うかもしれませんが、3度にわたる巨額の補正予算の多くは必ずしもコロナ対応と直結して

表6-1-1　令和２年度補正予算（第１号）の概要（令和２年４月30日成立）

1.新型コロナウイルス感染症緊急経済対策関係経費　255,655億円

（１）感染拡大防止策と医療提供体制の整備及び治療薬の開発　18,097億円
●新型コロナウイルス感染症緊急包括支援交付金（仮称）〔1,490億円〕（PCR検査機器整備、病床・軽症者等受け入れ施設の確保、人工呼吸器等の医療設備整備、応援医師の派遣への支援等）
●医療機関等へのマスク等の優先配布〔953億円〕、人工呼吸器・マスク等の生産支援〔117億円〕
●幼稚園、小学校、介護施設等におけるマスク配布など感染拡大防止策〔792億円〕、全世帯への布製マスクの配布〔233億円〕
●アビガンの確保〔139億円〕、産学官連携による治療薬等の研究開発〔200億円〕、国内におけるワクチン開発の支援〔100億円〕、国際的なワクチンの研究開発等〔216億円〕
●新型コロナウイルス感染症対応地方創生臨時交付金（仮称）〔10,000億円〕
※緊急経済対策の全ての事項についての対応として、地方公共団体が地域の実情に応じてきめ細やかに実施する事業に充当。

（２）雇用の維持と事業の継続　194,905億円
●雇用調整助成金の特例措置の拡大〔690億円〕
※上記は一般会計で措置した週労働時間20時間未満の雇用者に係るものであり、20時間以上の雇用者については、労働保険特別会計で7,640億円を措置している。
●中小・小規模事業者の資金繰り対策〔38,316億円〕
●中小・小規模事業者に対する新たな給付金〔23,176億円〕
●全国全ての人々への新たな給付金〔128,803億円〕
●子育て世帯への臨時特別給付金〔1,654億円〕

（３）次の段階としての官民を挙げた経済活動の回復　18,482億円
●“Go To”キャンペーン事業（仮称）〔16,794億円〕
●「新型コロナリバイバル成長基盤強化ファンド（仮称）」の創設〔1,000億円〕

（４）強靭な経済構造の構築　9,172億円
●サプライチェーン対策のための国内投資促進事業費補助金〔2,200億円〕
●海外サプライチェーン多元化等支援事業〔235億円〕
●農林水産物・食品の輸出力・国内供給の強化〔1,984億円〕
●GIGAスクール構想の加速による学びの保障〔2,292億円〕
●公共投資の早期執行等のためのデジタルインフラの推進〔178億円〕
●中小企業デジタル化応援隊事業〔100億円〕

（５）今後の備え　15,000億円
●新型コロナウイルス感染症対策予備費〔15,000億円〕

2.国債整理基金特別会計へ繰入　1,259億円

補正予算の追加算出計　256,914億円

出所：財務省「日本の財政関係資料」P.51

表6-1-2　令和２年度補正予算（第２号）の概要（令和２年６月12日成立）

1.新型コロナウイルス感染症対策関係経費　318,171億円

（１）雇用調整助成金の拡充等　4,519億円

※上記は労働保険特別会計への繰入や週所定労働時間20時間未満の労働者にかかる事業について、一般会計で措置した額であり、この他、同特別会計で8,576円を措置している。

（２）資金繰り対応の強化　116,390億円

●中小・小規模事業者向けの融資〔88,174億円〕
●中堅・大企業向けの融資〔4,521億円〕
●資本性資金の活用〔23,692億円〕

金融機能の強化

金融機能強化法に基づく民間金融機関に対する資本参加スキームの期限を延長するとともに、資本参加枠を15兆円に拡充。

（３）家賃支援給付金の創設　20,242億円

（４）医療提供体制等の強化　29,892億円

●新型コロナウイルス感染症緊急包括支援交付金〔22,370億円〕
※うち医療〔16,279億円〕、介護費〔6,091億円〕。
●医療用マスク等の医療機関等への配布〔4,379億円〕
●ワクチン・治療薬の開発等〔2,055億円〕

（５）その他の支援　47,127億円

①新型コロナウイルス感染症対応地方創生臨時交付金の拡充　20,000億円
②低所得のひとり親世帯への追加的な給付　1,365億円
③持続化給付金の対応強化　19,400億円
④その他　6,363億円
●持続化補助金等の拡充〔1,000億円〕
●農林漁業者の経営継続補助金の創設〔200億円〕
●文化芸術活動の緊急総合支援パッケージ〔560億円〕
●自衛隊の感染症拡大防止・対処能力の更なる向上〔63億円〕
●地域公共交通における感染拡大防止対策〔138億円〕
●個人向け緊急小口資金等の特例貸付〔2,048億円〕
●教員、学習指導員等の追加配置〔318億円〕
●教育ＩＣＴ環境整備等のための光ファイバ整備推進〔502億円〕
●学校再開に伴う感染症対策・学習保障等〔421億円〕
●スマートライフ実現のためのAIシミュレーション事業〔14億円〕

（６）新型コロナウイルス感染症対策予備費　100,000億円

2.国債整理基金特別会計へ繰入（利払費等）　963億円

3.既定経費の減額（議員歳費）　▲20億円

補正予算の追加歳出計　319,114億円

（注）このほか、令和2年度補正予算（第1号）で措置した新型コロナウイルス感染症対策予備費を活用し、学生支援緊急給付金531億円（令和2年5月19日閣議決定）、医療用マスク等の医療機関等への配布1,680億円及び診療報酬上の特例的な評価（国庫負担分）159億円（令和2年5月26日閣議決定）を措置。

出所：財務省「日本の財政関係資料」P.52

表6-1-3　令和２年度補正予算（第３号）の概要（令和３年１月28日成立）

Ⅰ.新型コロナウイルス感染症の拡大防止策　43,581億円

（１）医療提供体制の確保と医療機関等への支援　16,447億円
●新型コロナウイルス感染症緊急包括支援交付金（病床や宿泊療養施設等の確保等）〔13,011億円〕
●診療・検査医療機関をはじめとした医療機関等における感染拡大防止等の支援〔1,071億円〕
●医療機関等の資金繰り支援〔1,037億円〕
●小児科等の医療機関等に対する診療報酬による支援〔71億円〕　等

（２）検査体制の充実、ワクチン接種体制等の整備　8,204億円
●新型コロナウイルスワクチンの接種体制の整備・接種の実施〔5,736億円〕
●PCR検査・抗原検査の実施等〔672億円〕　等

（３）知見に基づく感染防止対策の徹底　17,487億円
●新型コロナウイルス感染症対策地方創生臨時交付金〔15,000億円〕
●東京オリンピック・パラリンピック競技大会の延期に伴う感染症対策等事業〔959億円〕　等

4.感染症の収束に向けた国際協力　1,444億円
●アフリカ、中東、アジア、太洋州地域への国際機関等を通じた支援〔792億円〕　等

Ⅱ.ポストコロナに向けた経済構造の転換・好循環の実現　116,766億円

（１）デジタル改革・グリーン社会の実現　28.256億円
●地方団体のデジタル基盤改革支援〔1,788億円〕　●マイナンバーカードの普及促進〔1,336億円〕
●ポスト5G・Beyond5G（6G）研究開発支援〔1,400億円〕
●カーボンニュートラルに向けた革新的な技術開発支援のための基金の創設〔20,000億円〕
●グリーン住宅ポイント制度の創設〔1,094億円〕　等

（２）経済構造の転換・イノベーション等による生産性向上　23,959億円
●中堅・中小企業の経営転換支援（事業再構築補助金）〔11,485億円〕　●大学ファンド〔5,000億円〕
●持続化補助金等〔2,300億円〕　●国内外のサプライチェーン強靭化支援〔2,225億円〕
●地域公共交通の維持・活性化への重点的支援〔150億円〕　等

（３）地域・社会・雇用における民需主導の好循環の実現　64,551億円
●中小・小規模事業者への資金繰り支援〔32,049億円〕　●地方創生臨時交付金（再掲）
●Go Toトラベル〔10,311億円〕、Go Toイート〔515億円〕
●雇用調整助成金の特例措置〔5,430億円〕　●緊急小口資金等の特例措置〔4,199億円〕
●観光（インバウンド復活に向けた基盤整備）〔650億円〕
●不妊治療に係る助成措置の拡充〔370億円〕
●新型コロナウイルス感染症セーフティーネット強化交付金（生活困窮者支援・自殺対策等）〔140億円〕
●水田の畑地化・汎用化・大区画化等による高収益化の推進〔700億円〕　等

Ⅲ.防災・減災、国土強靭化の推進など安全・安心の確保　31,414億円

（１）防災・減災、国土強靭化の推進　20,936億円
●防災・減災、国土強靭化の推進（公共事業）〔16,532億円〕　等
（注）2.「自然災害からの復旧・復興の加速」等に整理している事業も含め、防災・減災、国土強靭化関係予算全体で22,604億円を確保。

（２）自然災害からの復旧・復興の加速　6,337億円
●災害復旧等事業費〔6,057億円〕　●災害等廃棄物処理〔106億円〕　等

（３）国民の安全・安心の確保　4,141億円
●自衛隊の安定的な運用態勢の確保〔3,017億円〕　等

■補正予算の追加歳出計　191,761億円

（参考1）令和2年度補正予算（第3号）においては、上記「経済対策」の実行に係る国費に加え、国際分担金等の追加財政需要〔252億円〕等を計上。
（参考2）上記のほか、労働保険特別会計において9,320億円、エネルギー対策特別会計において169億円の歳出追加等を計上。

出所：財務省「日本の財政関係資料」P.49

いるわけではありません。コロナ病床の整備や医療インフラの充実など、直接コロナに関係する補正予算は全体の予算規模から見るとごく一部の9兆円程度であり、多くはポストコロナ（＝コロナ収束後）の経済支援関連費や公共事業、地方への補助金でした。

コロナ補正予算にはポストコロナに向けた施策が数多く計上されたことになりますが、その大部分は当初予算の査定では計上されないような政策目的の曖昧な予算です。たとえば、多額の国土強靱化費が盛り込まれましたが、整備新幹線や道路、港湾など従来型のインフラ整備はその経済効果が乏しいです。地方自治体への補助金でも無駄なものは多いです。たとえば、２０２１年3月に石川県能登町は、政府の地方創生臨時交付金から２５００万円の制作費で、観光交流施設「イカの駅つくモール」に全長13メートルのイカのモニュメントを設置。こうした記念物がコロナ危機下で本当に必要な支出なのか批判を浴びました。さらに、Ｇｏ Ｔｏ 関連予算は、そもそもコロナ収束後に執行されるはずの旅行・観光業界支援事業ですが、コロナ感染の最中に執行され、感染拡大という悪影響が顕在化して、中途で停止に追い込まれました。

補正予算は短期で編成され、中身よりも金額を上乗せすることが最優先されるので、政治的な圧力に左右されやすくなります。実際、コロナ危機を名目として既存の利益団体が政治活動を活発化させた結果、コロナ対策効果の乏しいものまで予算化されました。結局、２０２０年度の補正予算では、Ｇｏ Ｔｏ 関連予算などコロナ終息後を想定した予算の多くが執行されず、30兆円ほどの巨額の予算が未消化のまま使い残されるという結果です。これは、補正予算がいかに政治的配慮でいい加減に策定されたかを物語っています。

コロナ危機を通して財政を健全化させるには?

一方で、新型コロナウイルスの影響による企業業績の悪化や消費の低迷で2020年度の国の税収は、当初の見込みから8兆円余り減少して、55兆1250億円と想定されました。ところが、実際には前年度より2兆3801億円多い60兆8216億円で過去最高となりました。その要因は、19年10月に税率が10%に引き上げられた消費税の増税分が初めて年間を通じた収入となり、消費税は税の種類別で初めて所得税を抜いて最大になったことです。コロナ禍でしたが、アメリカや中国向けの輸出増で、自動車業界の利益が好調だったこともあり、法人税や所得税も前年度を上回ったことが挙げられます。

ただし、それでも日本の財政状況は厳しいです。2020年度は補正予算を3度にわたって組んだ結果、一般会計の総額は175兆円余りに膨張。2020年度の補正予算に必要な財源を確保するため、政府は追加で赤字国債などを発行し、2020年度の国債の新規発行額は、112兆5539億円と、初めて100兆円を超えました。3回の補正を含めた2021年度の予算全体では、歳入の64%余りを国債に頼る過去最悪の状況となったのです。

2021年7月に発表された内閣府試算では、実質で年間2%程度の高めの経済成長が続くという想定で、PB（基礎的財政収支）は2025年度に2兆9000億円の赤字となり、黒字化は政府目標より2年遅れの2027年度になります（図6－3参照）。この図で白い丸は成長実現ケース、グレーの丸はベースラインケース、◇は2021年1月時点で試算したときの成長実現ケースの値を示していま

図6-3　国・地方のＰＢ対ＧＤＰ比

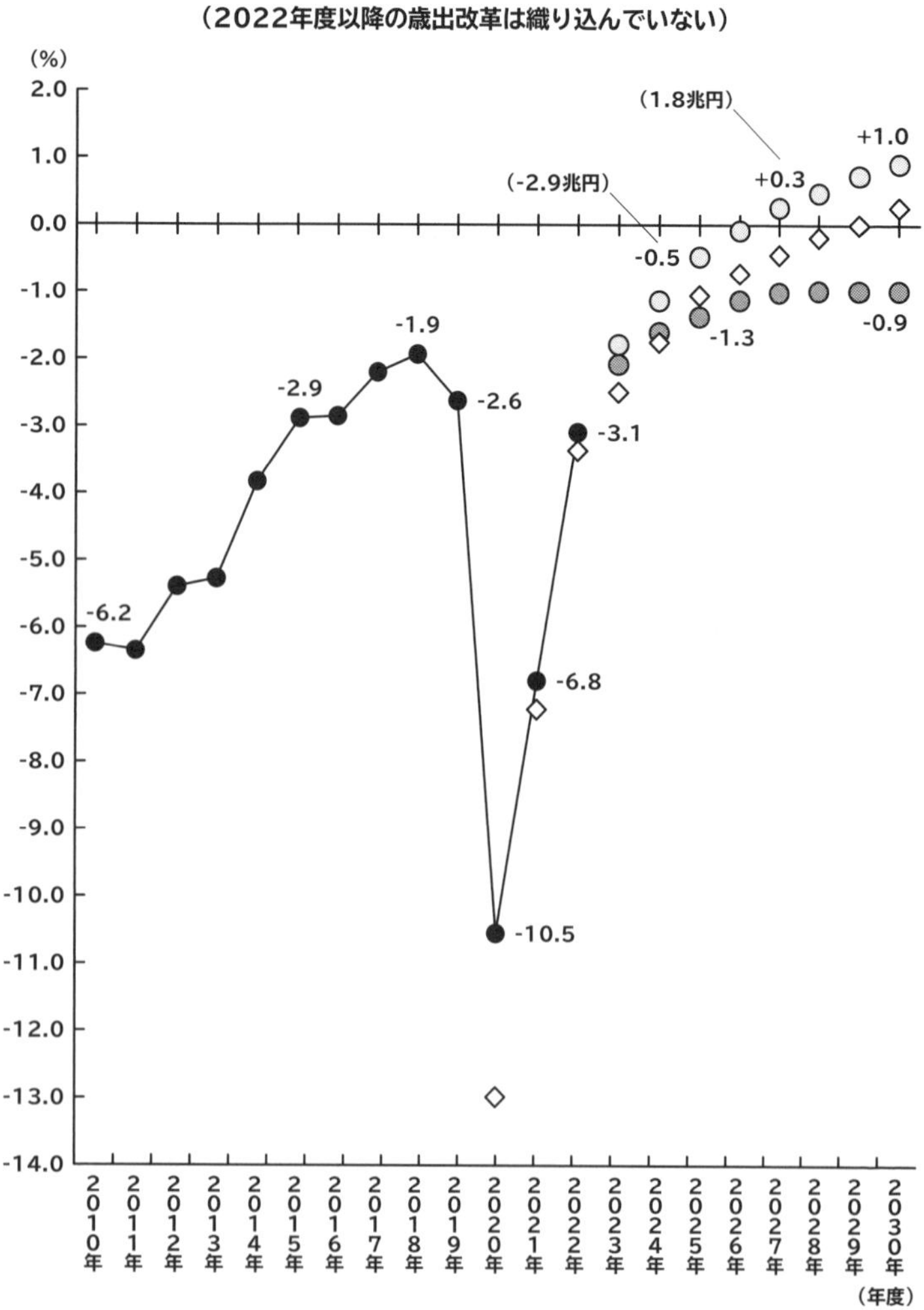

出所：内閣府「中長期の経済財政に関する試算（2021年７月）のポイント」

す。なお、この試算は２０２１年に経済が急回復すると見込んでいます。成長実現ケースでは成長率に楽観的な想定（実質成長率で２％台後半）をしていますが、ベースラインケースでも、そこで見込んでいる成長率（実質成長率で２％台前半）を達成するのは、かなり厳しいです。こうした甘すぎるシナリオが崩れると、財政再建は一段と遠のきます。

コロナ危機は１００年に1度程度の大きな危機なので、東日本大震災特別会計のように、財政手当は通常の一般会計と切り離して、特別会計で処理すべきでしょう。コロナ対応以外の一般会計予算については、歳出を厳しく見直し、２０２０年代の早い時期にＰＢ黒字化を目指すのです。コロナ特別会計では、50年程度の長期間に所得税を小幅増税することで、赤字を処理します。コロナ危機に乗じた何でもありの予算編成が続くと、財政規律も緩くなり、財政健全化が非現実の目標になってしまいます。

コロナ危機で困窮する家計や企業を支援するのは当然です。しかし、財政面からの大盤振る舞いを無制限に続けるわけにもいきません。コロナ対応予算と通常の予算を分離することで、どちらの予算でも財政規律を維持できるようにするのです。

「3」

コロナ危機への対応で生まれた政治不信

給付金で露見する日本の政治に足りないもの

　コロナ危機によって政治に対する信頼が問題になりました。政府の経済政策が迷走したからです。以下では政府のコロナ対応を見ていきます。２０２０年春にコロナ危機への家計支援として浮上していた当初の目玉案は、収入減世帯に限定して30万円を配る「生活支援臨時給付金」でした。ですが、その対象世帯が限定されすぎるとの批判で、一転して、国民全員に一律10万円の「特別定額給付金」が支給されました。しかし、社会保障と税番号制度に用いられるマイナンバーカードの普及率が低く、銀行口座とも連携していないため、給付に関わる地方自治体の事務手続きに時間を要し、給付が遅れて問題となりました。

　コロナにより営業自粛等で大きな影響を受ける事業者に対して、事業の継続を支えるための事業全般に広く使える「持続化給付金」の政策も、執行に問題を引き起こしました。中小法人の場合、給付額は２００万円を超えない範囲で対象月の属する事業年度の直前の事業年度の年間事業収入から、対象月の月間事業収入に12を乗じて得た金額を差し引いたものです。性善説で給付する仕組みのため、申請のチェックが厳格ではなく、確定申告の書類を偽装して給付金を不正にだまし取る事件が相次ぎました。

非常時には、より迅速に、また、困窮者に手厚く支給すべきです。問題は、我が国では誰が困窮者かを政府が識別するのが困難という点です。すべての国民の所得・資産情報や税務データ、ひいては、医療データを政府が一元的に管理していれば、困窮者の抽出は可能でしょう。諸外国（特にヨーロッパ諸国）ではこうした情報を政策当局がきちんと把握しているので、ロックダウンのような強力な感染対策とそれに付随する財政手当も、迅速かつ公平に実施できています。

しかし、我が国ではそれらの情報を政府がほとんど持っていない上に、一元的な管理も行われていません。真の困窮者を特定するのが困難なので、みなしでアバウトに実施するほかありません。さらに、コロナ危機が長続きすると、現在は困窮していなくても、近い将来困窮する人も多くいます。そうした不安感を多くの国民が持てば、制限せずにすべての国民を対象に給付すべきとの政治的圧力が高まります。ただし、それで対象者を広げすぎると、１人当たりの給付額は少なくなり、真の困窮者にとってありがたみが薄れます。

また、迅速さを優先するあまり、困窮者の認定を甘くすると、本来は受給対象にならない人でも給付されてしまうのも問題です。こうした不正受給が蔓延すると、政府への信頼感も低下し、本来受給資格のある人が給付を受けることにも批判が出てしまうかもしれません。逆に、審査を厳格にしすぎると、真の困窮者への給付が遅れてしまいます。これまでにも述べてきた政治と政府の信頼性は、コロナ危機のような非常時に不可欠ですが、我が国でもっとも足りない点でもあります。

予備費という麻薬

先述した2020年度の第2次補正予算では、10兆円という巨額の予備費を計上しました。予備費とは、予見しがたい事情により歳出予算に見積もった経費に不足が生じる場合、あるいは、予算に見積もらなかった新たな経費を必要とする場合に、あらかじめ国会の議決を経た金額の範囲内で内閣の責任においてこれを支出できる制度です。

「政府への白紙委任」としては巨額すぎるという批判を受け、政府は5兆円分について使途の概要を示しました。すなわち、雇用調整助成金などの雇用維持・生活支援に約1兆円、持続化給付金や家賃支援給付金などの事業継続に約2兆円、地方向けの医療・介護等の交付金など医療提供体制強化に約2兆円とされました。しかし、あくまで大枠を示したに過ぎず、残る5兆円も政府の裁量で支出可能です。

本来、想定以上に必要となる予算措置はその都度補正予算で対応すべきであって、緊急事態といえども、10兆円の巨額資金を内閣が自由裁量で支出できるのは、予算の透明性や納税者の監視という観点から正当化できません。その後の3次補正でも2021年度の当初予算でもそれぞれ5兆円規模の巨額の予備費が計上されました。予備費の乱用は政府の裁量を高めるので、その使い道を決める際に特定の政治力のある利益団体の意向に配慮しやすく、効率的でも公平でもありません。与党の政治家にとって、自分たちの支持を広げる格好の手段になります。

ブレーキとアクセルと同時に踏んだＧｏ Ｔｏ トラベルの迷走

政府が行ったコロナへの経済対策にＧｏ Ｔｏ トラベル事業があります。２０２０年度補正予算で計上されたＧｏ Ｔｏ トラベル事業は、コロナ収束後の観光業を支援するため、国内旅行代金の50％相当を、１人１泊２万円（日帰りは１万円）を上限に利用者へ補助。50％のうち、35％分（最大１万４００0円）は旅行代金から割り引かれ、残る15％分は旅先での買い物に使えるクーポン券を配るという仕組みです（図６－４参照）。

このＧｏ Ｔｏ 事業は２０２０年後半に実施され、ホテル・旅館・観光＝飲食需要を刺激しましたが、コロナ感染の拡大とも重なったため、混迷の度を深めました。感染が拡大していく状況で人の移動を促進するＧｏ Ｔｏ 政策は、ブレーキとアクセルと同時に踏むものであり、政策の意図と効果に疑問が生じました。東京都など自治体はコロナ感染の危機感を強めて、この事業の一時停止を要請しましたが、政府は観光業への支援を優先させ、できるだけ期間を延長しようと動きました。その結果、一貫性を欠く中途半端な姿勢となり、コロナの蔓延を助長してしまいました。そして、高齢者や基礎疾患のある者にだけＧｏ Ｔｏ 自粛を要請するという中途半端な対応となり、２０２０年12月の感染急拡大を受けて、年末年始に一時停止を決定。その後２０２１年１月に緊急事態宣言が再発動されるに及んで、ようやく全面的な停止となりました。

Ｇｏ Ｔｏ 事業は菅義偉首相（当時）が力を入れた政策であり、観光のほか飲食関連にも効果がある

図6-4　Go To トラベル事業の概要

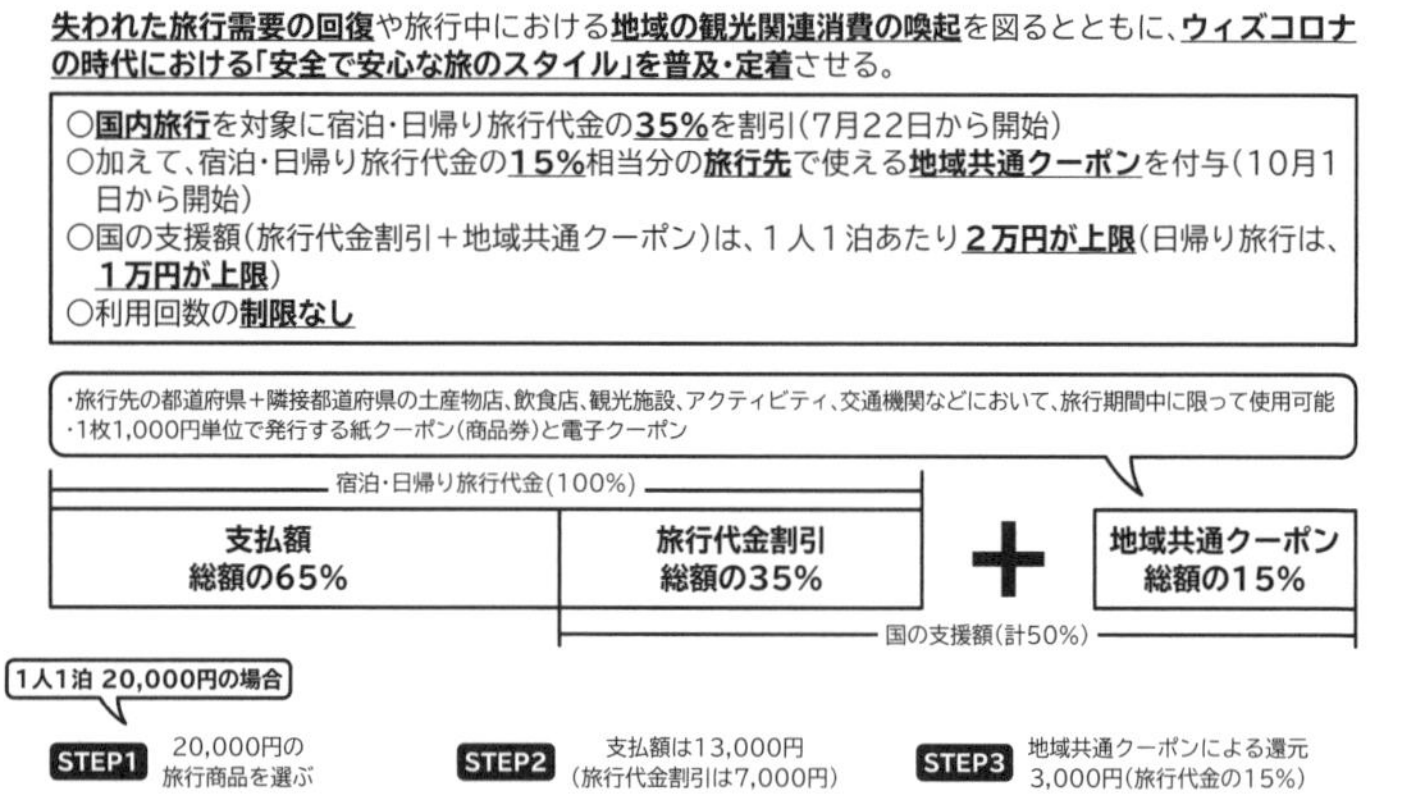
失われた旅行需要の回復や旅行中における地域の観光関連消費の喚起を図るとともに、ウィズコロナの時代における「安全で安心な旅のスタイル」を普及・定着させる。
○国内旅行を対象に宿泊・日帰り旅行代金の35%を割引(7月22日から開始)
○加えて、宿泊・日帰り旅行代金の15%相当分の旅行先で使える地域共通クーポンを付与(10月1日から開始)
○国の支援額(旅行代金割引＋地域共通クーポン)は、1人1泊あたり2万円が上限(日帰り旅行は、1万円が上限)
○利用回数の制限なし
・旅行先の都道府県＋隣接都道府県の土産物店、飲食店、観光施設、アクティビティ、交通機関などにおいて、旅行期間中に限って使用可能
・1枚1,000円単位で発行する紙クーポン(商品券)と電子クーポン
宿泊・日帰り旅行代金(100%)
支払額
総額の65%
旅行代金割引
総額の35%
地域共通クーポン
総額の15%
国の支援額(計50%)
1人1泊 20,000円の場合
STEP1
20,000円の
旅行商品を選ぶ
STEP2
支払額は13,000円
(旅行代金割引は7,000円)
STEP3
地域共通クーポンによる還元
3,000円(旅行代金の15%)

出所：国土交通省 観光庁「Go To トラベル事業」

経済対策です。ただし、Go To 事業は経済的に余裕のある人々が旅行や飲食をすることで資金の好循環を促す政策であり、公平性の点から問題があります。たとえ実施するとしても、コロナが収束した後の施策です。感染の爆発的な再拡大が懸念された2020年後半に、こうした人の移動を促す政策を続けてきた政府の責任は、厳しく批判されるべきです。

競争力のない非効率な企業の温存へとつながる

苦境を訴える観光関連業界の声とは裏腹に、2020年の旅行業の倒産件数は低い水準にとどまりました。2020年の倒産件数は26件で、00年以降で4番目に少ないです。ホテルや旅館の倒産件数も117件と前年比で1.7倍となったものの、リーマン・ショックで景気が冷え込んだ08年や、東日本大震災で旅行需要が低迷した11年より

も低い水準でした。もちろん、観光業界を取り巻く環境は厳しいです。特に、Ｇｏ Ｔｏ 事業が停止された２０２１年前半に状況は深刻化しています。それでも、こうした状況下で倒産件数が２０２０年にそれほど増えなかった理由は、コロナ禍での手厚い支援が関係しています。

実質無利子・無担保融資や、雇用調整助成金、持続化給付金といった一連の支援策に加え、先述した２０２０年7月からのＧｏ Ｔｏ トラベル事業も旅行需要を一時的に刺激しました。新型コロナウイルスという自助努力の範囲を超えた外部環境の変化によって苦境に立たされている以上、業界への支援は必要です。しかし、一律の支援を続ければ、競争力のない企業の温存にもつながります。

そもそもコロナ以前から観光・旅行業界には課題がありました。既存の中小旅行会社はオンライン化に乗り遅れ、競争力がそがれていました。宿泊業界でも、古い旅館は昔盛んだった大宴会を想定した設備が多く、新陳代謝の遅れが指摘されていました。団体旅行の衰退とともに経営が悪化した事業者や、生産性が低く赤字傾向のため債務返済のめどが立っていない旅館も多かったのです。規模の小さい業者が多数存在する構図は、日本の中小企業全般に当てはまります。コロナ危機で浮き彫りになったように、同様の非効率な問題は、中小の小さなクリニックが乱立し、コロナ対応可能な基幹病院が少ないという医療現場でも抱えています。

それまで好調なインバウンド需要を背景に、業界が長年の課題である効率化を先送りにしてきた結果、新型コロナで大きな打撃を被ったということです。その場しのぎの対応で、コロナ禍で実施されるさまざまな公的支援に依存するだけでは、やがては不良債権処理に公的資金を投入せざるを得ず、後年の国民負担は増えます。したがって、効率化を促し、廃業支援も視野に入れ、新規参入を促す施策が必要でしょう。

また、外食産業もコロナ危機で大きな打撃を受けた業界の1つです。日本経済新聞社による2020年度の飲食業調査によると、閉店数が5230店に達したことがわかりました。19年度の1・9倍に増大しただけでなく、リーマン危機時の08年度（3859店）をも大きく上回ったのです。新型コロナウイルスの感染拡大は、外食産業に大きな悪影響を与えており、新店や既存店改装などへの設備投資額も前年度比3割減と大きく減少しました。改装店舗数も7年ぶりに2000店台を下回る1522店でした。コロナ危機が長続きするようだと、21年度も閉店が出店を上回る可能性が高いでしょう。

ただ、旅館業と比較して、外食産業は設備投資の規模が小さいので、参入障壁は小さく、もともと新陳代謝が盛んです。コロナ危機で退出する企業が多く出たのは、仕方がない面もあります。コロナが収束した後で、利用客のニーズを先取りできる企業は出店を加速するでしょう。そうなれば、利用者にとってもプラスになります。

４ コロナ危機を克服するためのより良い選択肢とは

要請ベースでコロナ危機に対応してきた日本

コロナ危機への日本政府の対応は、欧米諸国やアジア諸国の対応と比較すると、きわめてソフトなものでした。２０２０年４月に実施された最初の緊急事態宣言も、罰則などの強制力を伴うロックダウンではなく、あくまでも要請でした。２０２１年１月の緊急事態宣言再発動では、飲食店のみを対象としたさらに緩やかな要請にとどまりました。たとえば、レストランなどへの時短要請も罰則を伴うことはなく、各店が自発的に政府の要請に従うという建前でした。要請を受け入れる場合に多少の協力金が支払われますが、遵守しなくても法的には罰せられません。その後、２０２１年２月の法改正で罰則が導入され、「まん延防止等重点措置」も新たに加わり、同年４月に始まった３度目の宣言では罰則適用が可能となりましたが、実際の対応は厳格ではありませんでした。

それでもこうした要請がそれなりに機能したのか、宣言が発動されると感染者の数は減少傾向へと転じます。その大きな理由は、日本社会の他人を気にする風土・規範だと考えられます。「自粛警察」という言葉に象徴されるように、要請に逆らう場合、近隣地域からの冷たい目にさらされることもあります。欧米諸国と異なり、横並びを重視してきた日本社会では、法律の強制がなくてもマスクの着用はほぼ100％に達しています。

感染対策に多くの国民が協力的なのは、コロナ危機ではプラス材料です。しかし、感染防止の効果に即効性が期待できないため、緩やかな防止策が長続きしてしまいます。暗黙の閉塞感に息苦しさを感じる人も多くいます。こうしたダラダラ感は人々の気持ちを抑制するので、経済活動の活性化にもマイナスの影響を与えます。また、2021年夏にデルタ株という感染力の強い変異株が蔓延し始めた際には、オリンピック開催にこだわって迅速な対策ができないまま、医療崩壊の危機に瀕しました。

コロナ対応で全体主義の優位性が再評価されるが……

コロナ危機は、多様な意思を尊重する民主主義の社会では、感染対応の困難さを浮き彫りにしました。他方で、強権的な国家の中国は、国家がＩＴによる情報統制を厳しく活用することで、コロナ危機が有効に抑えられることを示しました。目的（＝感染症の抑制）が明確であり、それを達成する手段（感染者を抽出して隔離したり、人々の間での接触を断ったりすること）も的確であり、またＩＴの活用でそれらが実行可能である場合、全体主義の方が民主主義よりも効率的、効果的に対処できます。これは、戦争のような非常時に民主主義よりも国家統制を最優先する総動員体制の方が迅速に対応できるのと同じ理屈です。

中国がいち早くコロナを収束させることで、全体主義の優位性を再評価する人も多くいます。しかし、全体主義は、政府に都合の悪い情報を押さえつける風土があるため、コロナのような新しい感染症で初期対応が遅れてしまう弱点もあります。実際、２０１９年末に中国の武漢でコロナが猛威をふるい始めた当初、中国政府は不都合な情報を覆い隠そうとしました。それがコロナの世界中への拡散につながり、世界的な危機＝パンデミックを引き起こしました。専制国家の政府は常に的確に行動するとは限りません。指導部の既得権益を最優先する姿勢は、コロナ危機でもうまく機能するとはいえないのです。中国はＷＨＯの調査にも及び腰であり、その隠蔽体質がコロナ感染の世界的な拡大を加速化させていることも押さえるべきです。また、民主主義が成熟していない独裁の国家で、コロナ対策に失敗した国も多くあります。

他方で、台湾やニュージーランドのように、民主主義国で感染の抑え込みに成功した国もあります。そうした国では、人口が少なく、島国という利点もありましたが、政府が期限を明示した徹底的な感染対策に国民も協力しました。全体主義でなくても、政府への信頼が高く、政府もそれに応えて効率的に対策を打てば、民主主義で有効な対応が可能な事例です。

ロックダウンか、ＰＣＲ検査の充実か

本章の冒頭でコロナ危機に対する政策的対策を振り返りましたが、ここからはより掘り下げてその有効的な対策について考えていきます。

コロナは無症状でも感染を広げてしまいます。コロナ感染かどうかをＰＣＲ検査などで判別するのは、こうした情報の非対称性を緩和させる上で有効です。ただし、ＰＣＲなどの検査も１００％確実ではありません。少ないながら偽陽性や偽陰性の可能性も排除できません。それでもＰＣＲ検査などで事前にある程度感染の有無がわかれば、そうでない場合よりも感染者も隔離できる可能性が高くなります。そして、感染を抑制できれば、その後の経済活動にもプラスです。

ただ、ＰＣＲ検査で偽陽性の人でも隔離すれば、その人にとっては負担になり、逆に、偽陰性の人を隔離しないと、彼らが感染を広げるリスクもあります。それでも、ＰＣＲ検査は直接経済活動を止めません。

一方で、ロックダウンなど直接経済を止める対応も、たしかに感染者を減少させることができますが、経済的コストは巨額になります。ですからロックダウンに比べると、ＰＣＲ検査の拡充によるメリット（経済活動に与える負荷が少ない）はそのデメリット（検査が不正確でもたらされる悪影響）よりも大きいでしょう。

東京財団政策研究所の小林慶一郎研究主幹らは、２０２０年に人々の接触を減らす政策（行動制限）が感染者数や国内総生産（ＧＤＰ）に及ぼす影響を試算しました。それによると、「30日間接触を8割減らす」、「60日間接触を7割減らす」といったパターン別に影響を比べたところ、行動制限の期間が終わると短期間で感染が再拡大する傾向が見られ、この間のＧＤＰは大きく落ち込みました。これはロックダウン的な対応だと経済に及ぼす負荷が大きいことを示唆します。検査拡大の方が経済に与えるコストは小さいということです。もちろん、ロックダウンよりも感染抑制の効果は限定的かもしれませんが、検査の大幅な拡充で感染抑制の効果も期待できます。

この試算結果を踏まえて、小林研究主幹は「外出自粛や休業要請といった行動制限よりも、検査の拡充による感染者の洗い出し、接触者の追跡、陽性者の療養・待機で感染リスクを減らす政策の方が望ましい」と提言しています。

しかし、多くの国でＰＣＲ検査を充実させて潜在的な感染者をあぶり出したのとは対照的に、我が国の検査数は極端に少ないものでした。これは保健所での検査能力に限界があったからですが、本来は、民間での検査能力をうまく取り込むことで克服すべきだったのでしょう。保健所の守備範囲を厳格に維持することは、平時であれば、客観的で公平な感染症対策として機能します。しかし、コロナ危機のような非常時には、保健所は民間ではできない機能に特化し、民間でもできる検査は民間に委ねるなど、民間との役割分担をより柔軟に考えるべきです。

感染者数を予測できるＳＩＲモデルとは？

感染症の標準的な研究では、感染症数理モデルのＳＩＲモデルが使われています。ＳＩＲとは、感染予備軍（Susceptible）、感染者（Infected）、感染症から回復した人（Recovered）の英語の頭文字です。感染者が予備軍と接触すると一定の確率で感染すると想定し、感染者数を予測します。回復した人は免疫を備えるために再感染はしないと考えます。ただし、回復者には、Dead（死者）やワクチンを受けてもはや感染しない者も含まれます。回復した人の増加が、感染者の増加を上回る時点に到達すると感染者数は減り、やがて「集団免疫」と呼ばれる均衡に達します。

未感染者のうち、ある確率で何人かが感染者になり、ある確率でそのうち何人かが回復します。さらにある確率で、その回復者の中の何人かは死亡します。このモデルでは、「基本再生産数」R0が重要な値となります。これは感染者1人が回復するまでに何人感染させることになるかを表します。

たとえば、R0が1・5を超えると、1人の感染者が1・5人以上の感染者を生み、それがまた次の感染者を発生させるということで、回復して抗体を持つ者が十分に増えるまで感染拡大は止まらなくなります。逆に、R0が1を下回ると、感染者数割合は減少します。このR0は接触割合に比例するので、人出を7割減らせば、残り3割の人だけが接触を続けることになり、R0は外出規制前の3割の値（＝1－0・7）に落ちることになります。

京都大学の西浦博教授は日本の感染者数を推計しています。実効再生産数が1を下回れば流行は収束しますが、1を上回ると感染は拡大します。たとえば、東京で2020年春の第1波のとき実効再生産数が最大2・3まで増え、感染が急拡大しました。第2波のときも1・8まで増えました。2020年8月初旬に1を下回るようになりましたが、Go To トラベル事業が始まった同年10月初旬から再び1を上回り、新規感染者も右肩上がりに急増していきました。このように、R0を1以上に仮定すると、感染の終息は不可能になります。

なお、感染症のSIRモデルでは鍵を握る実効再生産数について、研究者がもっともらしいと思われる数値を仮定している場合が多いです。この数値が感染状況次第でどう変化するかは、感染予測で重要な点ですが、通常の試算では、こうしたパラメータが当初の値で動かないと想定しています。また、実効再生産数の値が変化すると考える場合も、人々の経済合理的行動を考慮してパラメータの値をモデルの中で説明することはしていません。

問題はR0が実際にどの値であるか、また、それがコロナ対応の政策や人々の行動でどう変化するかです。こうしたパラメータの値について、海外の状況や過去の感染症の経験は一定の参考になりますが、我が国にそのまま適用することもできないので、将来どう変化するのか、その推計の仕方も不透明です。

この点については、経済学では人々の経済合理的な行動を考慮することが重要と考えます。人々がどの程度他人と接触するかはその人の意思決定の結果です。人々は、感染のリスクや感染した場合の被害というデメリットと、接触するメリット（経済活動が活発になることで得られる経済的利得）との比較で、最適な接触の程度を決めるでしょう。この場合、将来にわたる感染リスクや経済活動の想定も重要な要因になります。また、他人のことをどのくらい配慮するかも関心事になります。思慮深い人であれば、感染リスクを重視して、慎重な行動を取るでしょう。逆に、利己的な人であれば、感染リスクを軽視して、経済的メリットを追求するために他人との接触機会を持とうとするでしょう。こうした人々の行動パターンを考慮してR0の変化を予想することで、SIRモデルを拡張する試みが経済学の分野では進展しているのです。

ワクチン接種に見る、横並びの政治姿勢の弊害

我が国では、2021年5月から本格化した高齢者を対象としたワクチン予約が騒動を巻き起こしま

した。多くの自治体で予約方法はＷＥＢか電話です。電話が一向につながらず、ネットに疎い高齢者はＷＥＢでの予約ができませんでした。また、大都市ではそもそも予約の枠が少なく、予約開始時間後すぐに埋まってしまいました。予約できなかった高齢者が市役所に抗議に出向いたり、病院に直接電話しようとして混乱しました。

他方で、過疎地では高齢者の人口以上にワクチンが配布されたところもあり、早々と64歳以下の人への接種も行われました。離島などでは２０２１年6月上旬には中高生にまで接種されました。一方で、優先接種対象の医療従事者である空港の検疫官や救急隊員への接種がまだの自治体もありました。

こうした事態は、デジタル化が遅れたことにもよりますが、「全国すべての市区町村に少なくとも１箱配布する」という地域間の公平性を重視した配分方法の結果でもあります。コロナ感染のリスクが高い地域や業種の人々に優先配布するのが感染対策として望ましいにもかかわらず、建前の公平性を重視して全国を均等に扱うのは、コロナ対策に限らず、我が国で従来からの政治姿勢です。その結果、横並びの政治風潮がはびこり、伸ばせる産業、地域や人が伸びなくなり、日本経済社会が全体として停滞してしまいました。ワクチン予約の混乱を見るにつけ、横並びからの脱却は厳しそうです。

良い政治は良い経済の元で実現する

最後に、コロナ危機への対応が成功するか失敗するかは、政治のあり方にも左右されます。人々が政府を信頼していると、自粛などの要請にも協力しやすくなります。逆に、政治家の普段の行いが信頼されていないと、政府からの呼びかけは効果がありません。特に、民主主義社会では極端な強制力は不可能なので、政策の効果が十分に発揮されるためには、政府や政治家への信頼が不可欠です。

感染症の専門家は感染症の抑制が至上命題であり、経済の専門家は経済活動停滞のコストを危惧します。医療か経済かは短期的にはトレードオフ（どちらかを優先すれば、もう一方は損をする）の関係にあるので、最適な選択は悩ましいです。そこで両者のもっともらしい妥協点を見つけるのが、政治の責務です。なるべく医療も経済も回るような効率的な仕組みを構築するとともに、最後は、強いリーダーシップの政治的判断で医療と経済の間で、ある妥協点を選択するほかありません。そうした判断の基礎にある情報を広く開示し、国民の共感を取りつけるのも、政治の責任です。政治が信頼されていれば、そうでない場合よりも、コロナ対策も経済活動も両方ともうまく回せます。コロナ危機は、政府や政治の信頼度を試すリトマス紙になっています。

アメリカのトランプ前大統領のように、コロナ危機を過小評価する政治家も多くいます。自由と自己責任を最大限重視する共和党支持者は、ワクチン接種もいやがり、他人への利他心を発揮しようとしません。我が国では民主主義が成熟していないせいか、与党政治家が説得力ある政策を国民に提示できず、コロナ対応でも高い信頼度を発揮する政治が実現できていません。政治や政治家の資質を高めることも重要ですが、より良い政治的判断を補強する経済的環境の整備も今後の課題です。良い政治は良い経済の元で実現し、逆に、政治が良くないと経済も良くなりません。

column

東京オリンピックとコロナ

２０２１年に延期された東京オリンピック開催の是非がコロナ感染で問題となりました。早めに中止すると、コロナ感染が抑えられて、長期的に日本経済に及ぼす悪い効果は少なく、税収も回復が期待できました。これに対して、追い込まれて中止する場合は、コロナが東京で爆発的に拡大して、医療崩壊で中止することになるので、日本経済の低迷が続き、税収もなかなか回復しません。

他方で、オリンピックを実施する場合のシナリオでは、楽観的なケースとして、ワクチン接種が効いて、感染も終息し、経済もV字回復し、税収増も期待できるシナリオがあります。しかし、悲観的なシナリオだと、コロナが収束しないまま開催にこだわり、開催中（あるいは開催後）に感染爆発することになり、経済も低迷し、税収も回復しません。

開催、中止どちらの選択でも、コロナ感染が２０２１年後半にどうなるか（爆発するか、収束するか）で、中長期的な経済活動や財政に与える影響は大きいです。最も望ましいシナリオは、ワクチン接種が効いて、かつ、オリンピックも中止し、感染拡大リスクを最小化する選択肢です。次いで、楽観的ケースで開催できたシナリオです。その次は、追い込まれて中止したケースで、これでも中止すれば最悪の事態は回避できます。最悪のシナリオは、悲観的な想定でも開催してしまったケースで、感染爆発で医療のみならず日本経済も税収も大打撃となります。

実際には、オリンピックは無観客で、感染爆発を懸念しながらの開催となりました。観客を入れる場合よりも感染リスクは小さくなったでしょうが、900億円程度のチケット収入が消失。組織委は巨額の資金不足＝損失が生じました。この資金損失について、まず都が補てんし、都が地方交付税の交付団体に転落する事態なら、国が支援するというのが政府の方針です。この点について、東京都が主催する以上、まずは東京都で負担するのは妥当です。ただし、今回はコロナ危機という非常時なので、国もある程度負担すべきでしょう。

2020年12月4日に東京五輪・パラリンピックの延期や新型コロナウイルス対策に伴う追加経費の2940億円については、東京都が1200億円、大会組織委員会が1030億円、政府が710億円を負担することで合意しています。政府は当初、追加支出に慎重でしたが、安全開催に関与は不可欠と判断し、12月の合意ではコロナ対策費の半分以上は国の負担となりました。

無観客開催で赤字額はさらに増加しましたが、国と東京都の負担割合は政治力で決まります。国税の多くは都民が負担しているので、都民や国民としては、この負担割合の行方はそれほど重要な点ではなく、総額としての損失額がどのくらいかがより重要です。まずは資金不足をできるだけ小さくすべく、簡素な大会運営にすべきだったでしょう。オリンピックは過度に肥大化し、本来の目的とかけ離れたイベントになってしまいました。IOCの既得権益が強固なことが今回のオリンピック騒動で明らかになったといえます。

第6章のまとめ

コロナの医学的対策を優先するには、ロックダウンなどで経済の動きを強制的に止める政策が有効です。逆に、経済活動を最優先して、緩やかな感染症対策にとどめると、ＧＤＰはそれほど減少しませんが、死亡者数は増加します。他方で、良い政策を実施すれば、死亡者を減らすと同時に、ＧＤＰの減少も抑えることができ、逆に、悪い政策を打てば、死亡者も増加し、ＧＤＰの減少幅も大きくなります。

コロナ危機で困窮する家計や企業を支援するのは当然ですが、財政面からの大盤振る舞いにも限界があります。コロナ対応予算と通常の予算を分離することで、財政規律を維持すべきでしょう。

また非常時には、より迅速に困窮者に支給することが求められます。国民の所得・資産情報や税務データ、医療データを政府が一元的に管理し、真の困窮者を特定すべきです。政治と政府の信頼性は、コロナ危機のような非常時に不可欠です。政府・政治家への信頼が高く、政府もそれに応えて効率的に対策を打てば、民主主義でも有効に対応できます。政策が十分な効果を発揮するために、政府や政治家は国民からの信頼を高めるべきでしょう。

読書案内としての参考文献

本書をお読みになり、さらに知識を深めたい読者におすすめの参考文献を紹介します。

●経済学の入門書

『大学4年間の経済学が10時間でざっと学べる』（井堀利宏、角川文庫）2018年
『やさしいマクロ経済学』（塩路悦朗、日経文庫）2019年
『ミクロ経済学入門の入門』（坂井豊貴、(岩波新書）2017年

●政治学からの入門書

『政治経済学―グローバル化時代の国家と市場』（田中拓道,近藤正基,矢内勇生,上川龍之進、有斐閣ストゥディア）2020年

●日本の経済・財政問題に関する著者の考えに興味がある人へ

『消費増税は、なぜ経済学的に正しいのか』（井堀利宏、ダイヤモンド社）2016年

ブックデザイン／別府拓（Q.design）
DTP／横内俊彦
校正／池田研一
編集担当／板橋正時

井堀利宏（いほり・としひろ）

政策研究大学院大学特別教授

1952年、岡山県生まれ。東京大学経済学部卒業、ジョンズ・ホプキンス大学博士号取得。東京都立大学経済学部助教授、大阪大学経済学部助教授を経て、1993年〜2015年まで東京大学で教鞭を執る。著書に、『あなたが払った税金の使われ方』（東洋経済新報社）、『財政再建は先送りできない』（岩波書店）、『図解雑学 マクロ経済学』（ナツメ社）、『大学4年間の経済学が10時間でざっと学べる』（KADOKAWA）などがある。

EYE LOVE EYE

視覚障害その他の理由で活字のままでこの本を利用出来ない人のために、営利を目的とする場合を除き「録音図書」「点字図書」「拡大図書」等の製作をすることを認めます。その際は著作権者、または、出版社までご連絡ください。

政治と経済の関係が3時間でわかる
教養としての政治経済学

2021年10月20日　初版発行

著　者　井堀利宏
発行者　野村直克
発行所　総合法令出版株式会社
〒103-0001　東京都中央区日本橋小伝馬町15-18
EDGE小伝馬町ビル9階
電話　03-5623-5121
印刷・製本　中央精版印刷株式会社

落丁・乱丁本はお取替えいたします。
©Toshihiro Ihori 2021 Printed in Japan

ISBN 978-4-86280-821-9
総合法令出版ホームページ　http://www.horei.com/